Lehren und Lernen in der beruflichen
Aus- und Weiterbildung

# Schriften der Deutschen Gesellschaft für Erziehungswissenschaft (DGfE)

Peter F.E. Sloane
Reinhard Bader
Gerald A. Straka (Hrsg.)

Lehren und Lernen in der beruflichen Aus- und Weiterbildung

Ergebnisse der Herbsttagung 1998

Springer Fachmedien Wiesbaden GmbH 1999

Gedruckt auf säurefreiem und altersbeständigem Papier.

Die Deutsche Bibliothek – CIP-Einheitsaufnahme
Lehren und Lernen in der beruflichen Aus- und Weiterbildung : Ergebnisse der Herbsttagung 1998 / Hrsg.: Peter F.E. Sloane ; Reinhard Bader ; Gerald A. Straka. –
ISBN 978-3-663-10644-9   ISBN 978-3-663-10643-2 (eBook)
DOI 10.1007/978-3-663-10643-2
NE: Sloane, Peter F.E. [Hrsg.];
1999 Springer Fachmedien Wiesbaden
Ursprünglich erschienen bei Leske + Budrich, Opladen 1999
Das Werk einschließlich aller seiner Teile ist urheberrechtlich geschützt. Jede Verwertung außerhalb der engen Grenzen des Urheberrechtsgesetzes ist ohne Zustimmung des Verlages unzulässig und strafbar. Das gilt insbesondere für Vervielfältigungen, Übersetzungen, Mikroverfilmungen und die Einspeicherung und Verarbeitung in elektronischen Systemen.

Inhaltsübersicht

Vorwort ... 9

Martina Noß & Frank Achtenhagen
Förderungsmöglichkeiten selbstgesteuerten Lernens
am Arbeitsplatz – Untersuchungen zur Ausbildung
von Bank- bzw. Sparkassenkaufleuten ... 11

Jens Siemon
Ein natürlichsprachlich-basierter Ansatz zur Wissensrepräsentation und -analyse ... 19

Ulrich Getsch
Geschäftsprozessmodellierung mit ARIS-Toolset 3.2a
für das Modelluntrnehmen Arnold & Stolzenberg
GmbH ... 27

Klaus Beck
Die Entwicklung moralischer Urteilskompetenz in der
kaufmännischen Erstausbildung – Zur Analyse der
Segmentierungshypothese ... 35

Stefan Hagmann
Motiviertes selbstgesteuertes Lernen im kaufmännischen Unterricht – Projektbericht zur Erfassung, Unterrichtsgestaltung und Lehrerfortbildung ... 43

H.-Hugo Kremer
Realisierung fächer- und lernortübergreifenden Unterrichts ... 49

Hermann G. Ebner & Carmela Aprea
Text-Graphik Transformation als Lernhandlung ... 57

Karin Aschenbrücker
Das Projekt im Lernfeld Arbeitslehre im Bayerischen
Lehrplan für die Hauptschule ... 65

Philipp Gonon
„Qualitätssicherung" – ein Thema für die berufliche
Aus- und Weiterbildung ... 73

Volker Brettschneider
Schüler als Moderatoren von Kleingruppenentscheidungen im Rahmen der Fallstudienarbeit ... 83

Alfred Riedl
Wirkungsuntersuchung zu einem handlungsorientierten Unterricht anhand der Analyse einer Handlungsaufgabe ... 97

Frank Achtenhagen, Bärbel Fürstenau, Ulrich Getsch, Ernst G. John, Martina Noß, Peter Preiß, Jens Siemon & Susanne Weber
Mastery Learning mit Hilfe eines multimedial repräsentierten Modellunternehmens in der Ausbildung von Industriekaufleuten ... 111

Karl Wilbers
Kaufmännische Weiterbildung unter Nutzung von Telekommunikationstechniken in kleinen und mittleren Unternehmen ... 125

Karin Aschenbrücker
Die Förderung von Denken im ökonomischen Handlungsfeld als Vermittlungsaufgabe in Bildungsinstitutionen ... 137

Martin Frenz
Umweltbildung im Studium Lehramt an berufsbildenden Schulen – Theoretische Überlegungen ... 151

Bettina Schäfer
Entwicklung von Handlungskompetenz zur Gestaltung beruflicher Handlungsfelder – Eine didaktische Reflexion des Lernfeld-Konzeptes ... 163

Susanne Kraft
„Lernen mit dem Computer?"
Ergebnisse einer Mitarbeiterbefragung zur Nutzung
betrieblicher Selbstlernzentren und zur Beurteilung
computerunterstützten Lernens ... 175

Gerald A. Straka & Nike Plaßmeier & Gert Spevacek
Selbstorganisiertes Lernen älterer Erwerbspersonen im
Bereich EDV ... 185

Andrea Zirkel
Kaufmännische Berufsausbildung und moralisches
Denken – Erleben weibliche und männliche Auszubildende ihre soziale Umwelt unterschiedlich? ... 195

Gerhard Minnameier
Homogenität versus Heterogenität des moralischen
Denkens – Wie urteilen Auszubildende im Rahmen
betrieblicher Kontexte? ... 209

Autorenverzeichnis ... 219

Vorwort

Die Sektion für Berufs- und Wirtschaftspädagogik der Deutschen Gesellschaft für Erziehungswissenschaft hat ihre Herbsttagung 1998 in Augsburg durchgeführt. Neben breit gefächerten Vorträgen aus der berufs- und wirtschaftspädagogischen Forschung wurde in der wissenschaftlichen Tagung ein Schwerpunkt auf die Profilierung des DFG-Schwerpunktprogramms „Lehr-Lern-Prozesse in der kaufmännischen Erstausbildung„ gelegt. Insgesamt meldeten sich für die Tagung 26 Referenten, was durchaus einen Rückschluß auf die hohe Akzeptanz der Tagung zuläßt. Darüberhinaus wurde die Tagung durch eine Posterpräsentation begleitet.

Die Autoren der vorliegenden Publikation mußten sich insbesondere hinsichtlich des Seitenumfangs an sehr enge Vorgaben halten. Für die Vortragenden war damit nach der Tagung die Aufgabe verbunden, sich auf wesentliche Aspekte des eigenen Beitrags zu beschränken und auf einzelne Vortragssequenzen zu verzichten. Erleichtert wurde die redaktionelle Arbeit dadurch, daß die Vorgaben von den Autoren auch tatsächlich beherzigt wurden. Unsichtbar bleiben hier die vielen guten Geister, die für das Gelingen der Tagung in Augsburg und die Fertigstellung dieser Publikation beigetragen haben. Stellvertretend für alle Beteiligten sei die Unterstützung der Fertigstellung des vorliegenden Buchs durch Frau Beate Kopp vom Institut für Wirtschafts- und Sozialpädagogik der Universität München genannt.

Die Dokumentation trägt - ebenso wie die regelmäßigen Tagungen der Sektion für Berufs- und Wirtschaftspädagogik - zu einem Diskurs zwischen den verschiedenen Forschungs- und Bildungseinrichtungen bei, bietet aber auch Studierenden der Berufs- und Wirtschaftspädagogik einen differenzierten Einblick in einzelne Arbeitsschwerpunkte.

München, im Sommer 1999

Peter F.E. Sloane
Reinhard Bader
Gerald A. Straka

Förderungsmöglichkeiten selbstgesteuerten Lernens am Arbeitsplatz – Untersuchungen zur Ausbildung von Bank- bzw. Sparkassenkaufleuten

Martina Noß & Frank Achtenhagen

1 Zusammenfassung

Das von der Deutschen Forschungsgemeinschaft geförderte Projekt „Förderungsmöglichkeiten selbstgesteuerten Lernens am Arbeitsplatz – Untersuchungen zur Ausbildung von Bank- bzw. Sparkassenkaufleuten" (Ac35/14-1) geht von der Hypothese aus, daß betriebliche Arbeitssituationen am Arbeitsplatz nicht per se selbstgesteuertes Lernen fördern. Aus diesem Grund prüfen wir, inwieweit im Rahmen der Arbeits- und Lernsituationen an kaufmännischen Arbeitsplätzen spezifische Lern- und Entwicklungschancen für die Auszubildenden gegeben sind und unterstützt werden können. Es sollen Arbeitsaufgaben sowie Verhaltens- und Interaktionsweisen von Auszubildenden und Ausbildern an Arbeitsplätzen eines Kreditinstituts analysiert werden. Im Rahmen dieses Beitrages werden erste Ergebnisse und Instrumente vorgestellt, mit deren Hilfe subjektive Theorien von Ausbildern und Auszubildenden erfaßt werden sollen.

2 Stand der Forschung

Vor dem Hintergrund von veränderten Anforderungen in vielen kaufmännischen Bereichen (vgl. Baethge & Oberbeck 1986; Buttler 1992) und der Überzeugung, Kosten der Aus- und Weiterbildung senken zu können (von Bardeleben u. a. 1994), wird jetzt durchgängig gefordert, daß die Anstrengungen in der Berufsbildung, sei es unter dem Etikett der Schlüsselqualifikationen oder dem des handlungsorientierten Unterrichts (vgl. die Zusammenstellung bei Dörig 1994), auf selbstgesteuertes Lernen hin auszurichten seien.

Der Begriff des „selbstgesteuerten Lernens" ist allerdings weder präzise wissenschaftlich definiert, noch wird er in der Alltagssprache einheitlich gebraucht (vgl. Weinert 1982, S. 99; Kraft 1997). Weitgehende Einigkeit besteht jedoch darin, daß Selbststeuerung nicht mit einem Fehlen von Fremdsteuerung gleichgesetzt werden darf (Reinmann-Rothmeier & Mandl 1997); selbstgesteuertes Lernens kann durchaus auch innerhalb von Institutionen stattfinden (Weinert 1982). Hofer und Niegemann (1990, S.261) „betrachten Lernen in dem Ausmaß als selbstgesteuert, in dem der Lerner Handlungsspielräume zur Verfügung hat und diese nutzt". Die Effizienz selbstgesteuerten Lernens sei – zumindest in der Anfangsphase – eine Funktion von mindestens fünf Komponenten der Lernsituation: die zur freien Wahl gestellten Lernvariablen (Dimensionen, für die eine Entscheidung freigestellt ist); die darin enthaltenen Optionen; die Prozeßelemente des Lernens, für die die Optionen Relevanz besitzen; die Fähigkeiten des Lerners, damit effektiv umzugehen, sowie Hilfen, die er in Anspruch nehmen kann (Hofer & Niegemann, S. 268). Ob und in welchem Maße selbstgesteuertes Lernen tatsächlich stattfindet, wird also durch eine komplexe Interaktion zwischen Lernenden und Lernumwelt bestimmt (Beitinger & Mandl 1992). Dabei ist die hohe Bedeutung der subjektiven Bewertung der Lernsituation durch den Lernenden für das selbstgesteuerte Lernen hervorzuheben (vgl. z. B. DeCharms 1968; Deci & Ryan 1993). Es kommt entscheidend darauf an, in welchem Maße die Lernenden sich subjektiv als Verursacher der eigenen Aktivitäten und deren Ergebnisse wahrnehmen. Empirische Befunde unterstreichen, daß die subjektive Einschätzung des jeweiligen Ausmaßes an Selbststeuerung für die Qualität der Lernmotivation und damit auch für die Lerneffektivität bei zukünftigen Handlungen von großer Bedeutung ist, wobei es als unwahrscheinlich angesehen wird, daß sich ein Lernender permanent über den Grad der Selbststeuerung täuschen kann (Weinert 1982, S. 102 f.). Die Fähigkeit, selbstgesteuert zu lernen, setzt ferner voraus, daß Lernende über gut organisierte Wissensbestände verfügen und fähig sind, Lernen eigenständig und eigenverantwortlich zu planen, zu organisieren, umzusetzen, zu kontrollieren und zu bewerten. Motiviertes selbstgesteuertes Lernen impliziert zudem, daß Lernende über das notwendige Interesse und die Bereitschaft zur Zielerreichung verfügen (vgl. Straka u. a. 1996). Im Zusammenhang mit der Bedeutung des selbstgesteuerten Lernens wird auch betont, daß zu dessen Förderung betriebliche Arbeitsplätze besonders geeignet seien (Dohmen 1996).

In den letzten Jahren gab es verschiedene Untersuchungen und theoretische Ansätze, die sich mit der Frage beschäftigten, welchen Restriktionen betriebliche Arbeitssituationen im Hinblick auf das Lernen, Denken und Handeln von Arbeitnehmern und Auszubildenden unterlägen (z. B. Oesterreich & Volpert 1987; Ulich 1992; Hacker & Skell 1993). Die Ergebnisse der Göttinger Dissertation von Keck (1995, S. 380 ff.), der über eine empirische Studie eine Beschreibung und Analyse von Arbeitssituationen an kaufmännischen Arbeitsplätzen im Hinblick auf ihre Lernrelevanz für angehende Industriekaufleute vornahm, unterstreichen die große Bedeutung der Handlungen der Ausbilder für die Lernmöglichkeiten am kaufmännischen Arbeitsplatz; denn über die Zuweisung von Arbeitsaufgaben durch die Ausbilder werden die inhaltlichen Erfahrungsmöglichkeiten, das formale Anforderungsniveau sowie die Chancen einer fachbezogenen, sozial-kommunikativen Auseinandersetzung der Auszubildenden mit Mitarbeitern des Unternehmens bzw. Externen determiniert.

3 Das Projekt: Selbstgesteuertes Lernen am Arbeitsplatz – Untersuchungen zur Ausbildung von Bank- bzw. Sparkassenkaufleuten

Unsere explorative Feldstudie soll – ausgehend von einem interaktionistischen Lernverständnis, wonach Lernen in einem umfassenden Sinne als „persönliche Entwicklung in Interaktion mit gegenständlichen Umwelten und mit sozialen Milieus" (Lempert 1979, S.88) bezeichnet wird,- auf das „Lernhandeln" (Achtenhagen u. a. 1992, S. 82 f.) von Auszubildenden hin ausgerichtet sein.

Die Untersuchung soll insofern mehrdimensional erfolgen, als wir versuchen, im Sinne einer „bedingungsbezogenen Arbeitsanalyse" eine möglichst „objektive" Beschreibung der den Auszubildenden übertragenen Arbeitsaufgaben vorzunehmen und diese im Sinne einer „personenbezogenen Arbeitsanalyse" auf die subjektive Einschätzung und Wahrnehmung von Arbeitsaufgaben durch den Auszubildenden zu beziehen (vgl. zu diesem Ansatz einer „dualen Arbeitssituationsanalyse" Karg & Staehle 1982).

Für das Projekt setzen wir daher folgende Ziele:
- Mit Hilfe von standardisierten Interviews und durch Netzwerkdarstellungen sollen die subjektiven Wahrnehmungsmuster der Auszubildenden und der Ausbilder bezüglich selbstgesteuerten Lernens an den jeweiligen kaufmännischen Arbeitsplätzen erhoben und rekonstruiert werden.
- Die wechselseitigen individuellen Wahrnehmungsmuster von Auszubildenden und Ausbildern wollen wir durch den Einsatz von standardisierten Fragebögen im Hinblick auf die Möglichkeiten der Förderung

selbstgesteuerten Lernens erheben, um die Relevanz dieser Theorien für die Lernprozesse an den betrieblichen Arbeitsplätzen herauszuarbeiten.
- Durch den Einsatz eines von den Auszubildenden auszufüllenden Lern- und Arbeitstagebuches sowie von standardisierten Interviews mit den Auszubildenden und Ausbildern soll eine differenzierte Erfassung und Beurteilung der Arbeitsaufgaben, mit denen sich die Auszubildenden während ihrer Arbeitstätigkeit auseinandersetzen, unter dem Gesichtspunkt der Förderung des selbstgesteuerten Lernens erfolgen.

4 Teiluntersuchung: Erhebung subjektiver Theorien

Die vorliegenden empirischen Ergebnisse zu Wahrnehmungsmustern von Ausbildern hinsichtlich der Auszubildenden und der betrieblichen Umwelt (vgl. Leu & Otto 1981; Pätzold & Dress 1989; Keck 1995) deuten darauf hin, daß die Lernchancen und die Qualität der Lernprozesse von Auszubildenden u. a. im wesentlichen von den subjektiven Wahrnehmungsmustern der Ausbilder hinsichtlich der Persönlichkeitseigenschaften von Auszubildenden abhängen dürften (vgl. Keck 1995, S. 179).

Daher soll in einem ersten Schritt unserer explorativen Feldstudie über die empirische Erfassung und Rekonstruktion subjektiver Wahrnehmungsmuster von Ausbildern und Auszubildenden eines Kreditinstituts versucht werden, Möglichkeiten der Förderung selbstgesteuerten Lernens am kaufmännischen Arbeitsplatz aus der Sicht der unmittelbar Beteiligten präziser zu erfassen.

Die Auszubildenden und Ausbilder wurden aufgefordert, ihre Sicht der Möglichkeit der Förderung oder Behinderung selbstgesteuerten Lernens an kaufmännischen Arbeitsplätzen der Fachabteilungen grafisch in einem Netzwerk zusammenfassen. Hierbei wurde u. a. ein neu entwickeltes Computerprogramm verwendet, bei dem Netzwerke direkt in den Computer eingegeben werden können (Concept Mapping Software Tool (COMASOTO); vgl. Weber & Schumann 1998).

Diese erste Erhebung im Rahmen der Hauptuntersuchung wurde mit 16 Auszubildenden und 5 nebenberuflichen Ausbildern durchgeführt, die in den zu untersuchenden Fachabteilungen für die Betreuung der jeweiligen Auszubildenden verantwortlich sind. Die Anzahl der Konzepte betrug insgesamt über alle Netze 547 und die der Propositionen 778.

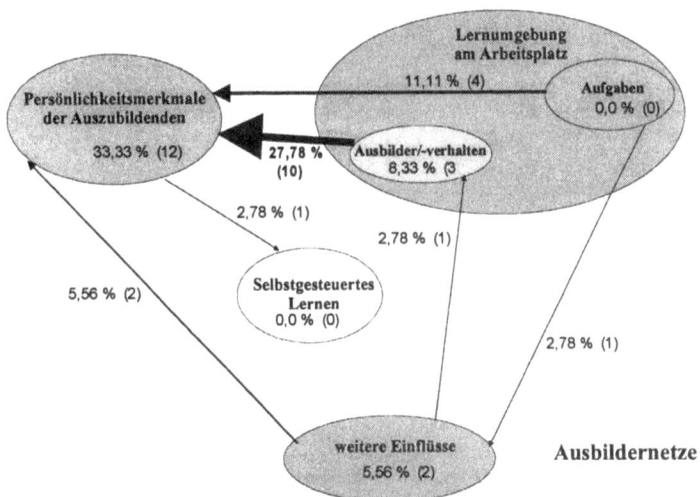

Abb. 1: *Zusammenfassung von Ausbilderaussagen zu förderlichen Bedingungen für das selbstgesteuerte Lernen von Auszubildenden am Arbeitsplatz (n = 5; Summe der Propositionen (fördern, unterstützen o. ä.) = 36)*

Abb. 1 faßt die Propositionen (d. h. Konzept-Relation-Konzept-Verbindungen in der Form: z. B. Ausbilder am Arbeitsplatz fördert Motivation des Auszubildenden = Ausbilder/-verhalten → Persönlichkeitsmerkmale des Auszubildenden) für fünf Ausbilder zusammen. Bemerkenswert ist, welch prozentual hohen Anteil an förderlichen Maßnahmen für die Auszubildenden die Ausbilder sich selbst bzw. der Lernumgebung am Arbeitsplatz zuschreiben. Demgegenüber schätzen die 16 Auszubildenden den förderlichen Einfluß der Ausbilder bzw. der Lernumgebung am Arbeitsplatz auf ihre eigenen Persönlichkeitsmerkmale sehr viel geringer ein (Abb. 2).

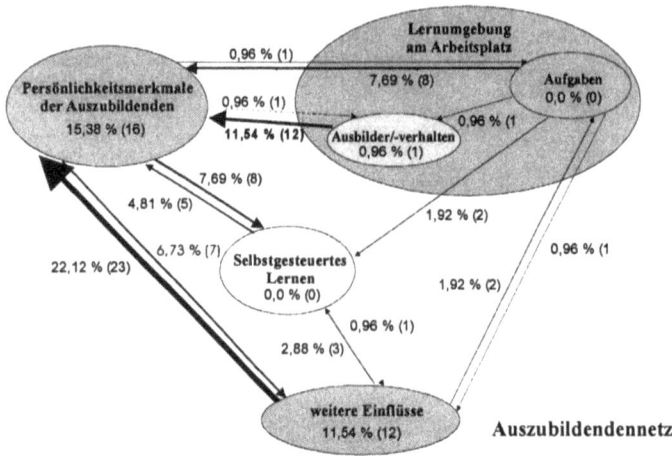

Abb. 2: Zusammenfassung von Aussagen von Auszubildenden zu förderlichen Bedingungen für das selbstgesteuerte Lernen am Arbeitsplatz (n = 16; Summe der Propositionen (fördern, unterstützen o. ä.) = 104)

5 Ausblick

Diese hier grob skizzierten ersten Ergebnisse unseres Projektes sollen mit Hilfe von standardisierten Interviews und Fragebögen bezüglich der subjektiven Wahrnehmungsmuster der Auszubildenden und der Ausbilder im Hinblick auf selbstgesteuertes Lernen an den jeweiligen kaufmännischen Arbeitsplätzen weiter analysiert werden. Zudem wollen wir diese Ergebnisse durch den Einsatz eines von den Auszubildenden auszufüllenden Lern- und Arbeitstagebuches sowie von standardisierten Interviews mit den Auszubildenden und Ausbildern validieren und weiter differenzieren.

Literatur

Achtenhagen, F., Tramm, T., Preiß, P., Seemann-Weymar, H., John, E.-G. & Schunck, A. (1992). Lernhandeln in komplexen Situationen. Wiesbaden: Gabler.

Baethge, M. & Oberbeck, H. (1986). Zukunft der Angestellten. Neue Technologien und berufliche Perspektive in Büro und Verwaltung. Frankfurt/Main, New York: Campus.

Bardeleben, von R., Beicht, U. & Feher, K. (1994). Kosten und Nutzen der betrieblichen Berufsausbildung. BWP, 22, (3), S. 3-11.

Beitinger, G. & Mandl, H. (1992). Konzeption und Entwicklung eines Medienbausteins zur Förderung selbstgesteuerten Lernens im Rahmen der betrieblichen Weiterbildung. Forschungsbericht Nr. 8. München: Lehrstuhl für Empirische Pädagogik und Pädagogische Psychologie. Ludwig-Maximilians-Universität München.

Buttler, F. (1992). Tätigkeitslandschaft bis 2010. In F. Achtenhagen & E. G. John (Hrsg.). Mehrdimensionale Lehr-Lern-Arrangements, Innovationen in der kaufmännischen Aus- und Weiterbildung, S. 162-182. Wiesbaden: Gabler.

DeCharms, R. (1968). Personal causation: The internal affective determinants of behavior. New York: Academic Press.

Deci, E. L. & Ryan, R. M. (1993). Die Selbstbestimmungstheorie der Motivation und ihre Bedeutung für die Pädagogik. ZfPäd, 39, S. 223-238.

Deutsche Forschungsgemeinschaft (1990). Berufsbildungsforschung an den Hochschulen der Bundesrepublik Deutschland. Situation – Hauptaufgabe - Förderungsbedarf. Senatskommission für Berufsbildungsforschung. Denkschrift. Weinheim et al.: VCH.

Dohmen, G. (1996). Das lebenslange Lernen. Leitlinien einer modernen Bildungspolitik. Kassel: Printec.

Dörig, R. (1994). Das Konzept der Schlüsselqualifikationen – Ansätze, Kritik und konstruktivistische Neuorientierungen auf der Basis der Erkenntnisse der Wissenspsychologie. Hallstadt: Rosch.

Hacker, W. & Skell, W. (1993). Lernen in der Arbeit. Berlin, Bonn: Bundesinstitut für Berufsbildung.

Hofer, M. & Niegemann, H. M. (1990). Selbstgesteuertes Lernen mit interaktiven Medien in der betrieblichen Bildung. Medienpsychologie, 2, S. 258-274.

Karg, P. & Staehle, W. H. (1982). Analyse der Arbeitssituation: Verfahren und Instrumente. Freiburg/Breisgau: Hauffe.

Keck, A. (1995). Zum Lernpotential kaufmännischer Arbeitssituationen – Theoretische Überlegungen und empirische Ergebnisse zu Lernprozessen von angehenden Industriekaufleuten an kaufmännischen Arbeitsplätzen. Berichte des Seminars für Wirtschaftspädagogik der Georg-August-Universität Göttingen. Band 23. Göttingen.

Kraft, S. (1997). Selbstgesteuertes Lernen. In Christian Harteis & Susanne Kraft (Hrsg.). Werkstattbericht Nr. 2. Universität Regensburg. Institut für Pädagogik. Lehrstuhl Prof. Dr. Helmut Heid. S. 16-27.

Lempert, W. (1979). Zur theoretischen und empirischen Analyse von Beziehungen zwischen Arbeiten und Lernen. Grundprobleme und Lösungsstrategien. In P. Groskurth (Hrsg). Arbeit und Persönlichkeit. Berufliche Sozialisation in der arbeitsteiligen Gesellschaft, S. 87-111. Reinbek bei Hamburg: Rowohlt.

Leu, H. & Otto, E.-M. (1981). Ausbildung und Auszubildende in der Sicht von Berufsschullehrern und Ausbildern. ZfPäd, 27, S. 711-722.

Oesterreich, R. & Volpert, W. (1987). Handlungstheoretisch orientierte Arbeitsanalyse. In U. Kleinbeck & J. Rutenfranz (Hrsg.). Arbeitspsychologie. Enzyklopädie der Psychologie. Themenbereich D. Serie III. Band 1, S. 43-73. Göttingen et al.: Hogrefe.

Pätzold, G. & Dress, G. (1989). Betriebliche Realität und pädagogische Notwendigkeit. Tätigkeitsstrukturen, Arbeitssituationen und Berufsbewußtsein von Ausbildungspersonal im Metallbereich. Köln, Wien: Böhlen.

Reinmann-Rothmeier, G. & Mandl, H. (1997). Lernen mit Multimedia. Teil 2: Selbststeuerung des Lernprozesses mit Multimedia, S. 26-50. Forschungsbericht Nr. 77. München: Lehrstuhl für Empirische Pädagogik und Pädagogische Psychologie. Ludwig-Maximilians-Universität München.

Straka, G. A., Nenniger, P., Spevacek, G. & Wosnitza, M. (1996). Motiviertes selbstgesteuertes Lernen in der kaufmännischen Erstausbildung – Entwicklung und Validierung eines Zwei-Schalen-Modells. In K. Beck & H. Heid (Hrsg.). Lehr-Lernprozesse in der kaufmännischen Erstausbildung. ZBW, Beiheft 13, S. 150-162. Stuttgart: Steiner.

Ulich, E. (1992). Arbeitspsychologie. 2. Aufl. Zürich: Verlag der Fachvereine.

Weber, S. & Schumann, M. (1998). The Concept Mapping Software Tool (COMASOTO) for Teaching and Assessing Structural Knowledge. Paper presented at the Annual Meeting of the American Educational Research Association, San Diego.

Weinert, F. E. (1982). Selbstgesteuertes Lernen als Voraussetzung, Methode und Ziel des Unterrichts. UW, 10, S. 99-110.

Ein natürlichsprachlich-basierter Ansatz zur Wissensrepräsentation und -analyse

Jens Siemon

Seit Anfang des Schuljahres 1998 wird in zwei südniedersächsischen Berufsschulklassen für angehende Industriekaufleute im ersten Ausbildungsjahr im Rahmen eines Modellversuchs ein computerunterstütztes Lehr-Lern-Arrangement zur Einführung in ein Modellunternehmen eingesetzt (vgl. hierzu auch den Beitrag von Achtenhagen, Fürstenau, Getsch, John, Noß, Preiß, Siemon, Weber) Ziel einer solchen Einführung ist die Vermittlung grundlegender Kenntnisse über ein Industrieunternehmen. Damit soll eine Ausgangsbasis für den weiteren, jeweils auf spezielle kaufmännische Aspekte bezogenen Unterricht geschaffen werden. Bezüglich der Lernziele gilt es dementsprechend, das Verstehen des Gesamtsystems des Modellunternehmens zu fördern. In diesem Zusammenhang müssen zum einen Kenntnisse über die Aufbauorganisation berücksichtigt werden. Gleichzeitig sind hierbei die Funktionen der im Unternehmen typischerweise anzutreffenden Organisationseinheiten sowie die im Unternehmen ablaufenden Prozesse, durch die die Organisationseinheiten letztendlich miteinander verbunden sind, zu betrachten. Soll das Modellunternehmen in dem weiterführenden Unterricht als Referenz benutzt werden, müssen die Schüler aber auch unternehmensspezifische Kenntnisse erwerben. So sind Kenntnisse über die Produktpalette des Unternehmens unabdingbar, um im späteren Unterricht z.B. Marketingkonzeptionen am konkreten Beispiel diskutieren zu können. Kenntnisse über die spezifischen Herstellungsverfahren der Produkte des Modellunternehmens und die benötigten Roh-, Hilfs- und Betriebsstoffe unterstützen die buchungstechnische Bearbeitung z.B. von Wareneingängen und Verbrauchsvorgängen im Rechnungswesenunterricht.

Für die Erhebung und Auswertung der individuellen Vorkenntnisse sowie für die Lernerfolgskontrolle wurde im Rahmen dieses Projektes ein Werkzeug entwickelt, das deklaratives Wissen durch verbale Beschreibungen zunächst erfaßt, durch eine computerunterstützte Überführung in semantische Netze einer Auswertung zuführt und somit seine propositionale Struktur sichtbar machen hilft.

Das Werkzeug wird als integrativer Bestandteil des Lehr-Lern-Arrangements dazu genutzt, Wissenslücken aufzudecken und dem Schüler konkrete Hinweise zu geben, wie diese zu schließen sind.

Arbeitsweise des Werkzeugs

Die zur Überführung der verbalen Aussagen in semantische Netze herangezogene Einheit ist jeweils ein Satz. Besteht ein Text aus mehreren Sätzen, so werden diese sequentiell verarbeitet und, sofern möglich, in das aufzubauende semantische Netz integriert.

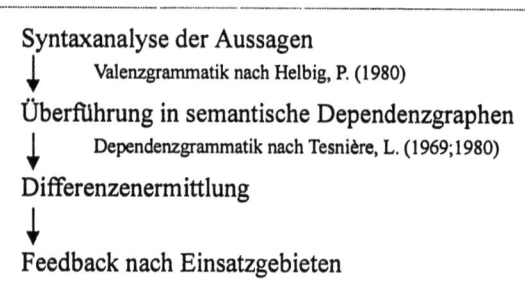

Abb. 1: Arbeitsschritte des Werkzeugs

Das Computerprogramm arbeitet wie folgt: Zunächst wird der jeweils zu verarbeitende Satz einer syntaktischen Analyse unterzogen, um die Satzstrukturen zu erkennen. Dabei wird das Verfahren des Inselparsing (Naumann & Langer, 1994, S. 155 ff.) verwendet. Dieses Verfahren wurde ursprünglich zur Analyse gesprochener Sprache entwickelt. Im Unterschied zu anderen Parsingverfahren geht das Inselparsing zunächst von Worthypothesen aus, die es zu bestätigen oder zu verwerfen gilt. Dies ist insbesondere bei der Analyse gesprochener Sprache notwendig, da im Gegensatz zu geschriebenen Sätzen die Wortgrenzen nicht eindeutig zu erkennen sind.

Auch bei schon in geschriebener Form vorliegenden Texten hat sich das Inselparsing als geeigneter Ansatz herausgestellt. Zunächst werden Hypothesen darüber aufgestellt, um welche Wortarten es sich bei den zu analysierenden Wörtern des Satzes handeln könnte. Anschließend wird mit Hilfe von Wortvalenzen (Helbig & Schenkel, 1991; Helbig & Buscha, 1994) automatisch überprüft, ob die Wortarthypothese beibehalten werden kann.

Für die Analyse von natürlichsprachlichen Sätzen ist eine umfangreiche Datenbank erforderlich. Derzeit sind in dieser etwa 70.000 Konzepte der deutschen Sprache gespeichert. Mit den dazugehörigen grammatischen Kategorien zu Flexion bzw. Deklination, Person, Numerus, Kasus, Genus, Modus etc. ergibt sich daraus ein Lexikon mit etwa einer halben Million Einträgen, das zur syntaktischen Analyse herangezogen wird. Für die möglichen Einsatzgebiete ist es allerdings trotz diesen umfangreichen Lexikons erforderlich, das jeweilige Fachvokabular inklusive der grammatikalischen Informationen hinzuzufügen.

Sofern die Satzstruktur erfolgreich erkannt wird, kann anschließend die semantische Struktur betrachtet werden. Zu deren Abbildung wurde die Dependenzgrammatik (Tesniére, 1969, 1980) herangezogen und in einigen Bereichen an die speziellen Bedürfnisse angepaßt bzw. erweitert.

Zur Beschreibung von Aussagen arbeitet die Dependenzgrammatik mit zwei Elementen: den Wörtern einer Sprache sowie den Dependenzrelationen zwischen den Wörtern. Die Wörter werden nochmals in Voll-Wörter mit syntaktischer und semantischer Funktion und Leer-Wörter unterschieden, wobei letztere lediglich eine grammatische Hilfsfunktion im Satz ausüben. Voll-Wörter sind Verben, Substantive, Adjektive und Adverbien. Nur diese werden zur Abbildung der semantischen Struktur einer Aussage herangezogen. Die Feststellung, welche semantische Funktion sie ausüben, ist jedoch nur durch das Einbeziehen der Leer-Wörter möglich.

Die Dependenzrelationen beschreiben die jeweiligen Abhängigkeitsbeziehungen zwischen den Voll-Wörtern. Mit dieser recht einfachen Syntax können theoretisch beliebig große semantische Netze gebildet werden, da einzelne Wörter oder auch ganze Propositionen über die Satzebene hinaus miteinander verbunden werden können.

Solche semantischen Netze können mit anderen verglichen werden. Dazu wird in einem Referenznetz nach den Konzepten gesucht, die in keinem Abhängigkeitsverhältnis zu anderen Konzepten stehen, d.h. ausschließlich Konstituenten besitzen. Diese werden nachfolgend als *Aussageköpfe* bezeichnet. Innerhalb eines Satzes ist der Aussagekopf das finite Verb. In längeren Texten können Sätze jedoch auch dazu dienen, andere Aussagen zu konkretisieren. In diesen Fällen ist das finite Verb des Satzes in Abhängigkeit von der zu konkretisierenden Aussagestruktur zu betrachten.

Ist ein Aussagekopf gefunden, kann überprüft werden, ob die Konstituenten des Kopfes mit denen des semantischen Referenznetzes übereinstimmen. Ergebnis dieses Vergleichs ist die Differenz zwischen den beiden zu vergleichenden Netzen.

Probleme ergeben sich dabei nicht so sehr aus einer möglichen Mehrdeutigkeit der semantischen Netze, da diese immer auf den Kontext einer mehr oder weniger konkreten Frage bezogen sind. Schwierig ist es vielmehr, die Netze miteinander zu vergleichen, da es in der Sprache eine Vielfalt von Möglichkeiten gibt, ein und denselben Sachverhalt zu beschreiben.

Zunächst läßt sich auf lexikalischer Ebene dasselbe Konzept durch unterschiedliche Wörter ausdrücken. Um die Netze miteinander vergleichen zu können, müssen die im Text benutzten Wörter zunächst in Synonyme überführt werden, die später für den Vergleich zweier Netze herangezogen werden. Das Synonymlexikon besteht derzeit aus etwa 600.000 Einträgen. Solche Einträge sind jedoch in der Regel mehrdeutig. So kann das Wort ‚machen' den Konzepten ‚kosten' („Das macht 4.50 DM"), aber auch ‚herrichten' („Das Bett machen"), ‚anfertigen', ‚tun' usw. zugeordnet werden. Hier muß in Abhängigkeit vom Kontext, in dem das Wort auftritt, entschieden werden, welchem Synonym es zuzuordnen ist. Gibt es ein Referenznetz, also ein semantisches Netz, mit dem eine Aussage verglichen werden soll, so kann in diesem nachgeschlagen werden, wie dort das mehrdeutige Wort verwandt wurde. Für jeden Aufgabenbereich, zu dem ein Text verfaßt wird, kann eine Interpretationstabelle angelegt werden, in der festgehalten wird, welche semantische Interpretation des Wortes im jeweiligen Kontext die geeignetste ist. Falls beide Verfahren nicht zu einer eindeutigen Bestimmung des Wortes führen, wird der Verfasser des Textes aufgefordert, selbst aus einer Liste von möglichen Interpretationen die von ihm intendierte auszuwählen.

Ein ähnliches Verfahren findet dann Anwendung, wenn auf propositionaler Ebene synonyme Informationen zu vergleichen sind. So zeigt ein Schüler sowohl durch den Satzteil „sind notwendig für" als auch durch „werden benötigt für" die Notwendigkeit eines Konzeptes für ein anderes auf. Auch in diesen Fällen müssen entsprechende syntaktisch-semantische Regeln und ggf. auch eine Rückfrage an den Verfasser des Textes über die jeweilige Deutung der Aussage entscheiden.

Zum gegenwärtigen Zeitpunkt ist der Umfang des sprachlichen Wissens des Werkzeugs noch nicht ausreichend elaboriert, um ein selbständiges Verarbeiten auch längerer Texte zuzulassen. Bei kurzen Texten, die nicht über zwei bis drei Sätze hinausgehen, konnte jedoch gezeigt werden, daß es durchaus möglich ist, das Werkzeug in computerunterstützte Lehr-Lern-Arrangements für den unterrichtlichen Einsatz zu integrieren. Am konkreten Beispiel soll nun beschrieben werden, wie dieses im o.g. Modellversuch geschehen ist.

Einsatz des Werkzeugs

Noch bevor der erste kaufmännische Unterricht in den Klassen der am Modellversuch beteiligten Schulen stattfand, wurden die Schüler zunächst mit der Fragestellung „*Beschreiben Sie einen erfolgreich arbeitenden Industriebetrieb*" dazu aufgefordert, ihr domänenspezifisches Vorwissen in Form eines Aufsatzes auszuformulieren. Als Hilfestellung wurde ihnen dazu eine Liste von Begriffen aus dem ökonomischen Bereich an die Hand gegeben, die sich bereits in vergleichbaren Erhebungen bewährt hatte (Weber, 1994). Diese Liste wurde um wenige Konzepte ergänzt, um mögliches Vorwissen in allen Inhaltsbereichen des hier zu untersuchenden Lehr-Lern-Arrangements zu erfassen. Um ein reibungsloses Verarbeiten der Aufsätze zu gewährleisten, wurden die Schüler zudem dazu angehalten, vollständige Sätze zu bilden und auch Aufzählungen in Form vollständiger Sätze anstelle von Spiegelstrichlisten niederzuschreiben.

Im Treatment hatten die Schüler komplexe Lern- und Erkundungsaufgaben zu lösen, die im Anschluß unterrichtlich aufgearbeitet wurden. Auch hier hatten die Schüler allein oder in Gruppen kurze Texte zu verfassen. Die jeweiligen Lösungen wurden im Unterricht besprochen.

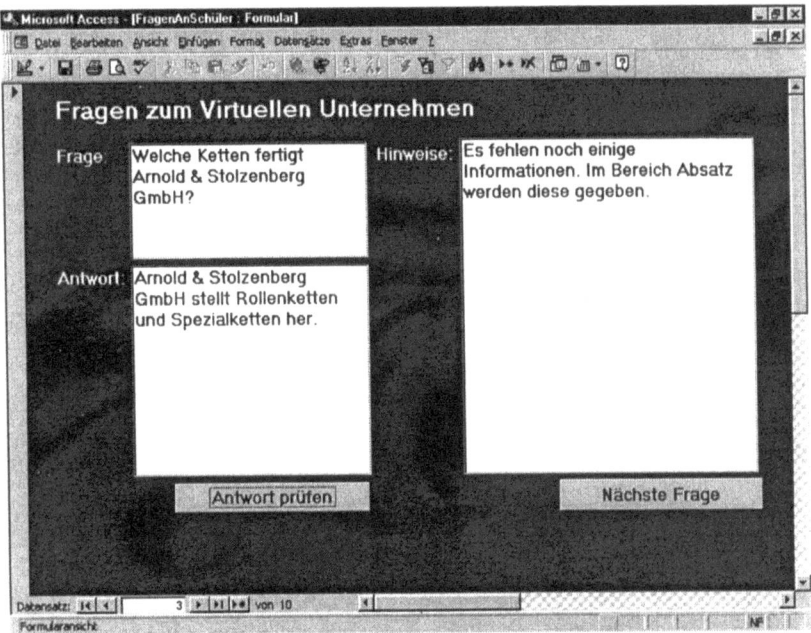

Abb. 2: Fragen an die Schüler und Hinweise zu gegebenen Antworten

Anschließend hatten die Schüler eine Reihe von Fragen am Computer zu beantworten, die sich auf die Unterrichtsinhalte bezogen, die zuvor bearbeitet worden waren. Alle Frage waren mit einem bis drei Sätzen zu beantworten. Die „Fragen" werden durch das Computerprogramm präsentiert; die Schüler tippen ihre Antwort ein. Nach der entsprechenden Verarbeitung der Antwort durch das Werkzeug werden als Ergebnis der Analyse entsprechende Hinweise gegeben.

Das Werkzeug arbeitet wie folgt: Für jede Frage wurde ein Referenznetz aus ebenfalls natürlichsprachlich verfaßten Aussagen aufgebaut. Zudem konnte Mindestanforderungen dafür definiert werden, wie eine Antwort mit einer vom Schüler eingegebenen übereinstimmen sollte. Insbesondere bei Fragen, die eine bestimmte Mindestanzahl von Konzepten in einer Aufzählung erfordern, kommt diese Funktion zum Einsatz. Zudem werden für die verschiedenen möglichen Analyseergebnisse, die das System nach dem Vergleich der Schülerantworten mit den jeweils hinterlegten Referenznetzen ermittelt, Hinweise gegeben, die dem Schüler auf dem Bildschirm angezeigt werden. Sofern die gegebene Antwort als richtig erkannt wird, wird der Schüler aufgefordert, mit der nächsten Frage fortzufahren. Stimmt schon der *Aussagekopf* (vgl. oben) der gegebenen Antwort nicht mit dem Referenznetz überein, so wurde die Frage durch den Schüler wahrscheinlich falsch interpretiert. Zur Unterstützung des Schülers wurden dann Erläuterungen angezeigt, wie die Frage zu verstehen sei.

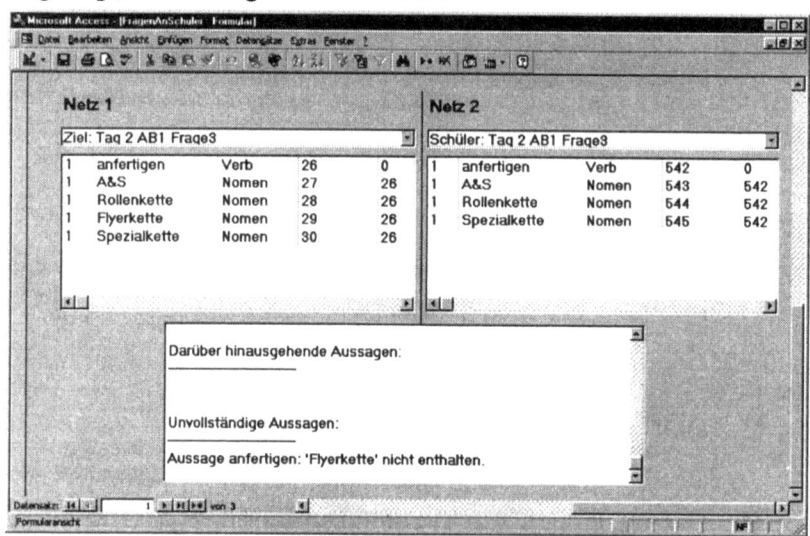

Abb. 3: *Vergleich einer Schülerantwort mit der Zielstruktur*

Abb. 3 zeigt im Netz 1 die Zielkonzepte; Netz 2 stellt die Computerverarbeitung der vom Schüler eingegebenen Antwort dar. In dem darunterliegenden Feld ist protokolliert, welche Abweichung vorliegt. Entsprechend erscheint auf dem Bildschirm (Abb. 2) unter „Hinweise": „Es fehlen noch Informationen ...". (Der in Abb. 3 abgebildete Bildschirminhalt dient der Analyse und kann vom Schüler nicht aufgerufen werden).

Stimmen zwar der Aussagekopf, nicht aber die davon abhängigen Konstituenten überein bzw. fehlen noch Konstituenten, so werden dem Schüler Hinweise darauf gegeben, wo die noch fehlenden Informationen im multimedialen Lehr-Lern-Arrangement aufzufinden wären. In den Fällen, in denen entweder falsch geschrieben wurde, Worte dem Computer gar nicht bekannt waren, mehrdeutige syntaktische Strukturen nicht verarbeitet werden konnten oder Satzstrukturen verwendet wurden, die derzeit noch nicht verarbeitbar sind, wurde dem Schüler der Hinweis gegeben, zunächst den Satz nochmals auf seine formale Richtigkeit hin zu überprüfen bzw. den Satz ggf. umzuformulieren.

Ausblick

Im Bereich der qualitativen Wissensdiagnose kann sich die Auswertung der erhobenen Texte sowohl auf intraindividuelle Veränderungen des Wissens (Erweiterung, Anpassung, Rekonstruktion) als auch auf interindividuelle Vergleiche beziehen.

Durch die Kombination dieses Werkzeugs mit dem o.g. komplexen Lehr-Lern-Arrangement ist es möglich, eine individuelle Unterstützung der Lernprozesse zu geben, die neben dem Lernweg auch die Effekte des Lernwegs im Sinne eines Wissenszuwachses berücksichtigt.

Wenn sich die Aufgabenstellung der Lernumgebung selbst auf die natürlichsprachliche Darstellung von Wissen des Gegenstandsbereichs bezieht (z.B. Erstellen einer Nachrichtensendung zu einem vorgegebenen Thema), bietet die Integration des Werkzeug in die Lernumgebung gute Einsatzmöglichkeiten.

Literatur

Helbig, G. / Buscha, J. (1994). Deutsche Grammatik. Frankfurt am Main: Langenscheidt.
Helbig, P./ Schenkel, W. (1991). Wörterbuch zur Valenz und Distribution deutscher Verben. 8. Aufl. Tuebingen : Niemeyer.
Naumann, S. / Langer, H. (1994). Parsing. Stuttgart: Teubner.
Tesnière, L. (1969). Elements de syntaxe structurale. 2. ed. Paris : Editions Klincksieck.
Tesnière, L. (1980). Grundzüge der strukturalen Syntax. Stuttgart: Klett-Cotta.
Weber, S. (1994). Vorwissen in der betriebswirtschaftlichen Ausbildung: eine struktur- und inhaltsanalytische Studie. Wiesbaden : Gabler.

Geschäftsprozessmodellierung mit ARIS-Toolset 3.2a für das Modellunternehmen Arnold & Stolzenberg GmbH

Ulrich Getsch

Übereinstimmend wird aus betrieblicher Sicht beklagt, dass den Mitarbeitern ein ganzheitliches, systemisches Verständnis der betrieblichen Prozesse fehle (vgl. Getsch, 1990, S. 10 f.). Als besonders nachteilig wird dabei angesehen,
- dass das Verständnis für das Auftreten von Fehlern und ihre Beseitigung sowie
- die Kenntnis von Expertise, die zur Problemlösung vor Ort beitragen könnte, wenig ausgeprägt sei,
- dass zu wenig Bemühungen zu finden seien, ein Verständnis für die Tätigkeiten und die damit zusammenhängend auftretenden Probleme in anderen Abteilungen bzw. bei Kunden und Lieferanten zu entwickeln.

Dabei sei die Differenz im Verständnis nicht so sehr durch die Quantität von Wissen als vielmehr durch seine Qualität gegeben: nämlich die Notwendigkeit, die systemische und dynamische Struktur der betrieblichen Prozesse zu vermitteln (vgl. Keck, 1995). Die Schlussfolgerung lautet, dass die weitgehend linear konzipierten und zugleich parzellierten Kontexte der Erstausbildung nur unzureichend die Aneignung von im Weiterbildungsbereich für erforderlich gehaltenen Wissensstrukturen unterstützen. Vor diesem Hintergrund muß der Stellenwert einer Berufsbildenden Schule und dabei konkret der Berufsschulunterricht mit seinem rechtlichen Ordnungsrahmen (Richtlinien) neu bestimmt werden und zwar zunächst in den kaufmännischen Kernfächern:
- Rechnungswesen,
- Betriebs- und Volkswirtschaftslehre und
- Wirtschaftsinformatik.

Als ein Beispiel für eine derartige, notwendige Neudefinition sei die Frage aufgegriffen, wie denn der Berufsschulunterricht an kaufmännischen Schulen den Anschluß an international eingesetzte Software von SAP oder BAAN finden könne (vgl. Achtenhagen, 1998). Wie reagierten bislang die Partner im dualen System?

In der schulischen Ausbildung bei angehenden Industriekaufleuten hatte man bis jetzt die Hoffnung, dass die Auszubildenden nach einem erfolgreichen Durchlauf der Stoffgebiete: Beschaffung, Produktion und Absatz, die ökonomischen Zusammenhänge eines Betriebs im Markt zu rekonstruieren in der Lage wären. Dieses kann nach meinen Beobachtungen und Erfahrungen im traditionellen Unterricht, mit Rückgriff auf die klassischen Inhalte und deren Anordnung, nicht mehr hinreichend gelingen.

Schaut man auf den betrieblichen Bereich, so sollen die System- und Methodenschulungen zum Aufbau entsprechender Kenntnisse beitragen. Deren Stellenwert und Erfolg stehen zur Zeit aber zur Disposition.

Dass eine isolierte Behandlung einzelner Bildschirmmasken sich allein als völlig unzureichend für Erklärungen über die systemische und dynamische Struktur der zugrundeliegenden, aber gerade auch der vor- und nachgelagerten Handlungen erweisen, muss an dieser Stelle sicherlich nicht betont werden. Eine weitere Stufe von Unanschaulichkeit und zunehmender Komplexität ist durch das System EDIFACT, das heisst Electronic Data Interchange for Administration, Commerce and Transport, eingeleitet worden. Bei EDIFACT treten Kunden, Lieferanten und Frachtführer in den elektronischen Datenaustausch und wickeln viele geschäftliche Transaktionen, wie Bestellabruf, Rechnungsstellung und Zahlung, elektronisch über Datennetze ab, wobei EDIFACT den Datenstandard sichert (vgl. DIN, 1990).

Wie sollten die Berufsbildenden Schulen auf solche Entwicklungen reagieren? Nach unserer Auffassung sollte nicht so sehr allein die Handhabung der Programme, sondern die bereits erwähnte systemische und dynamische Struktur der betrieblichen Prozesse in den Blickpunkt des Unterrichts gerückt werden (vgl. Rischmüller & Getsch, 1988). Es gilt daher, über die Entwicklung, Implementation, Dissementation und Evaluation komplexer Lehr-Lern-Arrangements (vgl. Achtenhagen & John, 1992) Vorschläge für die kaufmännische Erstausbildung zu entwickeln, die dem systemischen und dynamischen Charakter betrieblicher Prozesse gerecht werden.

Einen weiteren Schritt in diese Richtung stellt das am Seminar für Wirtschaftspädagogik der Georg-August-Universität Göttingen auf einer CD-Rom entwickelte Virtuelle Unternehmen Arnold & Stolzenberg dar, das der integrierten Einführung in die Betriebswirtschaftslehre unter Einschluß des wirtschaftsinstrumentellen Rechnungswesens dient (vgl. Achtenhagen & Mitarbeiter, 1998). Um insbesondere auf den Weiterbildungsbedarf der Unternehmen vorzubereiten, haben wir unter Nutzung der mit dem Virtuellen Unternehmen gegebenen Informationen damit begonnen, den Rechnungswesenunterricht mit Hilfe von entsprechenden Materialien und Fällen neu zu strukturieren (vgl. Preiß & Tramm, 1996; Preiß, 1999). Gleichzeitig haben wir den Versuch unternommen, die betriebswirtschaftlichen Anwendungskonzepte mit der Informationstechnik zu verbinden. Für die Modellierung der Geschäftsprozesse des virtuellen Unternehmens haben wir uns für das ARIS-Konzept (Architektur integrierter Informationssysteme) von Professor Scheer aus Saarbrücken entschieden (vgl. Scheer 1998a, 1998b), weil es einerseits unseren Entwicklungsansprüchen zur Zeit am besten entspricht und weil es andererseits weit verbreitet ist; so wurden bislang ca. 9.000 Lizenzen in mehr als 50 Länder innerhalb von 4 Jahren verkauft. Bei der konkreten

Arbeit mit dem ARIS-Toolset wurden allerdings auch einige Schwächen des Programms deutlich, die an dieser Stelle nicht weiter diskutiert werden sollen (vor allem Probleme beim Datenexport und bei der Datenmodellierung). Schumann (vgl. 1998, S. 24-26) weist auf alternative Methoden für die Geschäftsprozeßmodellierung hin und erläutert zugleich einzelne Modellierungsregeln (vgl. Schumann, 1998, S. 23 f.).

Betrachten wir nun die einzelnen Entwicklungsschritte bei der Geschäftsprozessmodellierung:

Das ARIS-Konzept (vgl. Scheer, 1994, 1995, 1997, 1998a, 1998b) unterstützt die Geschäftsprozeßmodellierung, indem es die Komplexität betriebswirtschaftlicher Probleme unter verschiedenen Sichtweisen darstellen hilft.

In einem ersten Schritt wird eine DV-orientierte strategische Ausgangslösung erstellt. Sie hat Einfluß auf die langfristige Beeinflussung von Geschäftsprozesen. In einem zweiten Schritt werden in dem Fachkonzept die einzelnen Sichten des Anwendungssystems modelliert. Auch hier dominieren die betriebswirtschaftlichen-organisatorischen Inhalte. In einem dritten Schritt wird die Erstellung des DV-Konzepts vorgenommen. Bis hier werden Beschreibungssprachen benutzt, die sich dadurch auszeichnen, dass sie einerseits betriebswirtschaftlich verständlich sind und andererseits bereits so weit formalisiert sind, dass sie den Ausgangspunkt für eine technische Implementierung bilden, die dann im vierten Schritt vollzogen wird. Das ARIS-house wird in Abb. 1 in seinen Zerlegungssichten: Organisation, Daten, Steuerung, Funktion, Leistung und in seinen oben beschriebenen drei Beschreibungsebenen, sichtbar. Durch die drei Beschreibungsebenen in allen vier Sichten kann auf jeder Beschreibungsebene die Verbindung zu den anderen Komponenten hergestellt werden.

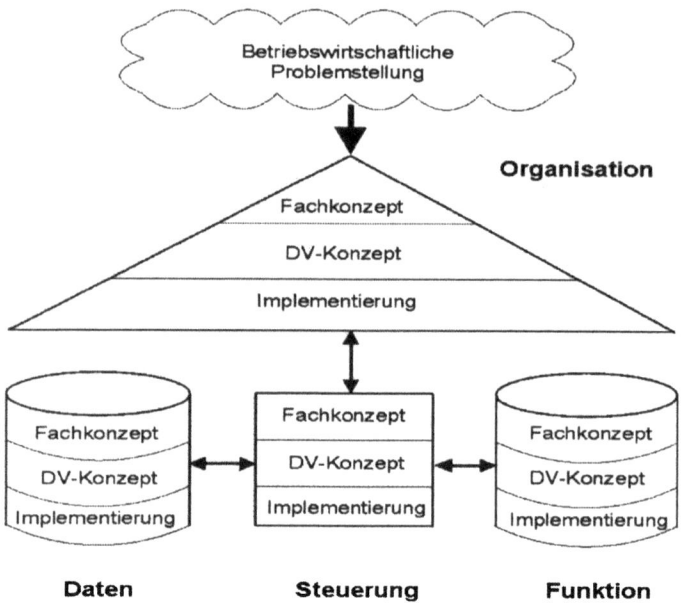

Abb.1: Scheer 1995, (ARIS-Konzept), S. 17

Grundlage für unsere Entwicklungsarbeiten bildeten zunächst die konkreten Geschäftsprozesse des Unternehmens Arnold & Stolzenberg und die Inhalte auf der CD-Rom des Modellunternehmens. Diese Geschäftsprozesse wurden mit verfügbaren Referenzmodellen verglichen und angepaßt (vgl. Keller & Meinhardt, 1994; Scheer, 1995).

Wir haben uns bislang bei unseren gesamten Entwicklungsarbeiten auf die Darstellung von Funktionen im Fachkonzept Funktionen (im Programm: grüne Ovale) und im Fachkonzept Organisation (im Programm: gelbe Ovale mit Querstrich) beschränkt. Die erstellten „Ereignisgesteuerten Prozeßketten" (EPK) im Fachkonzept „Steuerung" leisten eine Verbindung zur Daten- und Funktionssicht.

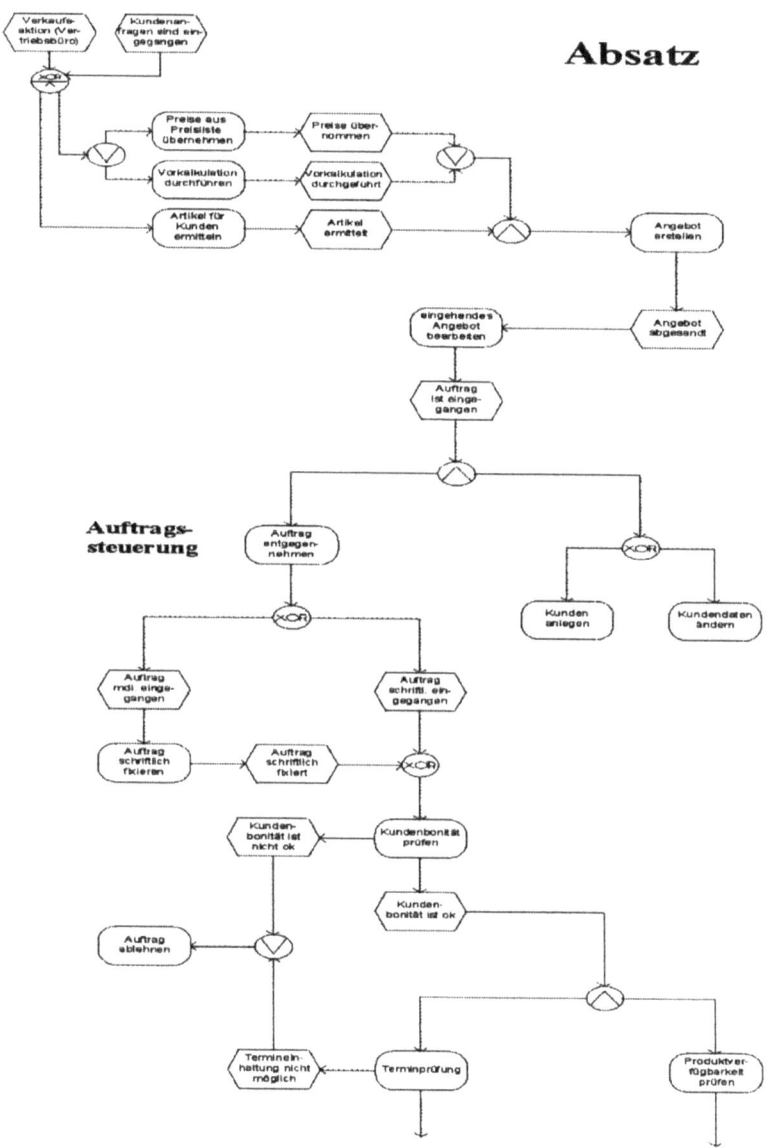

Abb. 2: Prozesskettenauszug aus dem Modellunternehmen Arnold & Stolzenberg GmbH

Ereignisse werden durch (lila) Sechsecke dargestellt. Logische Operatoren beschreiben die Verknüpfungen (logisches „und", logisches „oder" bzw. „exklusiv oder").

Wenn man die Ereignissteuerung um die Organisations- und Datensicht erweitert, gelangt man zu sehr anschaulichen Vorgangskettendiagrammen, wie z.B.für die „Auftragsabwicklung". Die Entwicklung von solchen Vorgangskettendiagrammen und deren unterrichtliche Einbeziehung können es ermöglichen, die Balance von Kasuistik und Systematik beim Lehren und Lernen zu verbessern. So ist es z.B. denkbar, dass man die Vorgangskette „Auftragsabwicklung" um eine rein rechtliche Sichtweise für unterrichtliche Zwecke (z.B. Kaufvertragsbestandteile) ergänzt.

Das Gesamtschaubild, das im Unterricht eingesetzt wird, umfaßt mehr als 3.000 Objekte. Ein kleiner Ausschnitt kann der Abb. 2. entnommen werden.

Ich möchte jetzt auf meine Ausgangsthese zurückkommen, nach der es im Bereich der System- und Methodenschulung für ein Verständnis von komplexen Vorgängen nicht ausreichen kann, lediglich die einzelnen Elemente einer Bildschirmmaske zu erklären. Wenn wir unter Zuhilfenahme der Geschäftsprozessmodellierung für die Auftragsabwicklung die Funktion „Rechnung buchen" betrachten, lässt sich einer bestimmten SAP-Bildschirmmaske zugleich eine tiefere Bedeutung zuordnen. Sie wird nicht mehr isoliert betrachtet und erklärt, sondern ist die notwendige Folge von verschiedensten vorgelagerten Ereignissen und Funktionen, und die Buchung selbst löst ihrerseits wieder weitere Funktionen und Ereignisse aus. Diese Prozesse in systemischer und dynamischer Form im Unterricht sichtbar zu machen, sollte in den Mittelpunkt des Unterrichts an Berufsbildenden Schulen gestellt werden. Die dargestellten Ereignisgesteuerten Prozeßketten bieten hierfür eine geeignete Möglichkeit: Im unterrichtlichen Einsatz können sie zum Orientierungswissen beitragen. Die Schüler können aber auch Modellanalysen und Modelländerungen bei alternativen Unternehmenszielen vornehmen. Damit werden einerseits ein systemisches Unternehmensverständnis – wie es neue betriebswirtschaftliche Theorien postulieren – gefördert (vgl. Hopfenbeck 1996; Probst, 1987; Probst & Gomez, 1991) und andererseits ein Anschluß an moderne Programme der Informationsverarbeitung vorgenommen (vgl. CDI, 1996). Das hilft nicht nur die Stellung der Berufsbildenden Schulen neu zu definieren, sondern gleichzeitig – und das ist für uns entscheidend – auch die Arbeitsmarktchancen der Auszubildenden entscheidend zu verbessern.

Literatur

Achtenhagen, F. (1998): Das kaufmännische Schulwesen zwischen Tradition und Fortschritt. Wirtschaft und Erziehung, 50, S. 230-238.

Achtenhagen, F. & Mitarbeiter (1998): VLW-Referententag – Auf dem Weg zum Unterricht für morgen. Wirtschaft und Erziehung, 50, S. 3-13.

Achtenhagen, F. & John, E.G. (Hrsg.) (1992): Mehrdimensionale Lehr-Lern-Arrangements – Innovationen in der kaufmännischen Aus- und Weiterbildung. Wiesbaden: Gabler.

CDI (Hrsg.) (1996): SAP R/3. Einführung für Release 3.0. Haar bei München: Markt und Technik.

DIN Deutsches Institut für Normung e.V. (1990): EDIFACT – Elektronischer Datenaustausch für Verwaltung, Wirtschaft und Transport. Herrenberg.

Getsch, U. (1990): Möglichkeiten einer Förderung von betriebswirtschaftlichem Zusammenhangswissen – eine empirische Analyse mit Hilfe eines Unternehmensplanspiels bei angehenden Industriekaufleuten. Diss. rer. pol. Georg-August-Universität Göttingen.

Hopfenbeck, W. (1996): Allgemeine Betriebswirtschafts- und Managementlehre: das Unternehmen im Spannungsfeld zwischen ökonomischen, sozialen und ökologischen Interessen. 10. Aufl. Landsberg/Lech: Verlag Moderne Industrie.

Keck, A. (1995): Zum Lernpotential kaufmännischer Arbeitssituationen – Theoretische Überlegungen und empirische Ergebnisse zu Lernprozessen von angehenden Industriekaufleuten an kaufmännischen Arbeitsplätzen. Diss. rer. pol. Georg-August-Universität Göttingen.

Keller, G. & Meinhardt, S. (1994): SAP R/3-Analyser. Optimierung von Geschäftsprozessen auf Basis des R/3-Referenzmodells. Walldorf: SAP.

Preiß, P. (1999): Wirtschaftsinstrumentelles Rechnungswesen als Kernelement kaufmännischer Curricula. Diss. rer. pol. Georg-August-Universität.

Preiß, P. & Tramm, T. (Hrsg.) (1996): Rechnungswesenunterricht und ökonomisches Denken – Didaktische Innovationen für die kaufmännische Ausbildung. Wiesbaden: Gabler.

Probst, G.J.B. (1987): Selbstorganisation. Ordnungsprozesse in sozialen Systemen aus ganzheitlicher Sicht. Berlin, Hamburg: Parey.

Probst, G.J.B. & Gomez, P. (1991): Vernetztes Denken: ganzheitliches Führen in der Praxis. 2. Aufl. Wiesbaden: Gabler.

Rischmüller, H. & Getsch, U. (1988): Fachdidaktische Überlegungen zur Unterrichtseinheit „Neue Technologien in der Fabrik der Zukunft – CIM: Computerunterstützter Industriebetrieb." Präsentation auf der BLK-Tagung „Neue Informations-stechniken in kaufmännischen Modellversuchen" in Göttingen, 03. März 1988, masch. vervielf.

Scheer, A.-W. (1998a): ARIS – Vom Geschäftsprozeß zum Anwendungssystem. 3. Aufl. Berlin: Springer.

Scheer, A.-W. (1998b): ARIS – Modellierungsmethoden, Metamodelle, Anwendungen. 3. Aufl. Berlin: Springer.
Scheer, A.-W. (1997): ARIS Toolset Starthandbuch 3.2 a. Saarbrücken.
Scheer, A.-W. (1994): Wirtschaftsinformatik: Informationssysteme im Industriebetrieb. 4. Aufl. Berlin: Springer.
Scheer, A.-W. (1995): Wirtschaftsinformatik. Studienausgabe. Referenzmodelle für industrielle Geschäftsprozesse. Berlin: Springer.
Scheer, A.-W. (1991): Architektur integrierter Informationssysteme. Grundlagen der Unternehmensmodellierung. Berlin: Springer.
Schumann, M. (1998): Wirtschaftsinformatik II. Entwicklung von Anwendungssystemen. Ergänzungsskript zur 1. Aufl. aus http://www.winfoline.de

Die Entwicklung moralischer Urteilskompetenz in der kaufmännischen Erstausbildung – Zur Analyse der Segmentierungshypothese

Klaus Beck

1 Zum Problemhintergrund

Nach einer längeren Phase der Diskussion über Wissensdefizite beim kaufmännischen Nachwuchs in den 70er und 80er Jahren konzentriert sich das Interesse der Ausbilder und Arbeitgeber wieder stärker auf umfassendere und über das rein Kognitive hinausgehende Anforderungen an das Personal in den Betrieben. Im Kontext moderner organisationaler Ansätze, die auf ein reicheres Leistungsspektrum bei Arbeitsplatzinhabern abstellen, zeigt sich der über das Wissen hinausgehende Bedarf besonders deutlich. Gefragt sind weltweit eigeninitiativ, selbstorganisiert und verantwortlich tätige Mitarbeiter, die ein unternehmensstrategisches Konzept internalisieren und es kreativ und produktiv in der Leistungserstellung umsetzen können (vgl. Achtenhagen/Grubb 1999).

Zwar hatte die Berufs- und Wirtschaftspädagogik die Erfordernisse einer Ausbildung, die sich nicht in Wissensvermittlung erschöpft, auch während der erwähnten beiden Dekaden stets im Blick. Auf die gegenwärtige Qualifikationsdebatte in der Arbeitswelt reagiert jedoch auch sie mit vermehrten Anstrengungen zur Fortentwicklung von Zielkonzeptionen für die Berufsausbildung und von Arrangements zu deren Vermittlung. Kennzeichnend für die in diesem Zusammenhang stehenden Arbeiten und Auseinandersetzungen ist, daß sie komplexere Aufgabenstellungen fokussieren, in denen Wissen zwar eine bedeutsame Rolle spielt, aber eben doch nur ein Element, eine Teilfunktion im gesamten Bearbeitungsvollzug darstellt. Überall dort, wo die *Arbeitshandlung* als Zielbereich des Qualifizierungsbedarfs im Zentrum steht, erweist es sich sozusagen selbstredend als notwendig, auch deren emotional-affektive und psychomotorische Seite ins Auge zu fassen. Damit hat sich die Perspektive in zwei Dimensionen geweitet: Die *Handlungsorientierung* geht weit über die bloße Beachtung der Wissensgrundlagen hinaus und die *Arbeitsorientierung* verlangt den programmatischen Einbezug von Problemfacetten, die sich nicht in der Darstellung einzelner Handlungsbeiträge erschöpfen, sondern vollständige Abläufe im Sinne umfassender betrieblicher Funktionen konstituieren.

In der berufs- und wirtschaftspädagogischen Forschung kann man auf diese „neue Ganzheitlichkeit" nicht ohne weiteres dadurch reagieren, daß man die zu untersuchenden Fragestellungen in analoger Weise ausweitet. Vielmehr wird man in der Erkenntnisproduktion weiterhin *analytisch* Elemente dieser Fragestellungen „herauspräparieren" und sie in ihren Eigen- und Besonderheiten untersuchen müssen. Allerdings verbreitert sich auch hier der Horizont insofern, als diese Elemente in ihren Vernetzungen mit anderen Elementen gesehen und hinsichtlich ihres Beitrags zu den umfassenderen Leistungen studiert werden müssen.

2 Die Fragestellung

Im hier vorzustellenden Forschungsprojekt richtet sich die Aufmerksamkeit auf die moralische Urteilsfähigkeit von angehenden Kaufleuten. Unter einem handlungstheoretischen Aspekt wird damit jenes Element der Verhaltensgenese thematisiert, das – funktional gesprochen – für die Zulässigkeitsprüfung von Handlungsabsichten zuständig ist. In Begriffen der Arbeitsorganisation geht es dabei um dasjenige Element in der betrieblichen Leistungserstellung, das den normativen Zusammenhang zwischen „Unternehmensphilosophie", Marktaktivitäten sowie gesellschaftlichen und persönlichen Erwartungen steuert.

Nimmt man die angesprochenen Sachverhalte nicht aus der Perspektive des Wirtschaftsprozesses, sondern des auszubildenden Individuums in den Blick, so stellt sich die Frage, wie sich dessen moralische Urteilsfähigkeit im Kontext der beruflichen Sozialisation unter betrieblichen Umgebungsbedingungen entwickelt. Die auf Vorarbeiten Piagets (1932/1983) beruhende Theorie, die für diesen Zusammenhang von Kohlberg entwickelt wurde (zuletzt in Colby/Kohlberg 1987), besagt, daß das thematische Umfeld, *in* dem und *für* das Handlungsentscheidungen zu treffen sind, keinen Einfluß darauf habe, an welchem allgemeinen moralischen Prinzip ein gegebenes Individuum die stets erforderliche Zulässigkeitsprüfung – bewußt oder unbewußt – vornimmt. Vielmehr orientiere es sich in *allen* Lebenslagen, seien sie beruflich oder familial, peerbezogen oder staatsbürgerlich geprägt, an ein und demselben moralischen Prinzip, und zwar demjenigen, das der Entwicklungsstufe, die es erreicht hat, entspricht. Solch ein Prinzip kann bspw. lauten: „Wie Du mir, so ich Dir!" (Stufe 2) oder „Tu, was Deine Nächsten von Dir erwarten!" (Stufe 3) oder „Handle so, wie es zur Erhaltung des sozialen Systems, in dem Du Dich bewegst, erforderlich ist!" (Stufe 4).

Auf welcher Stufe der moralischen Entwicklung, die etwa mit dem vierten Lebensjahr auf Stufe 1 beginnt (Lustgewinn-/Schmerzvermeidungsprinzip), befinden sich kaufmännische Lehrlinge am Beginn ihrer Ausbildung? Welchen Einfluß nimmt die betriebliche und die berufsschulische Umgebung auf die moralische Entwicklung? Mit welcher moralischen Urteilsfähigkeit entläßt die Lehre Jungkaufleute in das berufliche Erwerbsleben? Wirken sich unterschiedliche betriebliche „Milieus" in unterschiedlicher Weise auf die moralische Urteilsfähigkeit aus? Welche Merkmale, welche Dimensionen des „Milieus" sind ggf. von Bedeutung und wie nehmen sie Einfluß? Gehen von beruflich stimulierten Entwicklungsbewegungen auch Effekte auf die Beurteilung außerberuflicher moralischer Probleme aus?

3 Die Segmentierungshypothese

Wir studieren die moralische Urteilsbildung am Beispiel von Versicherungskaufleuten, die wir in ausführlichen Befragungen (teils schriftlich, teils in mehrstündigen klinischen Interviews) mit Konfliktfällen (sog. Dilemmata) aus drei Lebensbereichen konfrontieren (Beruf, Familie, Freundeskreis). Unsere längsschnittlichen Befunde (über bis zu fünf Jahre, also über die zweite Schwelle hinaus) zeichnen das Entwicklungsgeschehen im analytisch aus den realen Handlungsvollzügen herausgetrennten Bereich „moralische Urteilsbildung" nach. Dabei konzentriert sich unser Interesse vor allem auf die Frage, ob es tatsächlich so ist, wie die Kohlberg-Theorie behauptet, nämlich daß die moralische Urteilsfähigkeit als strukturierte Ganzheit („structural wholeness"; Colby/Kohlberg 1987, 6 und passim) organisiert ist. In diesem Falle müßte – außer während Stufenübergängen – die Urteilsbildung in allen untersuchten Lebensbereichen *homogen* auf ein und derselben Stufe erfolgen. Wir vermuten auf der Grundlage der bisher vorliegenden Befunde, daß in Wirklichkeit moralische Urteile umgebungsabhängig hervorgebracht werden, also *heterogen*. Läßt sich diese Erwartung nicht widerlegen, so müssen wir künftig davon ausgehen, daß moralisches Denken bereichsabhängig ist, daß es einer thematischen *Segmentierung* unterliegt.

Ein derartiges Ergebnis unseres Forschungsprojekts würde viele didaktische Fragen aufwerfen: Sollen wir moralische Segmentierung hinnehmen oder auf moralische Homogenität unserer Auszubildenden hinwirken (wie es etwa in der christlichen und auch in den meisten philosophischen Ethiken gefordert wird)? Für welchen Lebensbereich ist welches Stufenprinzip angemessen? Stellen Kaufleute, die untereinander in Konkurrenz und Wettbewerb liegen, eine moralische Sondergruppe dar, insofern sie sich beruflich an ein Stufe-2-Prinzip gebunden sehen? Sind sie damit etwa tendenziell untauglich, anspruchsvolle moralische Probleme in Familie und Gesellschaft zu lösen? Käme das Bemühen, sie qua Berufserziehung womöglich auf Stufe 5 oder gar Stufe 6 (Kategorischer Imperativ) zu bringen, dem Versuch gleich, sie beruflich zu dequalifizieren, weil sie dann Stufe-2-Urteile nicht mehr zu akzeptieren bereit wären, entsprechende Handlungen demnach nicht mehr als zulässig anerkennen könnten?

4 Forschungsprogramm und Forschungsergebnisse

Unser Projekt wendet sich in seinem empirischen Teil allein der deskriptiven Aufgabe zu, das, was unter den genannten Gesichtspunkten (vor allem) während der Berufsausbildung geschieht, zu erfassen und theoretisch greifbar zu machen. Erst wenn darüber hinreichende Klarheit herrscht, kann man darangehen, die didaktischen Probleme mit Aussicht auf praktische Verwertbarkeit konstruktiv anzugehen. Als besonders wichtig erweist sich unter dem Anwendungsaspekt die Beantwortung der Frage, welche Bedingungen der sozialen Umgebung auf welche Weise Einfluß auf die moralische Entwicklung ausüben. Um dazu nützliche Informationen zu beschaffen, orientieren wir uns an einem Vorschlag, den Lempert (z.B. 1993) unter Bezugnahme auf die Kohlberg-Theorie entwickelt hat. Er unterscheidet sechs Milieudimensionen, die nach seiner Vermutung in Abhängigkeit von der jeweiligen Ausprägung unterschiedliche Auswirkungen auf die moralische Entwicklung haben sollten. Damit stellt sich uns neben der Erfassung einer differenzierten längsschnittlichen Moraldiagnose auch die Aufgabe, die Umgebungsbedingungen zu rekonstruieren, in denen unsere Lehrlinge sich bewegen (vor allem Betrieb, Schule, Familie, Freundeskreis), d.h. die Umstände zu erfassen, die potentiell kausal sind für die erhobenen Moraldiagnosen.

Weil die Fragestellung, der sich unser Projekt zuwendet, so gesehen, ihrerseits komplex ist, haben wir sie in thematische Teilkomplexe aufgelöst und für die Gesamtdauer des Projekts Zweijahresabschnitte gebildet, in denen die drei Hauptbereiche unserer Studie schwerpunktartig vertieft behandelt werden (vgl. Abb.): (1) Moraldiagnose, (2) Milieudeskription, (3) Zusammenhang zwischen (2) und (1). Zwar wurden von Anfang an Daten zu (1) und zu (2) erfaßt. Aber die theoretische Arbeit, die Auswertung und die Dokumentation erfolgen, wie die kritisch-rationale Forschungslogik es gebietet, entlang der durch die Kausalitätskette vorgegebenen Abfolge in retrograder Richtung.

Wir konnten inzwischen viele Einzelbefunde zusammentragen und sind dabei z.T. auf überraschende, z. T. auf erwartete und z.T. auf theoretisch problematische Ergebnisse gestoßen. Unser Bestreben ist es gegenwärtig, sie in den Gesamtzusammenhang der weltweit aktiven „Kohlberg-Forschung" zu stellen, sie mit anderen Befunden zu vergleichen und insbesondere die Diskussion um theoretische Weiterentwicklungen voranzubringen. Neben einer Reihe von Berichten, die wir inzwischen vorlegen konnten (s. Literaturverzeichnis), finden sich dazu auch in diesem Band zwei Arbeiten. Sie thematisieren das heftig umstrittene Thema der geschlechtsspezifischen Moralität (Andrea Zirkel) und die theoretisch zentrale Segmentierungsfrage (Gerhard Minnameier).

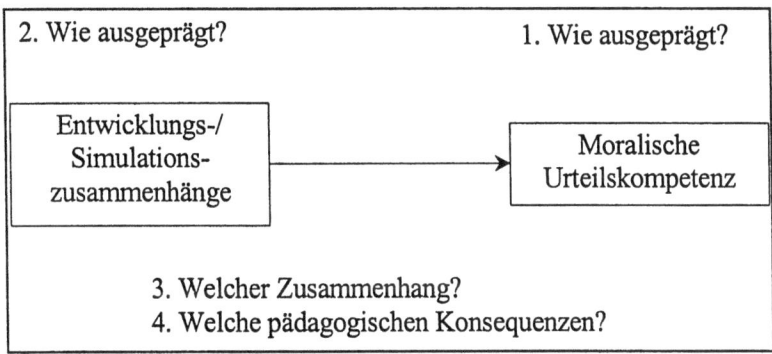

Abb. 1: *Programm des Forschungsprojekts*

Nach Abschluß der Erhebungen und der sich anschließenden Gesamtauswertung der Daten werden wir uns (4) verstärkt den didaktischen und methodischen Implikationen unseres Vorhabens zuwenden. Das bedeutet zum einen, daß auf der Grundlage unserer Befunde brauchbare Aussagen darüber erwartet werden dürfen, mit welchen Effekten zu rechnen ist, wenn in der Berufsausbildung bestimmte moralrelevante Bedingungen verändert werden (methodischer Aspekt). Zum anderen führt die sich in unseren Resultaten abzeichnende vorläufige Bestätigung der Segmentierungshypothese in eine neuartige Zielproblematik hinein (didaktischer Aspekt), die mit den oben in Abschnitt 3. skizzierten Fragen nur sehr grob umrissen ist und deren Bearbeitung zu fundamentalen Umdeutungsprozessen und jedenfalls zu heftigen Debatten über die künftigen Aufgaben der Moralerziehung in der Berufsausbildung Anlaß geben könnte.

Literatur

Achtenhagen, F./Grubb, W.N. (1999): Vocational and occupational education: Pedagogical complexity, institutional diversity. In: Richardson, V. (ed.): Handbook of Research on Teaching. Fourth Edition. Washington D.C.: AERA (in print).
Colby, A./Kohlberg, L. (1987): The Measurement of Moral Judgment. Vol. I. Cambridge, Mass.: Cambridge Univ. Pr.
Lempert, W. (1993): Moralische Sozialisation im Beruf. Bedingungsvarianten und -konfigurationen, Prozeßstrukturen, Untersuchungsstrategien. In: Zeitschrift für Sozialisationsforschung und Erziehungssoziologie, 13, 2-35.
Piaget, J. (1932/1983): Das moralische Urteil beim Kinde. München: dtv/Klett-Cotta.

Projektberichte (Auswahl):

Beck, K. (1996): „Berufsmoral" und „Betriebsmoral" – Didaktische Konzeptualisierungsprobleme einer berufsqualifizierenden Moralerziehung. In: Beck, K./Müller, W./Deißinger, Th./Zimmermann, M. (Hrsg.): Berufserziehung im Umbruch. Weinheim: Dt. Studien Verlag, 125-142.
Beck, K. (1997): Moralische Urteilskompetenz und berufliche Tüchtigkeit – Antagonisten oder Symbionten? Eine wirtschaftsdidaktische Analyse. In: Dubs. R./Luzi, R. (Hrsg.): 25 Jahre IWP. Schule in Wissenschaft, Politik und Praxis. St. Gallen: Institut für Wirtschaftspädagogik – Hochschule St. Gallen, 75-89.
Beck, K. (1997): The Development of Moral Reasoning During Vocational Education. Chicago: ERIC Doc. Reprod. Service Nr. ED 405 496. New York.
Beck, K./Brütting, B./Lüdecke-Plümer, S./Minnameier, G./Schirmer, U./Schmid, S. (1996): Zur Entwicklung moralischer Urteilskompetenz in der kaufmännischen Erstausbildung – Empirische Befunde und praktische Probleme. In: Beck, K./ Heid, H. (Hrsg.): Lehr-Lern-Prozesse in der kaufmännischen Erstausbildung. ZBW, Beiheft 13. Stuttgart: Steiner, 187-206.
Beck, K./Bienengräber, Th./Heinrichs, K./Lang, B./Lüdecke-Plümer, S./Minnameier, G./Parche-Kawik, K./Zirkel, A. (1998): Die moralische Urteils- und Handlungskompetenz von kaufmännischen Lehrlingen – Entwicklungsbedingungen und ihre pädagogische Gestaltung. In: Beck, K./Dubs, R. (Hrsg.): Kompetenzentwicklung in der Berufserziehung. ZBW, Beiheft 14. Stuttgart: Steiner, 188-210.
Heinrichs, K. (1997): Die „Schlüsselqualifikation". Moralische Urteilsfähigkeit – Ihre Entwicklung und Ausprägung bei kaufmännischen Auszubildenden. In: Wittmann, E./van Buer, J. (Hrsg.): Schlüsselqualifikationen zwischen bildungspolitischem Anspruch, wissenschaftlicher Grundlegung und wissenschaftsadäquater Umsetzung. Studien zur Wirtschafts- und Erwachsenenpädagogik. Bd. 18. Humboldt-Universität zu Berlin, 35-47.
Lüdecke, S. (1996): Moralische Urteilskompetenz und ihre Entwicklung bei Versicherungskaufleuten. In: Studien zur Wirtschafts- und Erwachsenenbildung aus der Humboldt-Universität zu Berlin. Bd. 9.3: Entwicklung der Wirtschaftspädagogik in den osteuropäischen Ländern. Beiträge der Sommerakademie vom 04.09.1996, 59-72.

Lüdecke, S./Zirkel, A./Beck, K. (1997): Vocational Training and Moral Judgment. Are there Gender-Specific Traits Among Apprentices in Commercial Business? In: International Journal of Educational Research. 27/7, 605-617.

Minnameier, G./Heinrichs, K./Parche-Kawik, K./Beck, K. (1997): Homogeneity of Moral Judgment? – Apprentices Solving Business Conflicts. In: Journal of Moral Education 1999 (in print).

Motiviertes selbstgesteuertes Lernen im kaufmännischen Unterricht – Projektbericht zur Erfassung, Unterrichtsgestaltung und Lehrerfortbildung[1]

Stefan Hagmann

1 Einleitung

Das Modell der dualen Berufsausbildung gilt weltweit noch als vorbildlich und als strategischer Wettbewerbsvorteil des Standorts Deutschland (Gruber, 1993, S. 57). Die Unternehmen mußten jedoch erfahren, daß eine Beschränkung des betrieblichen Lernens auf die Phase der Berufsausbildung dem Veränderungstempo der Umwelt nicht mehr gerecht wurde. So beträgt die „Halbwertzeit" einer Fachausbildung in vielen Berufen gerade noch fünf Jahre (Ernst, 1994).

Die Notwendigkeit lebenslangen Lernens und damit der verstärkten Nutzung geistigen Potentials ihrer Mitarbeiter ergibt sich für das Unternehmen aus der Veränderung der Altersstruktur und den gewandelten technischen, wirtschaftlichen und sozialen Rahmenbedingungen. Um diesem Wandel adäquat zu begegnen, sind bereits in der schulischen und betrieblichen Ausbildung traditionelle Ausbildungsformen zu erweitern, wobei insbesondere einer Vermittlung von Fähigkeiten zum motiviertem selbstgesteuerten Lernen eine zentrale Rolle zukommt (Nenniger u.a., 1996a).

Die Lernenden müssen dabei in die Lage versetzt werden, ihr Lernen zu planen, zu organisieren, umzusetzen, zu kontrollieren und zu bewerten, und zwar sowohl als Einzelne als auch in Kooperation mit anderen (vgl. Dubs, 1993; Nenniger u. a., 1996).

Über die Erfassung, Entwicklung und Erprobung entsprechender Unterrichtsmaterialien und die geplante Konzeption einer Lehrerfortbildung über motiviertes selbstgesteuertes Lernen des Projektes „Motiviertes selbstgesteuertes Lernen in der kaufmännischen Erstausbildung" soll in der Folge kurz berichtet werden.

---

[1] Gefördert von der Deutschen Forschungsgemeinschaft im Rahmen des Schwerpunktprogramms „Lehr-Lern-Prozesse in der kaufmännischen Erstausbildung" (Az. Str. 266/6-1 und Ne 296/11-1).

2 Theoretischer Hintergrund

Als Grundlage für ein tieferes Verständnis motivierten selbstgesteuerten Lernens dient ein Verhaltensmodell, in dem Lernen in systemischer Sichtweise verstanden wird. Diese Sichtweise bezieht sich sowohl auf die inneren Verhaltensbedingungen des Individuums als auch auf seine subjektiv wahrgenommenen äußeren Verhaltensbedingungen, die beide als Prozesse des Lernens, Denkens und dessen Steuerung beschrieben werden (vgl. Nenniger u. a., 1995)

In spezifischer Weiterführung des Kerns dieser Überlegungen wurde das „Zwei-Schalen-Modell motivierten selbstgesteuerten Lernens" entwickelt (vgl. linke Seite Abb. 1). Darin sind diesbezügliche Prozesse in einem dynamischen Wirkungsgefüge zusammengefaßt, in dem eine typische Verlaufsform von der Feststellung eines zielorientierten Bedarfs (äußere Schale) über den für die Zielerreichung notwendigen kognitiv und motivational kontrollierten Einsatz von Lernstrategien (innere Schale) bis zur abschließenden Evaluation (Übergang der Schalen) beschrieben wird (vgl. Nenniger u.a., 1995; Straka u. a., 1996).

3 Erfassung

Das beschriebene Modell gilt als Grundlage für die Entwicklung eines Instruments zur Erfassung wesentlicher Bedingungen für einen didaktisch und methodisch fundierten Einsatz erfolgreichen motivierten selbstgesteuerten Lernens.

Darin sind die das Zwei-Schalen-Modell konstituierende Konzepte (Bedarfsbestimmung, Lernstrategien, Handlungskontrolle und Evaluation) und die ihnen zugeordneten Konstrukte (vgl. Beispiel in Abb. 1) zentraler Ausgangspunkt für die Gestaltung des „Fragebogens zur Erfassung von Bedingungen für motiviertes selbstgesteuertes Lernen in Schule und Betrieb (MOSLISB)" (vgl. Nenniger u. a., 1998). Diese Konstrukte werden einerseits mit Hilfe entsprechender dimensionaler Skalen beschrieben (vgl. Beispiel in Abb. 1) und bilden andererseits den Ausgangspunkt für die Darstellung der übergeordneten zusammenfassenden Konzepte.

Durch diese zweifache Zuordnung der Konstrukte zu ihren übergeordneten Konzepten und den untergeordneten dimensionalen Skalen wird eine Grundlage zur Entwicklung eines diagnostischen Instruments geschaffen, das in der Flexibilität seines Einsatzes der Komplexität unterschiedlicher Ansatzpunkte und Bedingungen motivierten selbstgesteuerten Lernens entsprechen kann (vgl. Nenniger u. a., 1996b). Einerseits werden dadurch einzelne Bedingungen in entsprechenden Kennwerten beschreibbar, andererseits ist damit aber auch eine zusammenfassende Darstellung eines oder mehrerer Teilaspekte auf unterschiedlichen Betrachtungsebenen möglich.

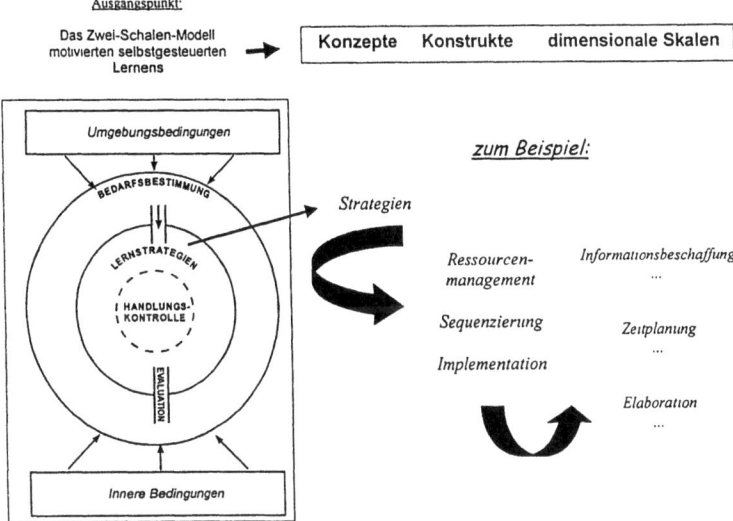

Abb. 1: *Der Aufbau des Instruments MOSLISB am Beispiel des Konzepts „Strategien".*

Gleichzeitig setzt jedoch eine derartig differenzierte Vorgehensweise voraus, daß entsprechende Informationen über Gestaltungsmöglichkeiten von Lernumgebungen für selbstgesteuertes Lernen vorhanden sind. Über entsprechende Trainingsmaterialien für den Lernort Berufsschule soll im folgenden Abschnitt berichtet werden.

4 Unterrichtsgestaltung

Die entwickelte Trainingsmaßnahme für die Berufsschule gründet auf den theoretischen Annahmen zum „Zwei-Schalen-Modell motivierten selbstgesteuerten Lernens" und wurde in Zusammenarbeit mit Lehrkräften der Berufsschulen (Ausbildungsberufe: Bankkaufmann/-frau, bzw. Bürokaufmann/-frau) entwickelt und erprobt (vgl. Binder u. a., 1997).

Die Trainingsmaßnahme enthält eine Reihe von Reflexions- und Strategietrainingseinheiten, die sich inhaltlich auf Strategien zur *Motivation, Konzentration, Informationsverarbeitung und Zeitplanung* beziehen. Vier inhaltlich getrennte, jedoch strukturell gleich aufgebaute schriftliche Module sowie entsprechende Lehrbegleitmaterialien ermöglichen einen schnellen und gezielten Zugang zu spezifischen Strategieinhalten, wobei die jeweils aufgeführten Abschnitte einheitlich durch entsprechende Symbole und Schlagwörter, die über den Inhalt kurz informieren, gekennzeichnet sind (vgl. Nenniger u. a., in Druck/a).

Zu Beginn jedes Moduls steht dabei ein *Einleitungsabschnitt*, der durch eine Kurzzusammenfassung des nachfolgenden Inhalts eine erste Orientierung geben soll und zusätzlich „Vorabfragen" beinhaltet und generieren soll. Sie sollen es den Auszubildenden ermöglichen, über bereits vorhandenes Wissen zu *reflektieren* und sie dabei auffordern erste *Lernziele* über den Inhalt des Abschnitts zu *formulieren*. Im Anschluß folgt ein *Informationsabschnitt*, in dem gezielt über den jeweiligen Inhalt informiert wird. Daran schließt sich der *Strategieabschnitt* an, in dem (zum jeweiligen Modul) Techniken und deren Einsatzbedingungen aufgezeigt sind. Den Abschluß bilden *Übungsvorschläge*, die es ermöglichen sollen, die angesprochenen Inhalte zu testen, zu vertiefen und vor alternativen Fragestellungen anzuwenden, sowie eine *Zusammenfassung*, die dazu anregen soll, nochmals über die Inhalte zu reflektieren und einen Vergleich zwischen bereits Bekanntem und Neuem anzustellen.

Der Einfluß von Reflexions- und Strategietrainingsanteilen auf motiviertes selbstgesteuertes Lernen wurde u. a. am Ausbildungsort Berufsschule mit 338 Auszubildenden empirisch überprüft. Erste Ergebnisse lassen dabei insgesamt einen positiven Einfluß der Trainingsmaßnahme erkennen (vgl. Nenniger u. a., in Druck/b).

5 Lehrerfortbildung

Auf der Grundlage der bisherigen Ergebnisse wird nun ein Weiterbildungskonzept zur Qualifizierung von Lehrkräften und Ausbildern mit Methodenkompetenz hinsichtlich des Einsatzes, der Förderung und der Diagnose motivierten selbstgesteuerten Lernens entwickelt und in einer dafür geschaffenen Weiterbildungsmaßnahme erprobt. Als methodischer Ansatz wird dazu am Ausbildungsort Schule ein integratives modulares Weiterbildungskonzept gewählt. Hierzu ist geplant ein prototypisches Konzept zu entwickelt, das sich, orientiert an einem konkreten Problem (Prototyp), mit der Vermittlung von Methodenkompetenz zur eigenständigen

Gestaltung von fächerübergreifenden Lehr-Lern-Arrangements, der Vermittlung von Lehrmethoden zum Auf- und Ausbau von Lern- und Arbeitsstrategien und der Vermittlung von Lehrmethoden zur Beeinflussung attributiver Tendenzen befaßt. Dabei sollen der *Erfolg* (Planung und Gestaltung für den Unterricht) und die *Wirksamkeit* (Umsetzung im Unterricht) bzw. der *Zusammenhang* dieser Faktoren empirisch überprüft werden.

6 Zusammenfassung

Um dem gesellschaftlichen und technologischen Wandel begegnen zu können, stellt sich die Frage, ob nicht bereits in der beruflichen Erstausbildung eine Aneignung methodischer Flexibilität mit der Vermittlung inhaltlicher Kompetenz einhergehen muß, um lebenslanges menschliches Arbeits- und Lernvermögen gewährleisten zu können. Dies setzt jedoch eine Reihe von Fähigkeiten voraus, die weder im Betrieb bisher verlangt noch in der schulischen Ausbildung vermittelt wurden (vgl. Nenniger & Frey, 1996). Innerhalb des vorgestellten Projekts wurde ein theoretisches Verhaltensmodell motivierten selbstgesteuerten Lernens konzeptioniert und validiert, auf dessen Basis ein Instrument zur Erfassung der Ausprägungen der Konzepte des Modells entwickelt und empirisch überprüft wurde. Daneben wurde –auf diesen Ergebnissen aufbauend- ein Lernstrategietraining in Zusammenarbeit mit Lehrkräften entwickelt und im Feld erprobt. Die aufgeführten Komponenten bilden die Grundlage für eine derzeit sich in der Planungsphase befindliche prototypische Weiterbildungsmaßnahme, die zum Ziel hat, Lehrkräfte und Ausbilder in die Lage zu versetzen, Lehr-Lern-Arrangements eigenständig zu gestalten, die sowohl den Einsatz motivierten selbstgesteuerten Lernens ermöglichen als auch die Voraussetzungen dazu vermitteln.

Literatur

Binder, R., Hagmann, S. & Nenniger, P. (1997): Lernstrategietraining. Landau: Verlag Empirische Pädagogik.

Dubs, R. (1993): Selbständiges (eigenständiges und selbstgeleitetes) Lernen: Liegt darin die Zukunft? ZBW; 89; S. 113-117.

Ernst, C. (1994): Auf dem aktuellen Stand des Könnens. Unternehmer Magazin; 10; S. 8-9.

Gruber, U. (1993): Keine Durchgehende Akademisierung der Wirtschaft- Neue Anforderungen an die Aus- und Weiterbildung von Facharbeitern. In: A. Schnorbus & W. Glabus (Hrsg.): Strategie für magere Jahre – Unternehmensführung in der Krise. Frankfurt/Main: Verlag FAZ.

Nenniger, P. & Frey, A. (1996): Weiterbildung zwischen Markt und Staat – Eine Regionalanalyse zum Weiterbildungsinteresse bei Weiterbildungsnachfragern und –anbietern. Berichte des ZepF Nr. 16; Landau: Verlag Empirische Pädagogik.

Nenniger, P., Binder, R. & Hagmann, S. (in Druck/b): Möglichkeiten einer Förderung motivierten selbstgesteuerten Lernens bei kaufmännischen Auszubildenden – Ergebnisse der Evaluation einer strategieorientierten Traingsmaßnahme. Empirische Pädagogik.

Nenniger, P., Straka, G. A., Spevacek, G. & Wosnitza, M. (1995): Motiviertes selbstgesteuertes Lernen. Grundlegung einer interaktionistischen Modellvorstellung. In: R. Arbinger & R. S. Jäger (Hrsg.): Zukunftsperspektiven empirisch-pädagogischer Forschung. Empirische Pädagogik; Beiheft 4; Landau: Verlag Empirische Pädagogik.

Nenniger, P., Straka, G. A., Spevacek, G. & Wosnitza, M. (1996a): Zur Mehrdimensionalität selbstgesteuerten beruflichen Lernens – Ergebnisse zur Konstruktvalidierung. In: K. P. Treumann (Hrsg.): Methoden und Anwendung empirischer pädagogischer Forschung. Münster: Waxmann.

Nenniger, P. & Straka, G. A., Spevacek, G. & Wosnitza, M. (1996b): Die Bedeutung motivationaler Einflußfaktoren für selbstgesteuertes Lernen. Unterrichtswissenschaft; 24; S. 250-266.

Nenniger, P., Straka, G. A., Binder, R., Hagmann, S. & Spevacek, G. (1998): MOSLISB – ein Instrument zur Erfassung motivierten selbstgesteuerten Lernens. In: K. Beck & R. Dubs (Hrsg.): ZBW; Beiheft Nr. 14; S. 118-130.

Nenniger, P., Straka, G. A., Binder, R., Hagmann, S., Plaßmeier, N. & Spevacek, G. (in Druck/a): Förderung motivierten selbstgesteuerten Lernens bei kaufmännischen Auszubildenden. Wirtschaft und Erziehung.

Straka, G. A., Nenniger, P., Spevacek, G. & Wosnitza, M. (1996). Motiviertes selbstgesteuertes Lernen in der kaufmännischen Erstausbildung – Entwicklung und Validierung eines Zwei-Schalen-Modells. In: K. Beck & H. Heid (Hrsg.): ZBW; Beiheft 13; S. 150-162.

Realisierung fächer- und lernortübergreifenden Unterrichts

H.-Hugo Kremer

Vorbemerkung

Fächer- und lernortübergreifender Unterricht zielt u.a. auf die Vermittlung beruflicher Handlungskompetenz. Auch wenn immer wieder auf erfolgversprechende Umsetzungen einer fächer- und lernortübergreifenden Ausbildung hingewiesen wird, bereitet die nachhaltige Implementation in den Alltag beruflicher Ausbildung erhebliche Probleme. Festzustellen ist, daß zwar immer wieder neue Konzepte entwickelt und erprobt werden, aber eine Implementation in den Alltag der beruflichen Bildung kaum erfolgt. In der Studie werden Bemühungen zur Realisierung fächer- und lernortübergreifenden Unterrichts in der Ausbildung zum/r Industrie-kaufmann/-frau analysiert.[1]

Bevor ausgewählte Befunde zur Realisierung fächer- und lernort-übergreifenden Unterrichts vorgestellt werden, werden unter dem Abschnitt Arbeitsgruppe „Fächer- und lernortübergreifender Unterricht" Rahmenbedingungen der Studie vorgestellt.

---

1 Ausführlicher werden die hier referierten Befunde in Kremer 1999 dargestellt. Ebenso muß hier darauf verzichtet werden, verschiedene Konzepte zum fächer- und lernortübergreifenden Unterrichts vertiefend zu entfalten, vgl. Kremer 1997, Kremer/Sloane 1999.

Arbeitsgruppe „Fächer- und lernortübergreifender Unterricht"

Eine Arbeitsgruppe, bestehend aus Lehrern einer Berufsschule, Ausbildern verschiedener Münchener Betriebe und Mitarbeitern des Instituts für Wirtschafts- und Sozialpädagogik an der LMU-München, hat sich zum Ziel gesetzt, FäLoU in den Alltag dualer Ausbildung zu implementieren. Die Aktivitäten werden von der gemeinsamen Auffassung getragen, daß eine Zusammenarbeit im dualen System nicht erst in jüngerer Zeit notwendig ist.

Angestrebt werden von der Gruppe Konzepte, die ein problemgerichtetes Lernen unterstützen. Idee ist es, schulisches Lernen direkt auf Problemstellungen der betrieblichen Praxis zu beziehen. Der betriebliche Wirkungsraum bietet eine Vielzahl relevanter Fragestellungen, die lernortübergreifend aufgearbeitet werden sollen; in der folgenden Abbildung wird der Zusammenhang aufgenommen:

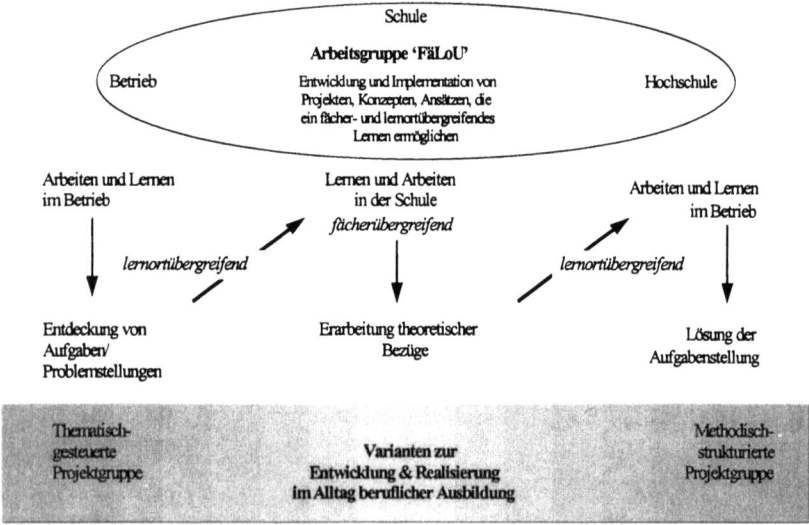

Abb. 1: Konzept der Arbeitsgruppe FäLoU.

Fächerübergreifender Unterricht bezieht sich nun auf das Feld „Lernen und Arbeiten in der Schule", lernortübergreifenden wird durch die Pfeile in der Abbildung angedeutet.

In der Arbeitsgruppe wurden zwei Varianten zur Entwicklung und Realisierung einer fächer- und lernortübergreifenden Ausbildungskonzeption vereinbart. Eine sogenannte thematisch gesteuerte Projektgruppe und eine methodisch strukturierte Projektgruppe .² In der thematisch gesteuerten Projektgruppe wird die Abstimmung über eine strukturierte Aufgabenstellung organisiert. Die thematisch-strukturierte Vorgehensweise geht von Materialien als Koordinationsinstrument aus. Betrieb und Schule verständigen sich hierbei gewissermaßen auf ein auch medial nachvollziehbares „Progamm".

Im Rahmen der methodisch struktierten Vorgehensweise wird der Anspruch erhoben, auf der Basis gemeinsamer Zielvereinbarungen eine methodisch offene Maßnahme zu entwickeln, die situativ von Ausbildern und Berufsschullehrern präzisiert werden muß, wobei insbesondere der Bezug auf betriebliche Realsituationen resp. Erfahrungen der Schüler hergestellt werden soll. Der Lehrer erhält hier verstärkt eine moderierende Rolle. Im Gegensatz zur thematisch gesteuerten Vorgehensweise geht das methodisch gesteuerte Projekt nicht von einer Steuerung über ein Thema aus, sondern es erfolgt eine Steuerung zu einem Thema hin. Fächer- und lernortübergreifender Unterricht wird als durchgängiges Prinzip beruflicher Ausbildung herangezogen und nicht als eine thematisch und zeitlich abgegrenzte Veranstaltung.³

Die folgenden Befunde beziehen sich auf Umsetzungsbemühungen der methodisch strukturierten Arbeitsgruppe. Probleme der Realisierung fächer- und lernortübergreifender Ausbildungskonzepte haben uns veranlaßt, Umsetzungsbemühungen differenziert zu untersuchen, um so eine fundierte Basis für die weitere Vorgehensweise der Projektgruppe zu erhalten.⁴

---

2   Vgl. hierzu vertiefend Kremer/Sloane 1999, Kremer 1998.
3   Allerdings ist anzumerken, daß sich die beiden Formen der Realisierung fächer- und lernortübergreifenden Unterrichts nicht wechselseitig ausschließen, sondern durchaus ergänzen können. Zur Zeit wird beispielsweise in der methodisch-strukturierten Arbeitsgruppe diskutiert, Entwicklungsergebnisse der thematisch-strukturierten Vorgehensweise in die Arbeit der methodisch-gesteuerten Arbeitsgruppe zu implementieren.
4   Die Daten wurden neben der Beteiligung in verschiedenen Arbeitskreissitzungen über eine Befragung der Lehrenden und Ausbilder, eine standardisierte Befragung der Auszubildenden in Verbindung mit einem darauf aufbauenden Gruppeninterview, der Auswertung von Arbeitsmaterialien und Arbeitsprotokollen der Lehrenden. Eine Videodokumentation konnte aus forschungsökonomischen Gründen lediglich zur Überprüfung der eigenen Aussagen genutzt werden.

Ausgewählte Befunde zur Realisierung fächer- und lernortübergreifenden Unterrichts

Die Realisierung wurde über eine Auflösung bestehender Unterrichtsfächer angestrebt. Das Fach Industriebetriebslehre erhielt mit einem Umfang von 15 Unterrichtsstunden eine zentrale Stellung. Eine weitere Maßnahme zur Umsetzung war die Vermittlung aller Fächer - bis auf Sport und Religion/Ethik - durch zwei Lehrende. Dadurch sollte die Möglichkeit geschaffen werden, Verbindungen zwischen einzelnen Fächern zu nutzen. Über regelmäßige Kontakte mit Ausbildern und vorbereitende Maßnahmen, wie Befragungen in den Betrieben, sollte eine abgestimmte Ausbildung in Schule und Betrieb angestrebt werden. Allgemein kann hier gesagt werden, daß die Kooperation zwischen den beiden Lehrenden, aber auch zwischen Ausbildern und Lehrern erhebliche Probleme bereitete. Hier stellten Lehrer und Ausbilder auch gemeinsam fest, daß keine Kriterien zur Auswahl geeigneter Themen vorliegen oder Ausibldungsaktivitäten trotz bestehender Kontakte lediglich punktuell abgestimmt werden. Drei zentrale Konsequenzen wurden in der Arbeitsgruppe gezogen:
1. Eine Revision der Lehrer- und Ausbilderrolle ist notwendig.
2. Kooperation zwischen Ausbildern und Berufsschullehrern stellt in diesem Zusammenhang neue makro- und mikrodidaktische Anforderung.
3. Die gemeinsame curriculare Präzisierung gewinnt in Schule und Betrieb zukünftig an Bedeutung.

Ausgehend von einer theoretischen Position kann an dieser Stelle sicherlich angemerkt werden, daß die Veränderungen im Unterrichtsalltag kaum als fächer- bzw. lernortübergreifend gekennzeichnet werden können. Dieser Aspekt kann hier nicht vertiefend diskutiert werden. Die folgenden Befunden deuten so darauf hin, daß die Umsetzung fächer- und lernortübergreifenden Unterrichts kaum als Selbstläufer anzusehen ist. Trotz der kritischen Aspekte halten wir es für notwendig, eine Annäherung an Idealtypen fächer- und lernortübergreifenden Unterrichts im Alltag dualer Ausbildung anzustreben. Bedeutsame Aspekte der Studie werden im folgenden anhand ausgewählter Aussagen herausgestellt.

Fächer- und lernortübergreifender Unterricht führt in der Wahrnehmung der Lernenden nicht zwingend zu einer höheren Praxisrelevanz!

Ausbilder und Lehrende haben bestätigt, daß in gemeinsamen Arbeitskreissitzungen, zwar Zielvereinbarungen getroffen werden, eine Umsetzung gerade auch auf Seiten der Betriebe kaum erfolgt. Dies wird auch in der Einschätzung der Schüler bestätigt. Es ist kaum überraschend, wenn 44% der Auszubildenden feststellen, daß Schule und Betrieb die Inhalte isoliert vermitteln. Lediglich 16% der Teilnehmer sind der Auffassung, daß die Inhalte von Schule und Betrieb gemeinsam vermittelt werden. Interessanterweise sind 33% der Auszubildenden, die nach einem traditionellen Konzept ausgebildet werden, der Auffassung, daß Schule und Betrieb die Inhalte gemeinsam vermitteln.

In der folgenden Abbildung wird die Teilnehmereinschätzung (%-Angaben) hinsichtlich der Praxisrelevanz des Unterrichts dargestellt; auch hier ist eine ähnliche Tendenz festzustellen.[5]

Gruppenarbeit als neue Mono-Methode

Als Besonderheiten des Unterrichts im Gegensatz zu einem traditionellen Unterricht wurde fast von allen Teilnehmern die selbständige Erarbeitung in einer Gruppe genannt und die Betreuung des gesamten Blocks durch zwei Lehrer. Als vorteilhaft wurde hier Einbringung eigener Vorstellungen genannt, was zu einer intensiveren Beschäftigung mit dem Thema führt. „*Man ist eher selbständiger, trägt Verantwortung gegenüber der Arbeit*" Die gewählte Unterrichtsform bietet die Möglichkeit, auf individuelle Ansprüche der Lernenden zu reagieren. Grundsätzlich wurde die Vorteilhaftigkeit der Gruppenarbeit nicht bezweifelt, jedoch wurden im einzelnen Verbesserungsvorschläge angegeben, wie z. B. Variation der Lerngruppen, Gruppenarbeit nicht nur auf Wissen der Lehrbücher begrenzen, die Gruppenarbeit benötigt mehr Zeit, die an anderen Stellen fehlt. Von den Lehrenden wurde darauf verwiesen, daß die Schüler zu Beginn erhebliche Schwierigkeiten hatten, sich auf die veränderten Lehrverfahren einzustellen. Im Block „Beschaffung" wurde z. T. eine Rückkehr zu traditionellen Unterrichtsverfahren eingefordert. Trotz einer generellen Beibehaltung␣leneraktivierender Unterrichtsverfahren wurde von den Lehrenden die Notwendigkeit eingeräumt, die Verfahren weiter zu optimieren und insbesondere eine stärkere Anbindung an betriebliche Ausbildungsprozesse herzustellen.

Lernerfahrungen werden nicht grundsätzlich „besser" eingestuft

Trotz der Herausstellung grundlegender Unterschiede des Unterrichts nach Angabe der Auszubildenden werden die Lernerfahrungen von der traditionellen Gruppe und der Gruppe im fächerübergreifenden Unterricht sehr ähn-

---

5 In der Befragung konnten die Teilnehmern zwischen fünf Kategorien wählen, von 1 (stimme sehr zu) bis 5 (bin vollkommen dagegen). Die Kategorien 1 und 2 wurden als Zustimmung und die Kategorien 4 und 5 als Ablehnung zusammengefaßt.

lich eingeschätzt.[6] In der folgenden Abbildung findet sich eine Einschätzung der Lernenden hinischtlich der Lernerfahrungen im abgelaufen Block. Zum Vergleich wurden Lernerfahrungen von Auszubildenden in traditionellen Klassen hinzugefügt. In der Abbildung ist erkennbar, daß nur die eigene Motivation und Aktivität durch die Projektgruppe besser eingeschätzt wird.:[7]

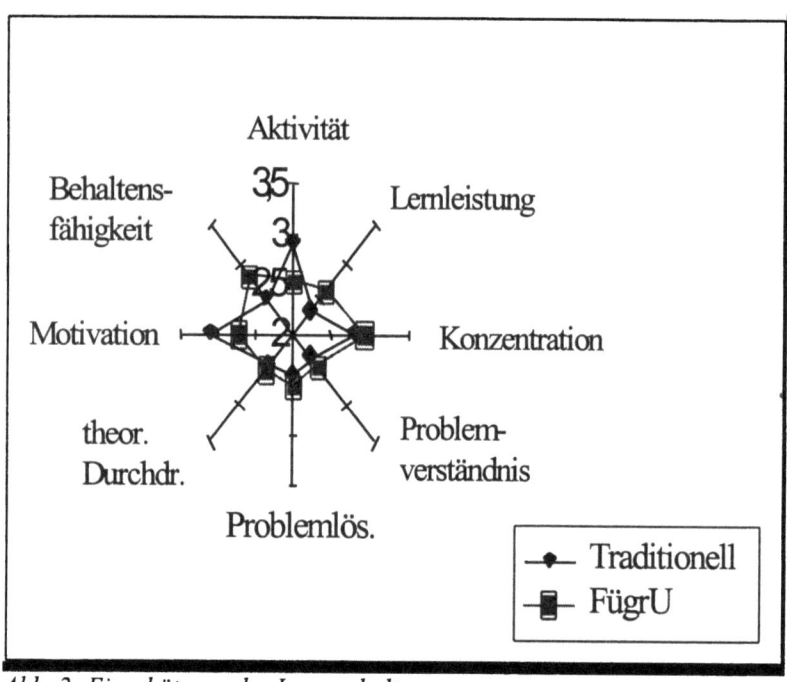

Abb. 2: Einschätzung des Lernverhaltens

---

6   Die Wahrnehmung der Unterrichskonzepte als veränderte Konzepte wurden auch von den Ausbildern bestätigt.
7   1 sehr gut; 2 gut; 3 befriedigend, 4 ausreichend; 5 mangelhaft, k. A. keine Angabe. Die Lernenden wurden gebeten eine Einschätzung zur eigenen Aktivität, eigenen Lernleistung, eigenen Konzentration, eigenem Problemverständnis, eigenen Problemlösungen, der eigenen theoretischen Durchdringung, eigenen Motivation und eigenen Behaltensfähigkeit spontan abzugeben.

Ausblick

Ein weiteres Mal mußte festgestellt werden, daß die Umsetzung didaktischer Konzepte in den Alltag beruflicher Ausbildung erhebliche Schwierigkeiten bereitet. Trotz der kritischen Betrachtung ist anzuerkennen, daß ein erheblicher Aufwand von Lehrern und Ausbildern notwendig war, den vorhandenen Standard zu erreichen. In einer Gesellschaft, die mit dem Kennzeichen Wissens- und Informationsgesellschaft versehen wird, sollte neben der Entwicklung von Wissen auch die Implementation (didaktischer) Theorie einen höheren Stellenwert erhalten. Aus dieser Perspektive stellen sich möglicherweise bekannte Fragen in einem neuen Kontext.

Literatur

Buschfeld, D./Twardy, M. (1997): Fächerübergreifender Unterricht in Lernfeldern – neue Rahmenbedingungen für didaktische Innovationen?. In: Euler, D./Sloane, P.F.E. (Hrsg.): Duales System im Umbruch. Eine Bestandsaufnahme der Moderniesierungsdebatte,Pfaffenweiler, 1997.

Hüfner, G. (1996): Theoretische Überlegungen zum fächerübergreifenden und handlungsorientierten Unterricht im Modellvorhaben. In: Heimerer, Leo/Schelten, Andreas/Schießl, Otmar (Hrsg.): Abschlußbericht zum Modellversuch „Fächerübergreifender Unterricht in der Berufsschule" (FügrU), München, 1996, S. 14 - 50.

Kaiser, F.-J. (1998): Fremdevaluation: Inwieweit sind die Erkenntnisse aus Modellversuchen inhaltlich und methodologisch für die Berufsbildungsforschung verwendbar? Dargestellt am Beispiel des Modellversuchs „Fächerübergreifender Unterricht in der Berufsschule". In: Euler; D. (Hrsg.): Berufliches Lernenim Wandel – Konsequenzen für die Lernorte? Dokumentation des 3. Forums Berufsbildungsforschung 1997 an der Friedrich-Alexander-Universität Erlangen-Nürnberg, 1998, S. 537 – 550.

Kaiser, F.-J. (1998): Fremdevaluation: Inwieweit sind die Erkenntnisse aus Modellversuchen inhaltlich und methodologisch fülr die Berufsbildungsforschung verwendbar? Dargestellt am Beispiel des Modellversuchs „Fächerübergreifender Unterricht in der Berufsschule". In: Euler, D. (Hrsg.): Berufliches Lernen im Wandel - Konsequenzen für die Lernorte? Dokumentation des 3. Forums Berufsbidlungsforschung 1997 an der Friedrich-Alexander-Universität Erlangen-Nürnberg, 1998, S. 537 - 550.

Kremer H.-H. (1997): Curriculare Innovationen im Spannungsfeld zwischen Fachunterricht und fächerübergreifenden Unterrichtskonzepten. In: Kölner Zeitschrift für „Wirtschaft und Pädagogik", Heft 22, Juni 1997, S. 87 - 111.

Kremer, H.-H. (1998): Realisierung fächer- und lernortübergreifenden Unterrichts, MTW, Heft 11, München, 1998.

Kremer, H.-H. (1999): Implementation fächer- und lernortübergreifender Ausbildungskonzepte im Alltag dualer Ausbildung - Konzepte und Erfahrungen, Markt Schwaben, 1999.

Kremer, H.-H./Sloane, P. F. E. (1999): Lernfelder implementieren, Markt Schwaben erscheint 1999.

Matthes, J. (1998): Fallevaluation am Beispiel des abgeschlossenen Modellversuchs „Fächerübergreifender Unterricht in der Berufsschule" (FügrU). In: Euler, D. (Hrsg.): Berufliches Lernen im Wandel - Konsequenzen für die Lernorte? Dokumentation des 3. Forums Berufsbildungsforschung 1997 an der Friedrich-Alexander-Universität Erlangen-Nürnberg, 1998, S. 501 - 518.

Text-Graphik Transformation als Lernhandlung[1]

Hermann G. Ebner & Carmela Aprea

1. Gegenstand der Untersuchung

Es wird geprüft, ob – im Vergleich u.a. zur parallelen Darbietung von Text und Graphik – bessere Lernleistungen dann erzielt werden können, wenn die Lernenden in Textform dargebotene wirtschaftsberufliche Lerninhalte selbst in graphische Darstellungen übertragen.

2. Zum Hintergrund der Fragestellung

In unterrichtlichen Lehr-Lernumgebungen kommt bei der Aneignung von Wissen der Sprache in Form von gesprochenen oder geschriebenen Texten die zentrale Funktion des Informationsträgers zu. Darüber hinaus gehört es zu den in der Lehr-Lernforschung wenig umstrittenen Erkenntnissen und gilt als wichtiges Prinzip der Unterrichtsgestaltung, daß die Rezeption textgebundener Information durch die Hinzufügung von Anschauungsmaterial verbessert werden kann. In einer Vielzahl von Untersuchungen konnte gezeigt werden, daß durch die in einer bestimmten Weise gestalteten (Mayer 1993) und an einer bestimmten Stelle des Lehr-Lernprozesses plazierten graphischen Darstellungen positive Effekte in bezug auf Textverstehen, Behaltens- sowie – allerdings seltener – Transferleistungen erzielt werden können.

---

[1] Das Forschungsvorhaben wird im Rahmen des DFG-Schwerpunktprogramms „Lehr-Lern-Prozesse in der kaufmännischen Ausbildung" gefördert (Nr. Eb 204/1-1) und in Kooperation mit E. Stern (MPI-Berlin) realisiert, wobei die an den beiden Standorten (Mannheim und Berlin) bearbeiteten Fragestellungen mit unterschiedlichen Schwerpunkten versehen sind. Die nachfolgenden Ausführungen beziehen sich auf die erste von zwei Pilotstudien, die von der Mannheimer Gruppe zur Vorbereitung ihrer Feldexperimente durchgeführt wurden.

Die Wertschätzung von Abbildungen in Lehr-Lernkontexten zeigt sich u.a. darin, daß in Lehrbüchern – z.B. der Wirtschaftslehre – mehr als die Hälfte der bedruckten Fläche für Abbildungen verwendet wird. Graphischen Darstellungen kommt dabei die Funktion von Demonstrations-, Erläuterungs- oder Assoziationsmaterial zu. Die graphische Darbietung ist 'Unterstützung', 'Zusatz', 'Ergänzung' – es wird erwartet, daß durch die kombinierte Darbietung die Aneignungsqualität erhöht wird. Allerdings wird die graphisch aufbereitete Information zumeist ebenso 'geschlossen' päsentiert, wie die verbal dargebotene Information. Damit dürften auch Qualität und Intensität der Auseinandersetzung seitens des / der Lernenden bei der Text-Graphik Kombination ähnliche Ausprägungen aufweisen, wie im Falle der auf Text beschränkten Darbietung.

Im Zusammenhang mit neueren Lerntheorien wird postuliert, daß sich bessere Lernleistungen dann erzielen lassen, wenn im Lehr-Lernprozeß Lernhandlungen initiiert werden, durch die eine stärker aktiv-(re)produktive Auseinandersetzung mit dem Lerninhalt stattfindet. Demnach ist zu erwarten – und das ist unsere zentrale These, daß die bisher in der Lehr-Lernforschung berichteten positiven Effekte bei der kombinierten Darbietungsform (Text und Graphik) von zu lernenden Inhalten verstärkt werden können, wenn der Aneignungsprozeß nicht auf die zusätzliche Wahrnehmung des weitgehend gezielt redundanten Angebots verschieden aufbereiteter Information orientiert wird, sondern die Lernenden den Lerninhalt von der einen Darstellungsform in die andere 'übersetzen'. Begründet wird dieser Effekt damit, daß die Transformationsaufgabe – im Vergleich zur Rezeption bimodal dargebotener Information – eine stärker aktiv-(re)produktive Auseinandersetzung mit dem Lerninhalt initiiert (Hanf 1971).

3. Der Theorierahmen

In der didaktischen Diskussion werden gegenwärtig wieder zwei Grundpositionen einander gegenübergestellt, die – mit unterschiedlicher Intensität – schon lange gegensätzliche Pole der theoretischen und praktischen didaktischen Erörterungen markieren: In der aktuellen Terminologie wird die eine Position als *Vermittlungs-* oder auch *Instruktionsansatz* gekennzeichnet, die andere als *konstruktivistischer Ansatz*. Letzterer läßt sich folgendermaßen kennzeichnen (Jonassen, Mayes & McAleese 1993):

▸ Aus konstruktivistischer Perspektive wird der Wissensaufbau als individueller Konstruktionsprozeß verstanden. Wissen gilt eher als intern ge-

neriertes Produkt und weniger als Resultat einer bloßen Übernahme dargebotener Information.
▶ Die individuelle Konstruktion von Wissen basiert auf der aktiven Verarbeitung von Wahrnehmungen. Bei dieser Verarbeitung spielt das bereits vorhandene Wissen die zentrale Rolle: Zum einen wird es benötigt, um die neue Information interpretieren zu können, zum andern wird es dabei selbst verändert. Das frühere Wissen ist in dem neu hervorgebrachten aufgehoben.
▶ Individuelle Konstruktionen führen keineswegs zu subjektivistisch entkoppelten internen Repräsentationen der äußeren Welt, da in sozialen Aushandlungsprozessen jene gemeinsam geteilten Bedeutungen erzeugt werden, durch die Verständigung gesichert wird.
▶ Konstruktions- und Verständigungsprozesse sind kontextbezogen – außerhalb des jeweiligen Kontextes verlieren die hervorgebrachten Ergebnisse an Bedeutung.

Diese Grundannahmen des Konstruktivismus finden ihre Entsprechung in der tätigkeits- bzw. handlungstheoretischen Beschreibung von Lernprozessen (Lompscher 1979, 1984). Deutlicher jedoch als dies in der Regel in konstruktivistischen Ansätzen der Fall ist, wird in handlungstheoretisch orientierten Überlegungen heraus gearbeitet, daß sich der individuelle Konstruktionsprozeß in der Tätigkeit als der Vermittlungsinstanz zwischen Subjekt und Umwelt vollzieht (Leontjew 1977, 1979). Besondere Bedeutung kommt deshalb auch der Tätigkeitsanalyse zu. Darüber hinaus wird zumeist nur hier darauf hingewiesen, daß die Entstehung der menschlichen Gegenstandswelt und des menschlichen Bewußtseins im Handeln zwei Seiten eines einheitlichen Vorgangs sind (Rubinstein 1983, 1984).

Zusammenfassend läßt sich festhalten: Mit dem skizzierten Theorierahmen wird die Lernhandlung in das Zentrum der Analyse der Lehr-Lernprozesse gestellt. Welches Wissen erworben werden kann, hängt entscheidend von den Lernhandlungen ab, die in der objektiv gegebenen Lernumwelt ermöglicht werden. Ein in dieser Perspektive bedeutsames Merkmal von Lernumgebungen besteht in den seitens der Lernenden wahrgenommenen Freiheitsgraden (Gerstenmaier & Mandl 1994), da Handlungsspielräume die individuelle Rekonstruktion des dargebotenen Wissens evozieren. Bezogen auf die theoretischen Konstrukte Piagets (1975) läßt sich die individuelle Rekonstruktion dadurch kennzeichnen, daß durch sie die Wahrscheinlichkeit einer reflektierten Koordination von Akkomodations- und Assimilationsprozessen erhöht und damit der Wissensaufbau elaboriert wird.

4. Ausgewählte Ergebnisse der Pilotuntersuchung

Im folgenden wird die erste der beiden Pilotstudien, die im Rahmen des Forschungsprojekts durchgeführt wurden, skizziert. An dieser Erhebung haben 19 Schülerinnen und Schüler der Jahrgangsstufe 12 eines Mannheimer Wirtschaftsgymnasiums teilgenommen.

Zur Vorbereitung der Hauptuntersuchung interessierten uns insbesondere Fragen, die die Gestaltung der Erhebungsbedingungen betreffen. So sollte u.a. geklärt werden:

- ob die Aufforderung zur graphischen Darstellung eines Textes für die Lernenden verständlich und nachvollziehbar ist,
- wie der Schwierigkeitsgrad des ausgewählten Textes einzuschätzen ist,
- und ob die vorgegebene Bearbeitungszeit angemessen ist.

Mit weiteren Fragen wurde erkundet,

- wie die Lernenden üblicherweise bei der Aneignung von Texten vorgehen,
- wie sie die vorgestellte Aneignungsmethode einschätzen
- und welche Qualität die erstellten Graphiken haben.

Zur Erläuterung des Vorhabens wurde den Schülerinnen und Schülern das Experiment in Form eines Ablaufdiagramms auf einer Folie präsentiert. Diese Form war gewählt worden, um den Schülerinnen und Schülern zu demonstrieren, was unter einer graphischen Darstellung verstanden wird. Auf weitere Erläuterungen zu Mapping-Techniken wurde verzichtet.

Im Anschluß daran bekamen die Probanden einen Text zum Betriebsverfassungsgesetz ausgehändigt. Diesen Text hatten wir einem wirtschaftsberuflichen Lehrbuch entnommen. Er umfaßt eine Seite. Gegenstand des Textes sind Grundzüge und Geltungsbereich des Betriebsverfassungsgesetzes sowie Funktionen und Rechte des Betriebsrates.

Die Schülerinnen und Schüler wurden gebeten, den Text aufmerksam durchzulesen und die zentralen Aussagen graphisch darzustellen. Die vorgegebene Bearbeitungszeit betrug 50 Minuten. Daran schloß sich die Beantwortung des Fragebogens an.

Hinsichtlich der Gestaltung der Erhebungsbedingungen läßt sich den Ergebnissen folgendes entnehmen:

- Die Aufforderung zur graphischen Repräsentation wurde von allen Probanden verstanden und ausgeführt. Es erscheint daher nicht erforderlich, spezielle Trainingsmaßnahmen vorzusehen.
- Der Schwierigkeitsgrad des Textes wurde von den Probanden als eher gering eingeschätzt. Dieses Urteil muß jedoch vor dem Hintergund des

Ergebnisses der Qualitätsanalyse der Maps relativiert werden, denn hier zeigt sich doch eine Reihe von Misconceptions.
‣ Die vorgegebene Bearbeitungszeit reichte aus, um die Aufgabe ohne besonderen Zeitdruck abschließen zu können.

Die Ergebnisse zur Frage nach dem von den Schülerinnen und Schülern üblicherweise gewählten Vorgehen im Zusammenhang mit der Aneignung von Texten sind in der nachfolgenden Abbildung dargestellt.

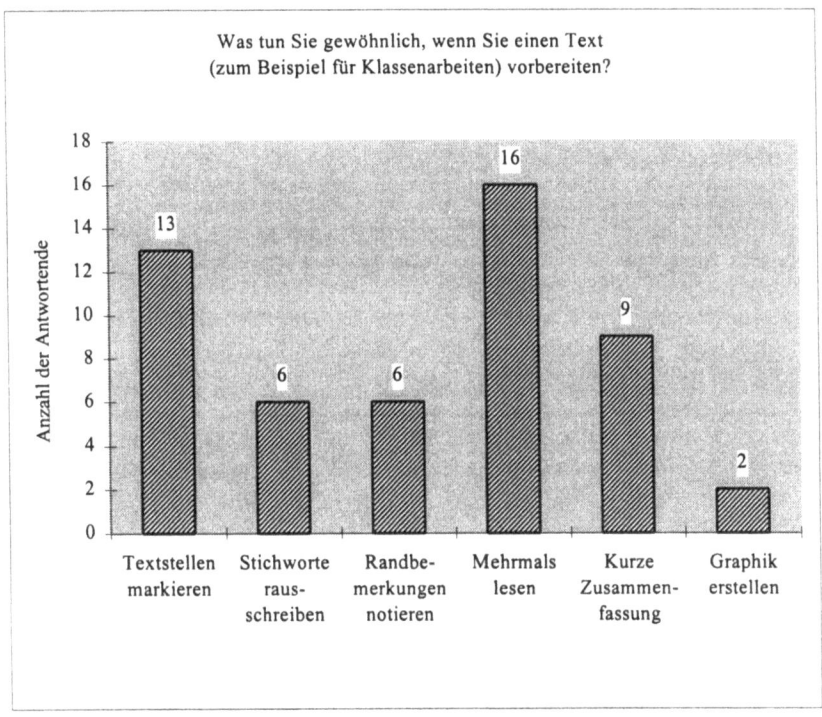

An der Verteilung der Antworthäufigkeiten (Mehrfachnennungen) fällt auf, daß die Lernenden überwiegend solche Vorgehensweise bevorzugen, die man als wenig aktive Formen der Aneignung bezeichnen kann, also etwa mehrmaliges Lesen des Textes oder Markieren von Textstellen. Dies deuten wir als Hinweis darauf, daß Aneignungsformen die gemäß der neueren Lerntheorien vorteilhaft erscheinen, bislang kaum in die Lehr-Lernpraxis Eingang gefunden haben.

Bei den Einschätzungen der Lernenden bzgl. der vorgestellten Aneignungsform ergibt sich folgendes Bild:
▶ Insgesamt bewerten die Lernenden die aktive graphische Repräsentation sehr positiv. Besonders deutlich sehen Sie darin eine Möglichkeit, den Text besser zu verstehen.
▶ Zugleich finden sie diese Form der Wissensaneignung jedoch zu zeitaufwendig.

Dies ist ein Auffassung, die auch häufig von Seiten der Lehrenden geäußert wird. Möglicherweise spiegelt dieser Gleichklang ein Stück der gegenwärtigen Lehr-Lernkultur: Für das Verstehen bleibt keine Zeit.
Abschließend noch zur Qualität der erstellten Graphiken. In Anlehnung an Beurteilungskategorien, wie sie in der Literatur – v.a. bei Novak (1981) – zu finden sind, wurden vier Kriterien herangezogen und die Maps dann in einer Gruppendiskussion bewertet:
▶ Erfassung der zentralen Aussagen des Textes,
▶ Erfassung der zentralen Zusammenhänge,
▶ Hierarchiebildung,
▶ Übersichtlichkeit der Graphik.

Während die ersten drei Kriterien eher auf das Verständnis des Textinhaltes bezogen sind, geht es bei der Übersichtlichkeit der Graphik z.B. darum zu prüfen, wie die Probanden den vorhandenen Raum genutzt haben, und ob sie sich auf die wesentlichen Aussagen beschränkt haben.
Insgesamt hat sich die Aufgabe der Beurteilung der erstellten Graphiken als eher schwierig erwiesen. Dies liegt u. E. zum einen an der – selbstverständlich konzeptgemäßen – Idiosynkrasie der erstellten Maps, aber auch daran, daß einzelne Kriterien (z.B. Bewertung der Zusammenhänge und Hierarchiebildung) nicht unabhängig voneinander sind.

Hinsichtlich der Kriterien zur Beurteilung von Maps bedarf es vor allem in bezug auf die Entwicklung von Kriterien zur Erfassung qualitativer Aspekte noch einiger Anstrengungen, denn in den bislang von uns ausgewerteten Studien zeichnet sich noch keine befriedigende Lösung des Problems ab.

Literatur

Gerstenmaier, J./Mandl, H. 1994: Wissenserwerb unter konstruktivistischer Perspektive. (Forschungsbericht Nr. 33) München Ludwig-Maximilians-Universität, Lehrstuhl für empirische Pädagogik und Pädagogische Psychologie) 1994

Hanf, M. B. 1971: Mapping: A Technique for Translating Reading into Thinking. In: Journal of Reading (1971)14, S.225-230

Jonassen, D./Mayes, T./McAleese, R. 1993: A Manifesto for a Constructivist Approach to Uses of Technology in Higher Education. In: Duffy, Thomas M./Lowyck, Joost/Jonassen, David H. (Eds.): Designing Environments for Constructive Learning. Berlin/Heidelberg 1993, 231-247

Leontjew, A. N. 1977: Probleme der Entwicklung des Psychischen. Kronberg/Ts. 1977, 2. Auflage [1959]

Leontjew, A. N. 1982: Tätigkeit, Bewußtsein, Persönlichkeit. Köln 1982 [1975]

Lompscher, J. 1979: Theoretisch-methodologische Probleme der psychologischen Tätigkeitsanalyse. In: Probleme und Ergebnisse der Psychologie (1979)68, 7-19

Lompscher, J. 1985: Persönlichkeitsentwicklung in der Lerntätigkeit. Berlin 1985

Mayer, R. E. 1993: Illustrations that instruct. In: Glaser, Robert (Hrsg.): Advances in Instructional Psychology. (Volume 4) Hillsdale (N.J.) / Hove / London 1993: 253-284

Novak, J. D. 1981: Applying Learning Psychology and Philosophy of Science to Biology Teaching. In: The American Biology Teacher 43(1981)1, 12-20, 42

Piaget, J. 1975: Der Aufbau der Wirklichkeit beim Kinde. Stuttgart 1975

Rubinstein, S.L. 1983: Sein und Bewußtsein. Die Stellung des Psychischen im allgemeinen Zusammenhang der Erscheinungen in der materiellen Welt. Berlin 1983, 9. Auflage [1957]

Rubinstein, S.L. 1984: Grundlagen der Allgemeinen Psychologie. Berlin 1984, 10. Auflage [1946]

Das Projekt im Lernfeld Arbeitslehre im Bayerischen Lehrplan für die Hauptschule

Karin Aschenbrücker

Im Lernfeld Arbeitslehre hat das Projekt einen besonderen Stellenwert: In Bayern zählt zu den fächerübergreifenden Bildungsaufgaben der Hauptschule neben dem „Aufschließen für gesellschaftliche Grund- und Zeitfragen" und den „Hilfen zur persönlichen Lebensgestaltung" insbesondere die „Vorbereitung auf das Arbeits- und Wirtschaftsleben"[1]. In diesem Zusammenhang soll das Leitfach Arbeitslehre darauf abzielen, den Schülern „ein grundlegendes Verständnis in den Bereichen Wirtschaft, Technik, Beruf und Haushalt" zu vermitteln und ihnen Hilfestellung dabei leisten, „Arbeit als Grundphänomen menschlichen Daseins" zu „begreifen". Diese Zielsetzung soll kooperativ mit den arbeitspraktischen Fächern (Gewerblich-technischer Bereich, kaufmännisch-bürotechnischer Bereich und hauswirtschaftlich-sozialer Bereich), den Wahlfächern (Informatik, Kurzschrift) und fächerübergreifend mit den übrigen Fächern (vor allem Deutsch, Mathematik, Kunst, Werken/Textiles Gestalten) erreicht werden[2]. Der Lehrplan für die Hauptschule in Bayern ist entwicklungspsychologisch durchdacht und deutlich auf eigenständiges Lernverhalten der SchülerInnen im Rahmen des allgemeinbildenden Auftrages gerichtet. Auf Grund des zentralen Stellenwertes aktiver Lernformen insbesondere im Lernfeld Arbeitslehre, nimmt neben den Simulationsverfahren (insbes. Rollenspiel und Planspiel) und den klassischen Realbegegnungsverfahren (z.B. Praktika und Betriebserkundungen) das Projekt einen zentralen Stellenwert im Lehrplan ein. Es ist in den Jahrgangsstufen 7-9 mit folgender inhaltlicher Ausrichtung verankert:

Jgst. 7, Lehrplaneinheit 7.3: „Schüler arbeiten und wirtschaften für einen Markt in der Schule"

Jgst. 8, Lehrplaneinheit 8.2: „Schüler arbeiten und wirtschaften für einen Markt im Schulumfeld"

---

1 Lehrplan für die Hauptschule in Bayern: Texte, Kommentare, Handreichungen, hrsg. von Göldner/Hahn/Schrom, München 1997, Teil 21 Fächerübergreifende Bildungsaufgaben.
2 Vgl. ebenda, Teil 22 Fachbezogene Bildungsaufgaben, Fachprofil Arbeitslehre 22.71.

Jgst. 9, Lehrplaneinheit 9.3: „Schüler testen Waren oder Dienstleistungen"[3].

Bei der Durchführung eines Projektes im Lernfeld Arbeitslehre in Bayern gewinnt selbständiges Denken und Handeln im doppelten Sinne des Wortes Bedeutung: Bereits von der 7ten Jgst. an sollen Schülerinnen und Schüler eigenständig denkend und handelnd im pädagogischen und im ökonomischen Sinne tätig werden und damit auf die Arbeits- und Berufswirklichkeit realitätsnah vorbereitet werden. Das Anspruchsniveau steigt in den einzelnen Jgst. kontinuierlich an, die zu leistenden Aufgaben werden komplexer.

Als *Wegbereiter* des pädagogischen Verständnisses von der Projektmethode gelten neben Johann Heinrich Pestalozzi, dessen Elementarmethode bereits über das Prinzip der Selbsttätigkeit intellektuelle, sittlich-religiöse und körperliche Bildung ganzheitlich fördern wollte[4], insbesondere John Dewey und William Heard Kilpatrick. Unter Bezug auf James[5] begründet Dewey in pragmatischer Grundhaltung die Zielsetzung der Projektarbeit im Üben planvollen, eigenständigen und eigenverantwortlichen Handelns von Individuen in der Gesellschaft. Nicht ausschließlich über systematisch strukturierte schulisch vermittelte Inhalte soll Wissen angeeignet werden, sondern im realen sozialen Kontext der Gesellschaft soll handelnd gelernt werden. Realistische Aufgaben des realen Lebens eignen sich zum Üben von Demokratiefähigkeit: Wer sich nach diesem Grundkonzept lernend mit Problemstellungen befaßt, Lösungsbeiträge entwickelt, übernimmt nicht nur vorhandenes Wissen, sondern schafft und beeinflußt Wirklichkeit[6]. Im Ergebnis kann aus einem zielgerichteten planvollen Tätigsein im Rahmen der demokratischen Ordnung ein wertvolles Leben resultieren. Kilpatricks Argumentation richtet sich zunächst stärker auf das Individuum selbst: Vor allem problemhaltige und subjektiv stark empfundene Situationen stimulieren handlungsrelevantes Lernen. Insofern versteht er unter einem (pädagogischen) Projekt eine ab-

---

3 Ebenda, Lehrplan für das Fach Arbeitslehre.
4 Petalozzi, Johann Heinrich: Wie Gertrud ihre Kinder lehrt, hrsg. von Albert Reble, 4., verb. Aufl., Bad Heilbrunn 1983 (urspr. 1801).
5 James, William: Pragmatism, Cambridge, Mass. 1975. Der erste Vortrag zum Themenkomplex fand bereits 1898 an der Universität von Californien in Berkeley statt.
6 Auf die psychologischen Schriften über den Denkakt, die auch dem Projektablauf zugrundeliegen, kann in diesem Zusammenhang leider nur verwiesen werden. Vgl. Dewey, John: Wie wir denken. Eine Untersuchung über die Beziehung des reflektiven Denkens zum Prozeß der Erziehung, Zürich 1951 (orig. New York 1910).

sichtsvolle Tätigkeit, die mit ganzem Herzen gewollt wird und in einer entsprechenden sozialen Umgebung stattfindet. Die Bewältigung der Tätigkeit soll dabei nicht nur durch das Wissen aus einzelnen Disziplinen, sondern durch fächerübergreifende Kooperation erfolgen[7].

Gegenwärtig läßt sich der *Ablauf* eines Projektes im Lebensraum Schule im deutschen Sprachraum gut anhand der idealtypischen Phasen nach Frey darstellen:

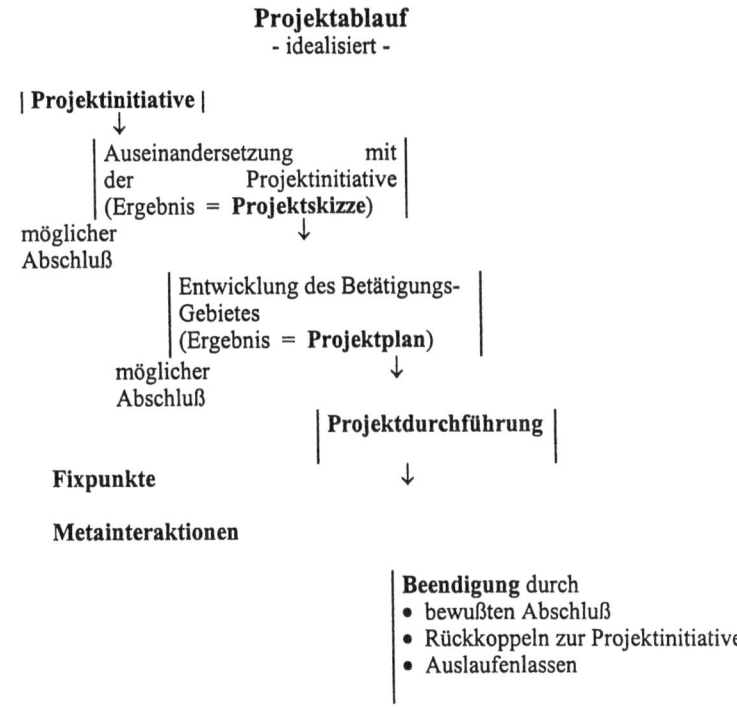

Abb. 1: Phasen eines idealtypischen Projektablaufes nach Frey[8]

---

7 Vgl. Kilpatrick, William Heard: Die Projekt-Methode. Die Anwendung des zweckvollen Handelns im pädagogischen Prozeß, in: Dewey/Kilpatrick: Der Projekt-Plan. Grundlegung und Praxis, Weimar 1935 (orig. 1918).
8 Vgl. Frey, Karl: Die Projektmethode. Der Weg zum bildenden Tun, 8., überarb. Aufl., Weinheim 1998, S. 76-86, insbes. S. 77.

Ein *Beispiel* für ein Projekt im Lernfeld Arbeitslehre ist das Junior-Projekt „Pep Bike – Das Fahrradteam", das im Schuljahr 1997/98 an der Kapellenschule Augsburg in Kooperation mit den Fächern Deutsch und Mathematik durchgeführt wurde[9]. In Anlehnung an die Phasen eines Projektes nach Frey läßt sich der Ablauf wie folgt erläutern: Schülerinnen und Schüler entwickelten eine Geschäftsidee (Projektinitiative). Die Fahrradwerkstatt mit dem Namen „Pep Bike" wurde mit dem Zweck, Fahrräder zu reparieren, gegründet (Auseinandersetzung mit der Projektinitiative: Projektskizze). Das Unternehmen hatte die Form einer Aktiengesellschaft und wurde von den Schülerinnen und Schülern während des gesamten Schuljahres geführt (Projektplan). Um das Startkapital zu beschaffen, erhielt jede/r der teilnehmenden Schülerinnen und Schüler fünf Aktien im Wert von 15.- DM. Eine der Aktien konnten sie selbst behalten, eine an die Familie verkaufen und um die drei restlichen Aktien zu veräußern, mußten Außenstehende von der Geschäftsidee überzeugt werden. Die Schülerinnen und Schüler übernahmen alle Positionen (Finanzen, Technik, Marketing, Verwaltung) inclusive der Position des Vorstandsvorsitzenden selbst (Projektdurchführung). Aufgabe der Abteilung Technik war das Reparieren von Fahrrädern[10], die möglichst günstige Beschaffung von Ersatzteilen und – in Zusammenarbeit mit der Abteilung Finanzen – die Kalkulation der Preise. Die Abteilung Finanzen war darüber hinaus für die Überweisung der Löhne und Gehälter sowie der Steuern und Sozialversicherungsbeiträge zuständig. Die Marketingabteilung hatte die Aufgabe, Werbeplakate und Handzettel zu entwerfen und zu verteilen sowie eine Pressekonferenz für die lokale Presse, für Hörfunk und Fernsehen vorzubereiten und durchzuführen. Die Abteilung Verwaltung erledigte administrative Aufgaben, wie Einladungen zur Pressekonferenz und zu den Hauptversammlungen erstellen und verschicken, Sitzungsprotokolle anfertigen, Tarifvorschläge ausarbeiten. Der Lehrer stand den Schülerinnen und Schülern, die als JuniorunternehmerInnen tätig waren, in Form eines Schulpaten zur Verfügung. Das Bildungswerk der bayerischen Wirtschaft übernahm Koordinationsaufgaben im Bereich Lohnzahlung, Bilanzierung, Abführen von Steuer- und Sozialversicherungsbeiträgen, beim Erstellen des Geschäftsberichts und beim Einberufen der Hauptversammlungen. Im Verlauf des Geschäftsjahres war auch eine Reihe von Außenterminen (u.a. Prä-

---

9 Das Projekt wurde von Klassenlehrer Willy Leopold betreut und während der Laufzeit von Andreas Schacht, Student für das Lehramt an Hauptschulen mit Drittelfach Arbeitslehre im Rahmen seiner schriftlichen Hausarbeit teilnehmend beobachtet, dokumentiert und evaluiert.
10 Während der langen Winterperiode wurden zusätzliche Aufträge im Bereich Reinigung von Autoinnenräumen zur Kapazitätsauslastung angenommen und durchgeführt.

sentation mit Podiumsdiskussion zum Thema Existenzgründung anläßlich der Eröffnung der Messe München GmbH mit Bankenvertretern und dem Bayerischen Wirtschaftsminister, Präsentation anläßlich eines Landeswettbewerbs) wahrzunehmen, bei denen die Schülerinnen und Schüler Präsentations – und Diskussionstechniken öffentlich erproben konnten.

Im folgenden Schaubild ist der Ablauf noch einmal graphisch zusammengefaßt:

Abb. 2: *Graphische Darstellung des durchgeführten Junior-Projektes „Pep Bike – Das Fahrradteam" im Lernfeld Arbeitslehre*

Die Zielsetzung, Schülerinnen und Schülern den Zugang zur Arbeits- und Wirtschaftswirklichkeit nicht nur über Simulation zu ermöglichen, sondern das Denken und Handeln in ökonomischen Zusammenhängen durch eigene Erfahrung mit allen Chancen und Risiken unternehmerischer Tätigkeit real zu üben, wurde im Rahmen dieses einjährigen Projekts mit vollem Erfolg erreicht. Fächerübergreifende Haltungen, wie Kooperationsbereitschaft, Zuverlässigkeit, Ausdauer, Verantwortungsbewußtsein sowie die Fähigkeit zu problemlösendem, kreativem und kritischem Denken wurden während der Durchführung „handelnd" gefördert. Der Zugang zur selbständigen unternehmerischen Tätigkeit als potentielle Berufsalternative der Schulabgänger wird begleitend erleichtert, das läßt sich anhand schwedischer Untersuchungen (Langzeiterfahrungen mit Juniorprojekten), nachweisen. Eine für den

Lernerfolg bedeutende Aufgabe nach Abschluß des Projektes liegt in der im Unterricht stattfindenden Reflexion der vorliegenden Erfahrungen sowohl im ökonomischen als auch im berufswahlvorbereitenden Schwerpunkt des Arbeitslehreunterrichts.

Literatur

Dewey, John: Wie wir denken. Eine Untersuchung über die Beziehung des reflektiven Denkens zum Prozeß der Erziehung, Zürich 1951 (orig. New York 1910).
Frey, Karl: Die Projektmethode. Der Weg zum bildenden Tun, 8., überarb. Aufl., Weinheim 1998.
James, William: Pragmatism, Cambridge, Mass. 1975.
Kilpatrick, William Heard: Die Projekt-Methode. Die Anwendung des zweckvollen Handelns im pädagogischen Prozeß, in: Dewey/Kilpatrick: Der Projekt-Plan. Grundlegung und Praxis, Weimar 1935 (orig. 1918).
Lehrplan für die Hauptschule in Bayern: Texte, Kommentare, Handreichungen, hrsg. von Göldner/Hahn/Schrom, München 1997.
Petalozzi, Johann Heinrich: Wie Gertrud ihre Kinder lehrt, hrsg. von Albert Reble, 4., verb. Aufl., Bad Heilbrunn 1983 (urspr. 1801).

„Qualitätssicherung" – ein Thema für die berufliche Aus- und Weiterbildung

Philipp Gonon

Im folgenden wird einleitend die heutige Qualitätsdiskussion kurz historisch kontextualisiert, ehe ich ein schweizerisches Forschungsprojekt zur Evaluation von so genannten Qualitätssystemen, an dem ich massgeblich beteiligt war, darstelle. Daran anschliessend werden Folgerungen für die Berufs- und Wirtschaftspädagogik formuliert. Gleich zu Beginn sei festgehalten, dass der Titel „Qualitätssicherung – ein Thema für die berufliche Aus- und Weiterbildung" nicht affirmativ zu verstehen ist. Aus einer Beobachterperspektive wird festgestellt, dass Qualität im Zusammenhang mit Bildungsinstitutionen zunehmend im Gespräch ist und sich der Wunsch ausbreitet, Qualität zu „sichern", u.a. um sich selbst als qualitätsbewusst auszuweisen.

1. Einleitung

In Adam Smiths epochalem erstmals 1776 erschienen Werk „Inquiry into the Nature and Causes of The Wealth of Nations" finden sich einige Aeusserungen, die den Anspruch einer umfassenden Bildung für eine prosperierende Gesellschaft und die demgegenüber eher wenig befriedigende Realität des damaligen schottischen und englischen Bildungswesens hervorheben. In einer zivilisierten und Handel betreibenden Gesellschaft sei der Erziehung der gewöhnlichen Leute (der common people) besondere Aufmerksamkeit zu schenken (Smith 1976, S. 736). Für Bildung sei aus gesellschaftlichen, aber auch aus wirtschaftlichen Gründen Sorge zu tragen. Kaum einen guten Faden lässt Smith in diesem Zusammenhang hierbei an den damaligen Berufslehren (apprenticeships). Sie werden als Mittel der Verteidigung von Zunftprivilegien gesehen, um die Zahl der Konkurrenten gering zu halten. Die Beschränkungen der Lehrlingszahlen, lange Lehrzeiten und daran anknüpfende Gesellenjahre so wie komplizierte und wenig durchschaubare Meisterprüfungen – alles Vorkehrungen, die angeblich ungeeignete Bewerber von entsprechenden Berufen fernhalten und die Herstellung schlechter Waren verhindern würden – seien ungeeignet und von wenig Nutzen. Die Berufslehre, die als wenig wirkungsvoll, kostspielig, in der Regel aber auch langweilig für die Jugendlichen dargestellt wird und deren Länge sich auch nicht durch die zu erwerbenden Fertigkeiten rechtfertigen liesse, sei daher ersatzlos abzuschaffen und die jungen Leute von Anfang an direkt als Gesellen in den Arbeitsprozess einzubeziehen. Diese Massnahme komme den Konsumenten zu Gute kommen und auch die Gemeinschaft profitiere davon, indem die Erzeugnisse und Leistungen verbilligt würden (Smith 1976, S.108).

Diese historische Reminiszenz soll uns daran erinnern, dass Diskussionen, die heute unter dem Label „Qualität" laufen, nicht erst neueren Datums sind. An mehreren Stellen betont Smith, dass das Wohl der Abnehmer, bzw. der Kunden oder Konsumenten im Vordergrund zu stehen habe und nicht etwa der Schutz der Produzenten, für welches er eben das Zunftwesen als ein Paradebeispiel ansah. Lange Lehrzeiten, so Smith, seien keine Gewähr, „dass nicht des öfteren schlechte Waren auf den Markt kommen". Als wirkungsvoller erachtet er hier „die Sterlingsmarke auf Silbergeschirr und die Stempel auf Leinen und Wolltuch". Gütezeichen interieressierten die Käufer mehr, „als die unwichtige Frage, ob der Handwerker auch sieben Jahre in der Lehre war" (Smith 1976, S. 106).

Ueberblicken wir aus heutiger Sicht die weitere Entwicklung der beruflichen Bildung, so lässt sich allerdings die Einschätzung der beruflichen Lehre des grossen schottischen Moralphilosophen und Oekonomen als wohl etwas einseitig taxieren. Da er vorwiegend bestimmte Zustände im Kleingewerbe vor Augen hatte und wahrscheinlich die Möglichkeiten der Aus- und Weiterbildung in den aufstrebenden Industrien überschätzte, seien die positiven Seiten einer betrieblichen Lehre zu wenig gewürdigt worden. Dies ist jedenfalls die Kritik, die der Oekonome Lujo Brentano, der in vielen anderen Bereichen den Smithschen Vorgaben durchaus folgt, in seinem einflussreichen Gutachten zur „Reform des Lehrlingswesens" für den Verein für Socialpolitik 1875 veröffentlichte (Brentano 1875). Einer erneuerten und insbesondere durch schulischen Unterricht ergänzten Berufslehre sprachen er und später um die Jahrhundertwende Georg Kerschensteiner (1901) durchaus eine Zukunft zu. Die berufliche Lehre sei demgemäss, im Gegensatz zu Smith, nicht abzuschaffen, sondern durch den Einbezug von berufsbezogener Bildung an Schulen, so wie durch eine Reform der Lehrlings- und Meisterprüfungen zu erneuern.

Wir befinden uns bei einer näheren Betrachtung dieser Debatte, durchaus in einem Themenbereich, der wesentlich – wenn auch nicht unter diesem Namen – Aspekten der Qualität durch Sicherung von Standards im Bildungsbereich Rechnung trägt. Das Ringen um Standards spielt sich üblicherweise anlässlich von Ausbildungsneuordnungen, sozialpartnerschaftlichen Vertragsvereinbarungen und gesetzlichen Neubestimmungen ab. Defizitbestimmungen und ein entsprechend formulierter Handlungsbedarf sind hierbei massgebliche Auslöser für Neuerungen. Dies gilt auch für die Berufsbildung anderer Länder. Wer etwa einen Blick auf die stark schulisch ausgerichtete Berufsbildung Frankreichs wirft, der kann feststellen, dass dort in den letzten Jahren gegenüber rein schulischen Berufsbildungsmodellen die gesetzliche

Verankerung der dualen Berufslehre bzw. das so genannte „systeme d'alternance" als Schritt zur Reform der Ausbildung empfohlen wird, insbesondere um der Begabungsstruktur eher schulmüder Jugendlicher entgegenzukommen (vgl. Koch 1998). Auch in der angelsächsischen Debatte wird das mit Beruf und Facharbeit verknüpfte hohe Ausbildungsniveau beruflicher Bildung in Deutschland, Oesterreich und der Schweiz hervorgehoben. So jüngst in der vom National Institute of Economic and Social Research herausgegebenen Studie „From school to productive work", in welcher die britische und schweizerische berufliche Bildung gegenübergestellt werden, und der Schweiz aufgrund ihrer gediegenen Volksschulbildung und beruflichen Bildung ein Wettbewerbsvorteil bescheinigt wird (Bierhoff & Prais 1997).

Es sind wohl diese Motive – der Steuerung und Reform von Bildungssystemen, wie auch der internationalen Verflechtung, – die dem Thema Qualität künftig ihre Bedeutung verleihen und die in bildungspolitische Forderungen münden. Dieser Makrosicht des Bildungswesens können wir andererseits auch eine Mikroebene von Bildungsqualität gegenüberstellen, die der Sorge um einen wirkungsvollen Unterricht und um ein angemessenes Lehr/Lerngeschehen gilt.

Wenn allerdings im folgenden von „Qualitätssicherung" die Rede ist, so wird in der Regel nicht oder nicht primär an die bis anhin erörterten Aspekte gedacht. Die „neue" Qualitätsdiskussion ist auf einer Mesoebene angesiedelt, die die Inputs, Prozessstrukturen und Outputs des Lernens in Schule und Betrieb fokussiert (Dubs 1998). Diese Aufmerksamkeitsrichtung ist einer Vielzahl von Entwicklungen geschuldet, die mit Worten wie „zunehmende Verknappung der Finanzen der öffentlichen Hand", „wachsende Heterogenität des Bildungsangebotes" und einer „Autonomisierung von Bildungsinstitutionen" umschrieben werden können. Es ist vornehmlich die einzelne Bildungsinstitution, deren Qualität zur Debatte steht.

2. Das Projekt „Qualitätssicherung" oder: Qualitätssysteme auf dem Prüfstand

Ausgangslage und Vorgehen

Zu Beginn der 90er Jahre kann für die Schweiz ein sprunghaftes Anwachsen des Interesses für Fragen der Qualität festgehalten werden. Die Internationalisierung der Bildungsdebatte wie auch die Zunahme von Zertifizierungen, zunächst in der betrieblichen Weiterbildung, liess eine gestiegene Nachfrage nach „Qualitätssicherung" von Seiten der Bildungsinstitutionen erkennen. Neben ISO 9000 traten eine wachsende Anzahl von Anbietern so genannter Qualitätssysteme auf den Markt. Der Begriff Qualitätssicherung suggeriert hierbei, dass Qualität im Bildungsbereich systematisch eruiert und gesichert werden kann. Entsprechende Qualitätsanbieter traten mit dem Nimbus auf, dass ihre Modelle in der Wirtschaft erfolgreich erprobt und nutzbringend angewendet werden.

Bevor Vorgehen und einige Resultate dieses Projektes skizziert werden, sollen Merkmale des „neuen" Qualitätsverständnisses festgehalten werden:

Die Qualität eines Produktes misst sich letztlich an der *Zufriedenheit der Kunden*. Die Sorge einer optimalen Kundenbefriedigung besitzt daher erste Priorität für ein Management.

Die *Verbesserung in kleinen Schritten* ist erfolgreicher als die Verbesserung in grossen Sprüngen (Innovationen). Qualität entsteht demgemäss in einem endlosen Kreis der schrittweisen Optimierungen.

Die *Verantwortung* für die Qualitätskontrolle darf nicht beim Kontroll-Spezialisten liegen, sondern muss *von allen* Mitarbeiterinnen und Mitarbeitern wahrgenommen werden.

Qualität wird in erster Linie als *Bestandteil eines Prozesses* und erst in zweiter Linie als Eigenschaft eines Produktes verstanden.

Wichtig ist daher die *genaue Kenntnis der Prozessabläufe*. Wenn ein fehlerhaftes Produkt weitergegeben wird, werden dadurch auch die Fehler und damit verknüpften Probleme weitergegeben.

Qualität setzt weiter eine *konstruktive Problemlösehaltung aller Mitarbeiterinnen und Mitarbeiter* voraus. Sie sind angehalten, Probleme im eigenen Arbeitsfeld wahrzunehmen, sachgerechte und kreative Lösungen zu präsentieren und diese zu standardisieren (vgl. Gonon et al. 1998).

Es war nicht zuletzt der Erfolg und die wirtschaftliche Expansion asiatischer Firmen, die auch das Interesse am zunächst im Fernen Osten entwickelten Qualitätsverständnis in den anderen industrialisierten Ländern weckten. Diese Ideen fanden als „Total Quality Managment"- Konzept (TQM) Eingang in die westlichen, bzw. ursprünglich vor allem amerikanischen Qualitätsentwicklungsprojekte. TQM sollte als langfristiges, integriertes Konzept die Qualität von Produkten und Dienstleistungen in Entwicklung, Konstruktion, Fertigung und Kundendienst durch die Mitwirkung von Mitarbeitern sicherstellen.

Diese Perspektive fand über die betriebliche Weiterbildung auch Eingang in die Bildungsdiskussion. Um bei zunehmender Unübersichtlichkeit mehr Klarheit zu verschaffen, wurde von Seiten der Nordwestschweizerischen kantonalen Erziehungsdirektorenkonferenz (NWEDK) und dem Bundesamt für Berufsbildung und Technologie (BBT) ein gemeinsamer Auftrag formuliert, der für Bildungsverwaltung und interessierte Schulleitungen einen Einstieg in die Qualitätsthematik ermöglichen sollte. Es wurde die Gründung einer Arbeitsgruppe angeregt, in welcher Vertreter aus Bildungsadministration, Schule, Betrieb und Universität Einsitz nehmen sollten. Dieser wurde aufgetragen, die repräsentativen Qualitätssysteme in der Schweiz zu eruieren, die verschiedenen Modelle zu erläutern und Kriterien der Auswahl für Nachfrager zu finden. Eine weitere Zielsetzung bestand darin, Empfehlungen zu formulieren, um u.a. auch einem Zertifizierungswildwuchs zu begegnen.

Die Arbeitsgruppe, die ursprünglich 12 Personen umfasste, konstituierte sich zu Beginn des Jahres 1997. Zunächst einigten sich die Teilnehmer nach der Sichtung bestehender Literatur zum Thema auf einen vorläufigen Fragenkatalog. Dieser bildete die Grundlage, um die Anbieter von Qualitätssystemen in einem Hearing in Anwesenheit der gesamten Arbeitsgruppe einer kritischen Befragung zu unterziehen. Gleichzeitig wurden von je zwei Mitgliedern Institutionen aus dem Bildungsbereich besucht, die sich einem entsprechenden Qualitätsmodell verpflichteten oder es erprobten. Konzept und Umsetzung in die Praxis wurden hierbei miteinander in Bezug gesetzt. Die Systeme sollten ausgehend von ihrer eigenen Präsentation, „von innen" heraus verstanden werden und ihre Perspektive mit einer Umsetzungssicht einzelner Bildungsträger und einer expertengeleiteten Aussensicht konfrontiert werden.

Aus dem Hearing und dem Schulbesuch ergaben sich zwei Berichte, die von einem kleineren Team kritisch gesichtet, synthetisiert und dem Systemanbieter wie auch der gesamten Arbeitsgruppe zur Prüfung vorgelegt wurden. Für eine abschliessende Darstellung wurden aufgrund der vorgängigen Schritte die Kriterien teilweise revidiert und neu bestimmt, nach denen – so die Auffassung der Arbeitsgruppe – Qualitätssysteme beurteilt werden können. Sie beschloss eine für potentielle Interessenten ansprechende Publikation zu bewerkstelligen, die seit Mai 1998 veröffentlicht vorliegt.

Die eruierten Kriterien für die Erfassung und Beurteilung von Qualitätssystemen

Insgesamt wurden 13 Kriterien zur Erfassung und Beurteilung von Qualitätssystemen herausgearbeitet. Als zwei wichtige Gesichtspunkte für eine Uebersicht erwiesen sich eine Rekonstruktion des Hintergrunds der einzelnen Qualitätsmodelle (1) und eine Beschreibung des Verfahrens (2). Bereits aus der Entstehungsgeschichte ergeben sich klare Hinweise im Bezug auf den Fokus einzelner Systeme. Als für die Konturierung klärend zeigte sich auch eine Darstellung der Qualitätssicherung in zeitlicher Hinsicht. Was muss zu welchem Zeitpunkt unternommen werden, um sich dem jeweiligen Qualitätsverfahren zu unterziehen, welche Aspekte müssen sinnvollerweise beachtet und durchgeführt werden?

Die Qualitätsmodelle wurden daran anknüpfend einem Raster gemäss dargestellt und beurteilt. Gefragt wurde nach dem jeweiligen *Qualitätsverständnis (3)* und der *Zielsetzung des Qualitätsverfahrens (4)*, nach der *Reichweite (5)*, der Bedeutung und *Funktion der Evaluation (6)*, den *Entwicklungsimpulsen (7)*, dem Einbezug bzw. den *Partizipationsmöglichkeiten der Betroffenen (8)*, nach der Verfügbarkeit von *Umsetzungshilfen (9)* und der generellen praktischen *Umsetzbarkeit (10)*, der *Kompatibilität (11)* mit den weiteren Rahmenbedingungen des Bildungsträgers, der Art und Weise der *Erfolgsmessung und Zertifizierung (12)* und dem *Aufwand (13)* in zeitlicher und finanzieller Hinsicht.

Basierend auf diesen Kriterien wurde ein *Profil* des jeweiligen Qualitätssystems erstellt und dieses den Systemanbietern zur Stellungnahme zugesandt, um bezüglich der Gesamteinschätzung und Darstellung von spezifischen Aspekten zusätzliche Anhaltspunkte, Präzisierungen oder Korrekturen zu erhalten.

Nach einem solchen Bereinigungsprozess wurden die sechs gewichtigeren Anbieter (ISO 9000ff., EFQM, ProMes, 2 Q, BfW, FQS) ausführlicher und fünf weitere in einer kürzeren Version porträtiert. Zusätzlich wurde weiterführende Literatur, hilfreiche Hinweise und nützliche Adressen aufgeführt.

Die Qualitätsmodelle im Vergleich

Obwohl der Begriff „Qualität" allen Anbietern von entsprechenden Modellen gemeinsam ist, lässt sich dennoch eine grosse Vagheit hinsichtlich präziserer Bestimmung festhalten.

Betrachtet man die Qualitätssicherung in vergleichender Perspektive, so fällt auf, dass ein grosses Spektrum von unterschiedlichen Verfahren und Zielsetzungen sich dieses Labels bedient. Der Ausgangspunkt des 2Q-Verfahrens (Qualität und Qualifizierung/Professor Karl Frey-Akademie) war unter anderem die Frage der Lohnwirksamkeit von Lehrerbeurteilungen, dasjenige des FQS (Formatives Qualitätsevaluations-System) die Stärkung der schulischen Autonomie und Selbstevaluation. Bei ProMes (Productivity Measurement), ursprünglich in der US-amerikanischen Raumfahrtindustrie angewandt, ging es um die Hebung der Mitarbeitermotivation. Die BfW (Bewertungsstelle für Weiterbildung) wiederum versteht sich in ihrem Ursprung als „Check-up" des Weiterbildungsangebotes im Dienste von Bildungsnachfragern, während die SVEB (Schweizerische Vereinigung für Erwachsenenbildung) durch ihr Zertifizierungsangebot einen Beitrag zur Professionalisierung der Erwachsenenbildung leisten will. Einige Verfahren, wie etwa diejenigen im Weiterbildungsbereich (SVEB, BfW) sind „schlank", aber auch papieren, das heisst, sie beruhen vornehmlich auf der Ueberprüfung von Dokumenten und Unterlagen, andere wie ISO 9000 ff., EFQM oder ProMes sind aufwendig im Bezug auf Organisation, Mitarbeitereinbezug oder der Erhebung von Daten. Für einige Verfahren der Qualitätssicherung ist die Zertifizierung die oberste Zielsetzung (ISO 9000 ff., BfW, SVEB), andere verzichten bewusst auf eine Zertifizierung (ProMes, EFQM) oder bieten erst neuerdings eine solche an (2 Q, FQS).

Das Spektrum der Qualitätssicherung umfasst Modelle, die sich prioritär der Schulentwicklung verschreiben (FQS), bis zu solchen, die vorwiegend dem Aspekt des Konsumentenschutzes Rechnung tragen (BfW). Dementsprechend variiert die Rolle und Funktion der Evaluation, die etwa im Falle von ProMes für jeden einzelnen Bildungsträger die spezifische Konstruktion eines Messinstrumentes mit universitär-wissenschaftlicher Unterstützung erfordert, bei anderen Verfahren hingegen eher einem traditionellen gruppendynamischen Feedback der Lehrpersonen unter sich entspricht. Auch die Gewichtung der Beratung und Unterstützung von aussen, wie auch der Rolle der Schulleitung variiert beträchtlich. Es gibt offenere (EFQM) und geschlossenere Varianten (SVEB) der Qualitätssicherung; Modelle, die einem wissenschaftlichen (ProMes, 2 Q) oder eher einem pragmatisch-kontextbezogenem Entwicklungskonzept (ISO 9000) folgen.

Bei allen Modellen konnte im übrigen festgestellt werden, dass sie je ihre eigenen Geschichten haben, die zu nicht unwesentlichen Modifikationen bezüglich Konzeption und Umsetzung führten. Als gewichtige Gemeinsamkeit kann hervorgehoben werden, dass der Mitarbeiterqualifizierung ein grosses Gewicht zugesprochen wird.

Die von der Arbeitsgruppe entwickelten 13 Kriterien erwiesen sich als brauchbar, was sich auch darin äussert, dass sie eben so auf andere und neue Qualitätssysteme übertragbar sind. Sie erlauben eine differenzierende Charakterisierung unterschiedlicher Qualitätsmodelle.

Entgegen dem ursprünglichen Vorhaben einigte sich die Arbeitsgruppe darauf, keine konkrete Empfehlung für ein (einziges) Qualitätsverfahren auszusprechen. Da es kein „ideales" System, sondern für unterschiedliche Anliegen diverse Problemlösungsansätze gibt, beschränkte man sich darauf, durch eine konzise Darstellung potentiellen Nutzern Entscheidungshilfen zu bieten.

Auch die Frage, ob man sich überhaupt für ein einziges System entscheiden oder gar mehrere kummulativ anwenden, auf die vorgegebenen Qualitätsverfahren gänzlich verzichten oder eklektisch aus allen die „Rosinen herauspicken" sollte, wurde bewusst offengelassen.

Die auf dem Markt präsenten Qualitätssysteme zeichnen sich alle durch die Grundannahme aus, dass „Qualität" messbar ist und managmentbezogen verbessert werden kann. Was unter „Qualität" zu verstehen ist, wird hierbei allerdings nicht präzisiert, die Problematik wird vielmehr indirekt über das

Messen von Indizien „gelöst". Die Qualitätsfrage wird somit zum Messproblem, darüber hinaus auch zum Legitimationsproblem, denn es ist nicht unerheblich, wer was als wünschenswert definiert. Die Frage schliesslich, wie die als verbesserungswürdig erkannten Gesichtspunkte sinnvoll umgesetzt werden sollten, kann man weiter als Sicherungsproblem bezeichnen.

Es besteht die Gefahr, dass die zum Teil recht aufwendigen und kostspieligen Verfahren bei hohem personellen Einsatz zu Ernüchterungen und Verschleisserscheinungen führen können.

Nach Einschätzung der Arbeitsgruppe ist die Frage der *Nachhaltigkeit* der Entwicklung von „Qualität" von besonderem Interesse. Diese ist weniger „(qualitäts-)systemabhängig" als vielmehr an die (Evaluations-)Kultur des Bildungsträgers gebunden.

3. Einige Folgerungen für die Berufs- und Wirtschaftspädagogik

Wie kurz angedeutet, befinden sich Begriffe wie Qualitätssicherung, Qualitätsmanagment, Qualitätsentwicklung, Total Quality Managment und andere mit Qualität in Bezug gesetzten Vorgänge im wirtschaftlichen Bereich schon seit längerem im Umlauf. Es sind Konzepte, die auf Produktivitätssteigerung zielen und sich ursprünglich aus der Endkontrolle von hergestellten Erzeugnissen entwickelten. Diese Perspektive wurde auf die Bildung übertragen.

Die Sorge um die Qualität von Dienstleistungen, Produkten und pädagogischem Transfer ist jedoch keineswegs neu, wie die Rede von Qualität suggeriert. Sie war in einer gewissen Selbstverständlichkeit schon immer in der Planung und Realisierung von Arbeits- und Bildungsprozessen vorhanden, wie auch mit den einleitenden Ausführungen belegt werden sollte. Sie verlief jedoch üblicherweise als Kontrolle eines fertigen Resultates, sei dies in der Wirtschaft, sei dies in der Schule. Als Kontrolleur amtete der Inspektor oder der Lehrer. Neu ist hingegen eine Verschiebung des Blickwinkels, die die Frage der Qualität weniger vom Endprodukt als vielmehr vom Entstehungsprozess aus betrachtet.

Wenn wir nun davon ausgehen, dass eine Differenzierung des Bildungsangebotes auch in der Berufs- und insbesondere Weiterbildung stattfindet, die Frage der Anerkennung unterschiedlicher Bildungsleistungen demgemäss an Aktualität gewinnt, etwa aufgrund der beruflichen, privaten und regionalen bzw. internationalen Mobilität, dass neben traditionellen Institutionen auch andere Bildungswege und Einrichtungen sich etablieren, kurz wenn die Heterogenität auch im berufs- und wirtschaftspädagogischen Bereich tendenziell zunimmt, so wird die Frage der Qualität im Sinne einer Vergleichbarkeit unterschiedlicher Leistungen und Profile an Bedeutung gewinnen. Gerade in der betrieblichen Bildung und Weiterbildung wird eine entsprechende Nachfrage bedeutsam. Faktoren wie der Bedeutungsverlust der beruflichen Erstausbildung, zunehmende Heterogenität des Angebotes, Pluralisierung von beruflichen Biographien und Bildungskarrieren, Internationalität des Bildungszuganges, mehr Markt im Bildungswesen und Schulen mit mehr autonomen Gestaltungsspielraum sind hierbei weitere Stichworte. „Delivering Quality in Vocational Education", wie eine britische Forderung und ein entsprechender Buchtitel (Funell & Müller 1995) lautet, ist ein Anliegen, dass nicht nur aufgrund internationaler Vergleiche sich aufdrängt, sondern auch einen Beitrag zur Transparenz regional und branchenspezifisch höchst unterschiedlicher Bildungstraditionen gewähren soll.

Mit „Qualität" können Aspekte der Schulentwicklung ins Zentrum gerückt werden, man kann den Organisationsablauf oder die Führung einer Schule zu optimieren trachten, fallspezifisch akut anstehende Probleme durch Evaluationsangebote und Beratung von aussen bevorzugen, bis hin die Umsetzung des Konsumentenschutzgedankens hervorheben. Da es kein allgemeingültiges und unbestrittenes Konzept oder Verfahren zur Sicherung von Qualität gibt, sind konkurrenzierende Ansätze und Perspektiven in einer Wettbewerbssituation. Hierbei kommt – so mein abschliessendes Anliegen – der Berufs- und Wirtschaftspädagogik insofern eine bedeutsame Rolle zu, als sie klärend in diese Debatte eingreift, Kriterien der Evaluation entwickelt und erprobt, etwa in Modellversuchen, um den diversen Ansprüchen, die unter dem Titel Qualität figurieren, mit der notwendigen kritischen Distanz und Empirie zu begegnen.

Ein weiteres zentrales Anliegen müsste weiter darin bestehen, Qualität nicht einfach auf äussere Umtriebe und Prozessabläufe zu reduzieren. Die Güte einer Bildungsinstitution zeigt sich wesentlich über die Resultate von Bildung. Die Qualität einer Schule wird demnach nicht zuletzt über „Schülerqualität" bestimmt (Oelkers 1998); die eben nicht nur Nachfrager sind, sondern als „Produzenten" von Qualität auftreten (Altrichter 1998). Eine betriebliche Weiterbildung wird nicht aufgrund eines ansprechenden Leitbildes als qualitativ gut bewertet, sondern dann, wenn die erhofften Effekte eintreffen.

Dennoch bietet die „neue" Diskussion eine Chance, eher venachlässigten Aspekten wie Evaluation und Transparenz gegenüber Dritten, also Gesichtspunkte, die die Legitimität von Bildung betreffen, mehr Geltung zu verschaffen. All dies macht es erforderlich, dass auch die Berufs- und Wirtschaftspädagogik sich deutlicher gewahr wird, dass die neue Qualitätsdebatte mehr ist als lediglich eine Modeströmung.

Literatur

Altrichter, H. (1998): Empirische Befunde zur Qualitätssicherung in Oesterreich. Vortrag auf der Impulstagung „Qualität und Bildung". Aarau. (Unveröff. Manuskript).

Bierhoff, H. & Prais, S. (1997): From school to productive work. Britain and Switzerland compared. Cambridge: University Press.

Brentano, L. (1875): VII Gutachten. In: Verein für Socialpolitik (Hrsg.): Die Reform des Lehrlingswesens. Sechszehn Gutachten und Berichte. Leipzig: Duncker & Humblot.

Dubs, R. (1998): Qualitätsmanagment für Schulen. In: SZfkB, 92, S. 98-193.

Fend, H. (1998): Qualität im Bildungswesen. München: Juventa.

Funnell, P. & Müller, D. (1995): Delivering Quality in Vocational Education. London: Kogan Press.

Gonon, Ph., Hügli, E., Landwehr, N. & Ricka, R. (1998): Qualitätssysteme auf dem Prüfstand. Aarau: Sauerländer.

Kerschensteiner, G. (1901): Beobachtungen und Vergleiche über Einrichtungen für gewerbliche Erziehung ausserhalb Bayern. München: Gerber.

Koch, R. (1998): Duale und schulische Berufsausbildung zwischen Bildungsnachfrage und Qualifikationsbedarf. Ein deutsch-französischer Vergleich. Bielefeld: Bertelsmann.

Oelkers, J. (1998): Qualität, Bildung und Schule – Vortrag auf der Impulstagung „Qualität und Bildung". Aarau. (Unveröff. Manuskript).

Smith, A. (1974): Der Wohlstand der Nationen. Eine Untersuchung seiner Natur und seiner Ursachen. München: Beck.

Schüler als Moderatoren von Kleingruppenentscheidungen im Rahmen der Fallstudienarbeit

Volker Brettschneider

1 Problemstellung und Zielsetzung des Forschungsvorhabens

Wenngleich die Fallstudie seit über 20 Jahren in sozialwissenschaftlichen Fächern als Unterrichtsverfahren eingesetzt wird, sind auch in der neueren Literatur zur Durchführung der Fallstudienarbeit Aussagen zur Organisation des Lehr-Lernprozesses „meist ohne expliziten Bezug auf die empirische Forschung" (*Reetz* 1996, 179) weit verbreitet. Zwar wird in der Literatur zur Fallstudiendidaktik darauf hingewiesen, Entscheidungsprozesse mit Hilfe von Entscheidungstechniken zu unterstützen und in Schülerkleingruppen durchzuführen (vgl. *Kaiser & Kaminski* 1997, 127 ff.). Es sind jedoch kaum empirisch abgesicherte Aussagen zu finden, inwiefern diese Techniken tatsächlich den Entscheidungsprozeß unterstützen und verbessern. Ferner ist auf der Mikroebene des Unterrichts der Verlauf des Entscheidungsprozesses in Schülerkleingruppen bisher kaum untersucht worden.

Es ist *Zielsetzung* des Forschungsvorhabens[1] auf der Mikroebene des Unterrichts den Entscheidungsprozeß in Kleingruppen zu untersuchen, der mit Hilfe geleiteten Problemlösens organisiert ist (vgl. *Stark u. a.* 1995). Es wird eine differenzierte Arbeitsanweisung zur Fallbearbeitung dahingehend variiert, daß zusätzlich zwei unterschiedliche Hilfen zur Unterstützung der Anweisung eingesetzt werden:
(1) Unterstützung der Arbeitsanweisung mit Hilfe einer *Entscheidungsmatrix*
(2) Unterstützung der Arbeitsanweisung durch die *Moderation* des Entscheidungsprozesses durch einen Schüler
Im Rahmen einer Interaktionsprozeßanalyse wird untersucht, welche Auswirkungen diese beiden Hilfsmaßnahmen auf die Entscheidungsfindung in Kleingruppen haben und inwiefern sie die systematische Diskussion des Falles fördern. Die einer Entscheidung zugrunde liegenden Interaktions- und Kommunikationsprozesse können „als Schlüssel zum Verständnis der Ent-

---

1 Das Forschungsvorhaben wird von der Deutschen Forschungsgemeinschaft im Rahmen des Schwerpunktprogramms „Lehr-Lern-Prozesse in der kaufmännischen Erstausbildung" gefördert (Aktenzeichen KA 430/4-1).

scheidungsfindung in Gruppen oder Gremien betrachtet werden." (*Scharpf & Fisch* 1989, 283) Prozeßanalysen des Lernens in Kleingruppen können transparent machen, wie die Interaktions- und Kommunikationsprozesse tatsächlich verlaufen sind, in welcher inhaltlichen Breite und Tiefe komplexe Problemstellungen diskutiert wurden und welche Bedingungen des Lernens sich förderlich oder hinderlich auf die Entscheidungsfindung ausgewirkt haben (vgl. *Ardelt-Gattinger* u. a. 1998).

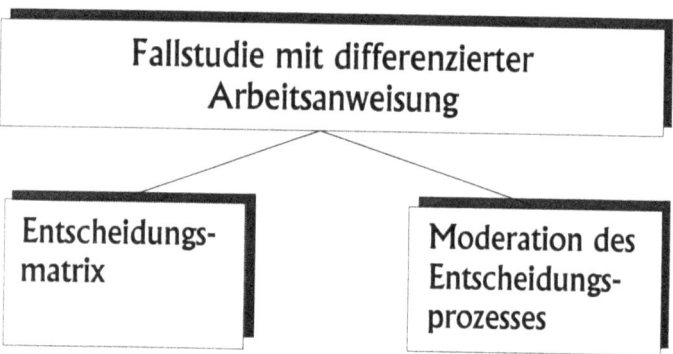

Abb. 1: Fallstudienarbeit unter zwei Kooperationsbedingungen

Für die Gestaltung entsprechender Lernprozesse wird in Richtlinien, Lehrplänen und nicht selten auch im Unterricht häufig von dem 'Idealbild einer effektiven Gruppe' ausgegangen. Die Forschungsergebnisse zur Effektivität von Gruppen- bzw. Kleingruppenarbeit sind jedoch keineswegs eindeutig. Möglichen Vorteilen stehen eine Reihe von Nachteilen gegenüber (vgl. *Sader* 1996). Nicht alle Schüler profitieren gleichermaßen von kooperativen Lernprozessen (vgl. *Huber* 1995, *Renkl & Mandl* 1995). Im Forschungsvorhaben wird letztlich der Frage nachgegangen, inwiefern eine komplexe Lernumgebung ein erhöhtes Ausmaß an Anleitung und Unterstützung von Lernenden im Rahmen von Kleingruppenarbeit erforderlich macht.

Die Untersuchung wird auf der Basis der folgenden Annahme durchgeführt: Im Rahmen der Fallstudienarbeit kann die Effektivität der Entscheidungsfindung in einer Schülerkleingruppe auf der Basis der Interaktionsprozesse, d. h. der Qualität der Argumentation ermittelt werden. Für die Durchführung der Untersuchung wird von folgenden Thesen ausgegangen:

(1) Die Unterstützung der Fallstudienarbeit durch eine Entscheidungsmatrix fördert eine effektive Entscheidungsfindung.

(2) Die Unterstützung der Fallstudienarbeit durch eine Moderation des Diskussionsprozesses erhöht – im Vergleich zur Matrix – die Effektivität der Entscheidungsfindung.

(3) Die Moderation der Fallstudienarbeit führt – im Vergleich zur Matrix – dazu, daß ein umfangreicheres Wissen vermittelt wird.

2 Defizite der Problembewältigung in Kleingruppen

Für die Durchführung einer Fallstudie bildet ein konkreter und komplexer Fall, der mehrere Lösungsmöglichkeiten zuläßt, den Ausgangspunkt des Lernens (vgl. *Kaiser & Kaminski* 1997, 126 ff.). Die Zielsetzung der Fallstudie, die Entscheidungs- und Argumentationsfähigkeit der Lernenden zu fördern, legt es nahe, den Lernprozeß in Form von Kleingruppenarbeit zu gestalten.

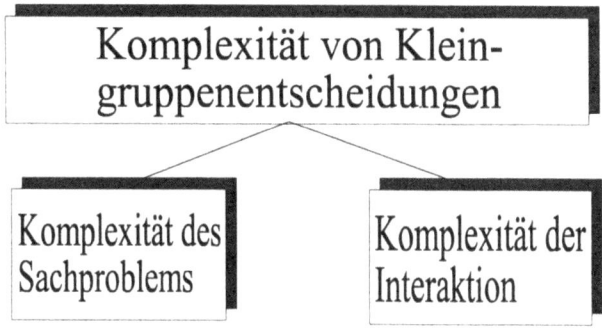

Abb. 2: Komplexität von Kleingruppenentscheidungen

Wird die Fallstudienarbeit in Gruppen durchgeführt, so kommt es zu einem Zusammenwirken von individuellen bzw. kognitiven und von sozialen Prozessen, d. h. der Begriff der Komplexität ist in zwei Richtungen anzuwenden (vgl. *Badke-Schaub* 1994, 52 f.):
- Komplexität des *Sachproblems*, d. h. des Falles bzw. der Problemstellung
- Komplexität der *sozialen Interaktion und der Kommunikation*, d. h. der Diskussion des Falles in der Gruppe und der Argumentation der Gruppenmitglieder

In den Kleingruppen sind für die Fallbewältigung neben der Komplexität des Sachproblems zusätzlich die Anforderungen zu berücksichtigen, die sich durch die Gruppensituation ergeben.

Erfolgreiche Gespräche zur Bewältigung eines Problems sind im Unterschied zu Alltagsgesprächen durch folgende Elemente gekennzeichnet (vgl. *Kai*ser& *Kaminski* 1997, 117):
- Sie haben einen festgelegten Anfang.
- Sie haben eine innere Zielgerichtetheit.
- Sie haben ein festgelegtes Ende.

Für die Durchführung ‚erfolgreicher' Gespräche sind, um die jeweilige Zielsetzung zu erreichen, Fähigkeiten zur Gesprächsführung und Lenkung der Kommunikation unerläßlich. Erfolgreiche Gespräche in Kleingruppen sind dadurch gekennzeichnet, daß sie zielgerichtet und effektiv im Sinne der Aufgabenbewältigung verlaufen und in ihnen ineffektive Interaktionssequenzen – im Sinne von Gesprächsdefiziten – so weit wie möglich vermieden werden.

Die Bewältigung eines komplexen Problems, das in einer Kleingruppe zu bearbeiten ist, ist dadurch gekennzeichnet, daß zunächst über die Art und Weise der ‚Lösung' des Problems und des hierfür erforderlichen Vorgehens in der Gruppe Uneinigkeit besteht. Es existieren unterschiedliche Meinungen zum Fall und kontroverse Standpunkte zwischen den Gruppenmitgliedern. Im Kommunikationsprozeß werden, im Hinblick auf das gemeinsame Interesse der Gruppenmitglieder, das Problem zu bewältigen, unterschiedliche Meinungen und Ansichten ausgetauscht, d. h. etwas, das strittig ist, wird in der Diskussion mit Hilfe des Austausches von Argumenten geklärt (vgl. *Herbig* 1992, 332 ff., *Slembeck* 1992, 344 ff.).

Im Rahmen schulischer Lernprozesse können in Gesprächen, wenn Wissen zur Bewältigung einer komplexen Problemstellung angewendet werden soll, folgende Defizitbereiche auftreten (vgl. *Mandl* u. a. 1992, 485 ff.):
- *Probleme der Nutzung eigenen deklarativen Wissens*: Für das Lösen eines komplexen Problems wird teilweise auf eigenes vorhandenes deklaratives Wissen nur ungenügend zurückgegriffen, wenn das erforderliche Wissen nicht hinreichend auf die Anwendungsbedingungen hin ausgerichtet ist.
- *Probleme der Nutzung externer 'Werkzeuge'*: Auf externes Wissen, das in Form von Informationsmaterial zur Verfügung steht, wird in der Regel kaum zurückgegriffen. Als Folge wird vorhandenes, aber nicht genutztes Wissen nicht aktiviert.
- *Probleme der Anwendung fehlerhafte Konzepte*: Insbesondere von 'schlechten' Problemlösern werden fehlerhafte Annahmen und Gesichtspunkte zumeist nur unzureichend korrigiert.
- *Probleme der Durchführung der Interaktion*: Teilweise findet keine problembezogene, argumentative Auseinandersetzung statt; Vorschläge des Partners werden unkritisch und passiv übernommen. Aufgrund der fehlenden argumentativen Auseinandersetzung wird ein besseres Verstehen des Problems erschwert.

Die Überwindung dieser Defizitbereiche im Rahmen der Fallstudienarbeit wurde als erkenntnisleitend für die Entwicklung von Arbeitsanweisungen für die Fallbearbeitung angesehen.

3 Theoretische Grundlagen für die Durchführung der Moderation in Kleingruppen

Die Nutzung möglicher Vorteile von Gruppen für die Bewältigung einer komplexen Problemstellung ist keine einfach zu lösende Aufgabe; beispielsweise besteht ein Nachteil von Gruppenentscheidungen gegenüber Individualentscheidungen darin, daß Gruppenprozesse in der Regel recht zeitaufwendig sind. Die Gruppenmitglieder müssen sich – insbesondere bei neu zusammengesetzten Gruppen – erst 'aufeinander einspielen' und Formen der Zusammenarbeit entwickeln. Insbesondere erfordern Entscheidungsprozesse, in denen sich die Mitglieder auf eine Entscheidungsalternative als Entscheidungsfindung einigen müssen, zum Teil langwierige Diskussionsprozesse, d. h. es ist ein entsprechender Koordinationsaufwand während der Gruppendiskussion notwendig (vgl. *Gräsel* u. a. 1997).

Mit der Moderation von Interaktionsprozessen in Gruppen wird im Unterschied zu unorganisierten Gesprächen die Zielsetzung verfolgt, Gespräche zielgerichtet und effektiv für die Bewältigung der gestellten Aufgabe zu gestalten, in einer moderierten Diskussion schneller klare Ergebnisse zu formulieren, Teilnehmer aktiv in den Gruppenprozeß einzubeziehen und weitgehend alle Meinungen zu berücksichtigen, um sie zu einer gemeinsamen Problemlösung zusammenzuführen. Kernpunkt der Methode ist die *Haltung des Moderators* zu den Mitgliedern einer Gruppe. Grundlegend kann die Haltung des Moderators durch *Fading* und *Scaffolding* gekennzeichnet werden. „Unter Scaffolding wird der Prozeß (die Hilfestellung) einer Lehrkraft verstanden, durch den die Lernenden befähigt werden, ein Problem zu lösen, eine Aufgabe auszuführen oder ein Ziel zu erreichen, was ohne die gezielte Hilfe einer Lehrkraft für sie nicht möglich wäre. (...) Scaffolding ist die Unterstützung, die Lehrkräfte (und Mitschülerinnen und Mitschüler) vermitteln, um eine Brücke zwischen dem vorhandenen Wissen und neuen Lernzielen zu schlagen." (*Dubs* 1995, 138) Mit Fading wird der Verhaltensprozeß gekennzeichnet, daß ein Lehrender sich immer stärker mit Hinweisen und Impulsen zurückhält, je größer der Kenntnis- und Erfahrungsstand der Lernenden für die Gestaltung und Durchführung von Lernprozessen wird.

Mit der Funktion der Moderation einer Kleingruppe ist keine formale Führung der Gruppe durch einen Schüler verbunden. Die Position eines Schülers als Moderator wird in einer Gruppe von Gleichaltrigen dadurch bestimmt, daß der Schüler die Bereitschaft mitbringt, den Gruppenprozeß für seine Mitschüler zu organisieren und er in dieser Funktion von der Gruppe akzeptiert wird. Dieses kann beispielsweise durch ein demokratisches Wahlverfahren des Moderators ermöglicht werden. Allerdings beinhalten die Aktivitäten eines Moderators derivate Führungsfunktionen für die Koordination der Kommunikation in einer Gruppe.

Ein Schüler als Moderator übernimmt in einer Kleingruppe als *primus inter pares* Lokomotions- und Motivationsfunktionen. Lokomotionsfunktionen beinhalten Lenkungsaktivitäten im Hinblick auf die Inhaltsebene (vgl. *Hoff* 1986, 54 ff.). Dem Ablauf einer Diskussion folgend sind dies die folgenden Aufgaben:

- Der Moderator stellt zunächst einen möglichen Zeitplan für den Ablauf der Diskussion und die gemeinsame Behandlung der Thematik vor oder erarbeitet diesen mit der Gruppe. Der Zeitplan orientiert sich an den Lösungsfortschritten bei der Problembearbeitung und ist ggf. laufend zu aktualisieren.
- Der Moderator regt durch Statement und Fragen zu einer aufgabenbezogenen Diskussion an, wobei er selbst hinsichtlich der Beurteilung der Redebeiträge eine weitgehend neutrale Position einnimmt. Während der Diskussion hat er insbesondere auf eine angemessene Beachtung von Minderheitenmeinungen zu achten.
- Zur Strukturierung der Diskussion sollte der Moderator von Zeit zu Zeit Zusammenfassungen durchführen, Denkfortschritte deutlich machen und Konsequenzen aufzeigen. Dies ist insbesondere dann bedeutsam, wenn die Diskussion sich im Kreis dreht, die Gruppenmitglieder aneinander vorbei reden oder von der Problemstellung abschweifen.
- Der Moderator protokolliert den Diskussionsverlauf und faßt das Ergebnis am Ende der Sitzung zusammen. Dabei achtet er auf Übereinstimmungen, unterschiedliche Auffassungen und offene Fragen. Zur Meinungsbildung und Entscheidungsfindung initiiert er im Bedarfsfall eine entsprechende Abstimmung.

Motivationsfunktionen beinhalten Lenkungsaktivitäten auf der sozio-emotionalen Ebene der Gruppendiskussion. Der Moderator übernimmt Aktivitäten, die dem Zusammenhalt und der gegenseitigen Rücksichtnahme während der gemeinsamen Aufgabenerfüllung dienen:

- Der Moderator achtet auf eine ausgewogene Beteiligung aller Gruppenmitglieder am Gespräch und bemüht sich insbesondere um eine angemessene Integration statusniedriger Gruppenmitglieder.
- Während der Diskussion bemüht er sich um ein gutes Gruppenklima, indem er Gemeinsamkeiten herausstellt, Konflikte produktiv bewältigt oder durch Kompromißvorschläge zu entschärfen versucht.
- Der Moderator sollte vermeiden, daß in der Gruppe Kampfabstimmungen stattfinden, die unvereinbare Positionen aufbauen und emotionale

Spannungen erzeugen. Dazu gehört der Schutz einzelner Gruppenmitglieder vor persönlichen Angriffen und die Gewährleistung eines sachlichen und fairen Diskussionsverhaltens aller Gruppenmitglieder.

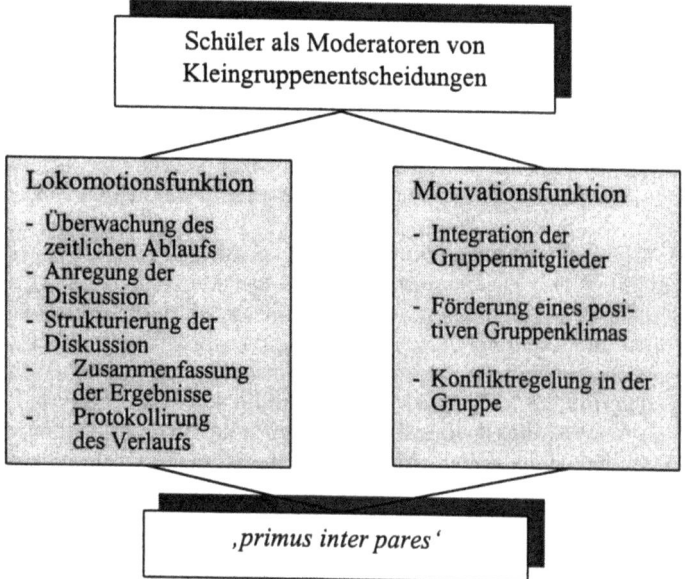

Abb. 3: Schüler als Moderatoren von Kleingruppenentscheidungen

Allerdings kann der Moderator diese Aufgaben nicht ohne die entsprechende Mithilfe der Gruppe bewerkstelligen. Die Gruppenmitglieder müssen eine positive Einstellung zur Gruppenarbeit sowie zur Person und zur Funktion des Moderators mitbringen.

Für die Gestaltung der Lernumgebung der Fallstudienarbeit wird von folgendem idealtypischen Ablaufschema sozialer Problemlöseprozesse ausgegangen, in dem Ansätze zur Beschreibung individuellen Problemlösens um die beiden Schritte 'gemeinsame Planung der Vorgehensweise' und 'Steuerung des Interaktionsprozesses' erweitert worden sind (vgl. *Brauchlin & Heene* 1995):

(1) Analyse der Entscheidungssituation: Ziel ist es, im Rahmen einer Problem-, Situations- und Zielanalyse die Problem- und Entscheidungssituation zu erfassen.

(2) Planen der gemeinsamen Vorgehensweise: Ziel ist es, eine Vorgehensweise festzulegen, wie der Fall in der Gruppe in einem bestimmten Zeitrahmen bearbeitet werden soll.

(3) Analyse und Diskussion der erforderlichen Informationen: Ziel ist es, die für die Entscheidungsfindung erforderlichen Informationen zu analysieren und zu bewerten.
(4) Entwicklung von Lösungsmöglichkeiten: Ziel ist es, zunächst möglichst viele und unterschiedliche Lösungsmöglichkeiten des Falles zu überlegen.
(5) Diskussion von Entscheidungsalternativen: Ziel ist es, ausgewählte Lösungsmöglichkeiten hinsichtlich ihrer Vorteile, Nachteile und Konsequenzen für die Fallbewältigung systematisch zu diskutieren.
(6) Treffen der Entscheidung: Ziel ist es, eine Alternative auszuwählen, indem systematisch die vorher diskutierten Alternativen zu diesem Zweck verglichen werden.
(7) Bewertung der Entscheidung: Ziel ist es, die getroffene Entscheidung hinsichtlich ihrer Problemlösungsgüte zu bewerten.
(8) Interaktionsprozeßlenkung: Ziel ist es, die Arbeit und Diskussion in der Gruppe zielorientiert in Gang zu halten und Prozeßverluste, d. h. beispielsweise inhaltliche Abschweifungen von der gestellten Aufgabe oder Konflikte zwischen den Gruppenmitgliedern zu verringern.

Die einzelnen Schritte bedingen sich gegenseitig und können wiederholt durchlaufen werden. Die Lenkungsfunktion liegt 'quer' zur Vorgehensweise. Diese Lernumgebung im engeren Sinne strukturiert den Lernprozeß im Rahmen der Fallstudienarbeit. Sie ist eine Lernumgebung im weiteren Sinne eingebunden, die durch die Schule als gesellschaftliche Institution geprägt ist.

4 Erste Befunde

Das Forschungsprojekt befindet sich derzeit mitten in der Auswertung der Ergebnisse. Es liegen lediglich erste Befunde vor, die einen Einblick geben, inwiefern es den Auszubildenden gelungen ist, die Fallstudienarbeit unter Anleitung eines Moderators in der Kleingruppe zu realisieren. Gegenwärtig ist der Interaktionsprozeß eine Gruppe kodiert und begonnen worden, die Kodierungen auszuwerten. Deshalb liegen bisher nur einige wenige und noch nicht ausreichend abgesicherte Ergebnisse vor.

Die Diskussion hat insgesamt eine Stunde und 19 Sekunden gedauert, d. h. die zeitliche Vorgabe von 60 Minuten für die Kleingruppenentscheidung wurde eingehalten und für die Diskussion des Falles vollständig benötigt. In der Kleingruppendiskussion fanden 816 Interakte statt, von denen 714 zielgerichtet auf den Fall und die Aufgabenstellung bezogen waren. Als Interakt wurde jeweils ein Redebeitrag eines Gruppenmitglieds während der Diskussion bewertet. Es wurden neun Lösungsvorschläge entwickelt, neun Entscheidungsalternativen diskutiert und die Entscheidung getroffen, den Bereich der Verbraucherinformationen zu intensivieren und die Kapazitäten der vorhandenen Mülldeponie zunächst weiter zu nutzen (vgl. *Kaiser u. a.* 1995).

Nach der Sichtung der Videoaufzeichnungen und auf der Basis des gegenwärtigen Stands der Auswertungen gehen wir von folgenden Arbeitshypothesen für die Durchführung der Auswertung aus: Die Anwesenheit eines Moderators in einer Kleingruppe führt
- zu einem systematischeren Ablauf des Diskussionsprozesses.
- zu einem disziplinierteren Diskussionsverhalten der Gruppenmitglieder.
- zu einer inhaltlich breiteren und tieferen Reflexion der Entscheidungsalternativen.
- zu einer kontroverser ermittelten Entscheidungsfindung.

Die Bedeutung des Moderators für einen systematisch durchgeführten Entscheidungsprozeß hat ein Schüler wie folgt zusammengefaßt: *Ich fand die Hilfe des Moderators aufgrund der gestellten Aufgabe (Zeitrahmen/Diskussionsführung) sehr hilfreich, da die Einhaltung von Zeiten oder die strenge Abhandlung des Themas sonst schwer möglich gewesen wäre.* Ein anderer Schüler fand es gut, daß *der Moderator die Diskussion innerhalb der Gruppe gelenkt hat, außerdem hat er aufgepaßt, daß wir nicht vom Thema abweichen und zu einer Entscheidung kommen.*

Die erste systematische Auswertung der Ergebnisse zeigt, daß die Diskussion mit 33,2 Prozent der zielgerichteten Interakte einen großen Anteil von Diskussionsbeiträgen auf der Beziehungsebene beinhaltet, wobei die Zustimmung (Z) zu Inhalten mit 20,5 Prozent und die Äußerung (A) angenehmer Gefühle mit 8,5 Prozent deutlich gegenüber den anderen Kategorien überwiegen. Lenkungsinterakte haben mit von 21 Prozent ebenfalls einen großen Anteil am Diskussionsverlauf. Die Inhaltsinterakte stellen mit 45,5 Prozent der zielgerichteten Interakte zwar den größten Bereich in der Diskussion dar. Allerdings sind demgegenüber 54,5 Prozent der Interakte in der gesamten Diskussion nicht inhaltlicher Art, d. h. die Gruppe hat insgesamt den größeren Anteil der Diskussion für Lenkungs- und Beziehungsaktivitäten verwendet.

Die Gruppenmitglieder überlassen dem Moderator in deutlichem Umfang die Lenkung der Diskussion. Der Moderator unterstützt seine Lenkungsaktivitäten durch eine entsprechende Beziehungsarbeit und sucht in dieser Hinsicht die Unterstützung der Gruppenmitglieder; wobei die Gruppe ihm insgesamt diese Aufgabe durch ein positives Gruppenklima erleichtert. In inhaltlicher Hinsicht bemüht sich der Moderator um die Klärung von Sachfragen und hält sich mit Bewertungen weitgehend zurück.

Das Interaktionsverhalten des Modertors (M) unterscheidet sich – hinsichtlich der Funktion der Interakte für den Entscheidungsprozeß – vom

Gruppendurchschnitt wie folgt. Die Angaben zu den Interakten sind auf die gesamten zielgerichteten Interakte bezogen und erfolgen in absoluten und prozentualen Werten.

	Inhalt		Lenkung		Beziehug		Rest	
	abs.	%	abs.	%	abs.	%	abs.	%
Gruppe	324	45,5	150	21	237	33,2	2	0,3
Moderator	67	9,4	71	9,9	66	9,2	0	
Durchschnitt	64,5	9	19,75	2,8	42,75	6	0,5	
Differenz		+0,4		+7,1		+3,2		

Tab. 1: Vergleich aller zielgerichteten Interakte: Modeartor und Gruppendurchschnitt (714 Interakte = 100 %)

Wird die Anzahl der Interakte auf der Inhalts-, der Lenkungs- und der Beziehungsebene jeweils als 100 Prozent gesetzt, so werden die Unterschiede deutlicher.

	Inhalt		Lenkung		Beziehung		Rest	
	abs.	%	abs.	%	abs.	%	abs.	%
Gruppe	324	100	150	100	237	100	2	100
Moderator	67	20,7	71	47,3	66	27,9	0	
Durchschnitt	64,5	19,9	19,75	13,2	42,75	18	0,5	
Differenz		+0,8		+34,1		+9,9		

Tab. 2: Vergleich aller zielgerichteten Interakte auf Inhalts-, Lenkungs- und Beziehungsebene: Moderator und Gruppendurchschnitt

Im Vergleich des Interaktionsverhaltens des Moderator mit dem durchschnittlichen Interaktionsverhalten der übrigen vier Gruppenmitglieder zeigen sich folgende Unterschiede. Auf der Lenkungsebene tätigt der Moderator 7,1 bzw. 34,1 Prozent mehr Interakte als die Mitglieder der Gruppe im Durchschnitt und liegt mit diesem Anteil deutlich über dem Gruppendurchschnitt. Auf der Beziehungsebene liegen die Aktivitäten des Moderators ebenfalls mit 3,2 bzw. 9,9 Prozent über dem Gruppendurchschnitt, auch wenn der Unterschied nicht so ausgeprägt ist wie auf der Lenkungsebene. In inhaltlicher Hinsicht besteht hinsichtlich der Beteiligung kein großer Unterschied zwischen Moderator und den Gruppenmitgliedern im Durchschnitt.

Der Moderator konzentriert gemäß seiner Moderationsanweisung seine Aktivitäten auf die Lenkung der Diskussion. Dies hohe Ausmaß an Lenkungsaktivitäten scheint erforderlich zu sein, um den Ablauf des Entscheidungsprozesses zu organisieren, damit die relativ große Anzahl von neun Entscheidungsalternativen diskutiert und anschließend noch die Entscheidungsfindung durchgeführt werden kann. Neben seinen Lenkungsaktivitäten arbeitet der Moderator stark im Beziehungsbereich, indem er die Gruppenteilnehmer positiv in ihrem inhaltlichen und ihrem gefühlsmäßigen Bereich bestätigt und unterstützt. Auf diese Weise kann in der Gruppe ein hohes Maß an Konsens hinsichtlich der Beurteilung der Entscheidungsalternativen und der Entscheidungsfindung erreicht werden. In inhaltlicher Hinsicht unterscheidet sich der Moderator hinsichtlich der Häufigkeit seiner Diskussionsbeiträge kaum von den übrigen Gruppenmitgliedern im Durchschnitt. Allerdings muß die weitere Auswertung der Ergebnisse noch zeigen, inwiefern die Arbeitshypothesen und die ersten vorläufigen Befunde zu halten und gegebenenfalls zu modifizieren sind.

Literatur

Ardelt-Gattinger, E.; Lechner, H.; Schlögel, W. (Hg.) (1998): Gruppendynamik. Anspruch und Wirklichkeit der Arbeit in Gruppen, Göttingen

Badke-Schaub (1994): Gruppen und komplexe Probleme, Frankfurt/Berlin/Bern/New York/Paris/Wien

Brauchlin, E.; Heene, R. (1995): Problemlösungs- und Entscheidungsmethodik, 4. Aufl. Bern; Stuttgart

Dubs, R. (1995): Lehrerverhalten. Ein Beitrag zur Interaktion von Lehrenden und Lernenden im Unterricht, Zürich

Gräsel, C.; Fischer, F.; Bruhn, J.; Mandl, H. (1997): „Ich sag Dir was, was Du schon weißt". Eine Pilotstudie zum Diskurs beim kooperativen Lernen in Computernetzen (Forschungsbericht Nr. 82), München

Herbig, A.F. (1992): Argumentieren. Zur Theorie und Didaktik argumentativen Handelns, in: Jahrbuch Deutsch als Fremdsprache, H. 18, S. 329 ff.

Hoff, H. (1986): Die Gestaltung von Entscheidungsprozessen in betrieblichen Gremien, Frankfurt et. al.

Huber, G.L. (1995): Lernprozesse in Kleingruppen: Wie kooperieren die Lerner?, in: Unterrichtswissenschaft, H. 4, S. 316 ff.

Kaiser, F.-J.; Kaminski, H. (1997): Methodik des Ökonomie-Unterrichts (unter Mitarbeit von V. Brettschneider u. M. Hübner). Grundlagen eines handlungsorientierten Lernkonzepts mit Beispielen, 2. Aufl. Bad Heilbrunn

Kaiser, F.-J.; Siggemeier, M.; Brettschneider, V.; Flottmann, H.; Schröder, R. (1995): Umweltbildung an kaufmännischen Schulen. Theoretische Grundlagen, Probleme und Realisierungsmöglichkeiten, Bad Heilbrunn

Mandl, H.; Gruber, H.; Renkl, A. (1992): Prozesse der Wissensanwendung beim komplexen Problem-Lösen in einer kooperativen Situation, in: F. Achtenhagen/E.G. John (Hg.): Mehrdimensionale Lehr-Lern-Arrangements, Wiesbaden, S. 478 ff.

Reetz, L. (1996): Wissen und Handeln. – Zur Bedeutung konstruktivistischer Lernbedingungen in der kaufmännischen Berufsausbildung, in: Beck, K.; Müller, W.; Deißinger, T.; Zimmermann, M. (Hg.): Berufserziehung im Umbruch. Didaktische Herausforderungen und Ansätze zu ihrer Bewältigung, Weinheim, S. 173-188

Renkl, A.; Mandl, H. (1995): Kooperatives Lernen: Die Frage nach dem Notwendigen und dem Ersetzbaren, i: Unterrichtswissenschaft, H. 4, S. 202 ff.

Sader, M. (1996): Psychologie der Gruppe, 5. Aufl. Weinheim-München

Scharpf, U.; Fisch, R. (1989): Das Schicksal von Vorschlägen in Beratungs- und Entscheidungssitzungen, in: Gruppendynamik, H. 3, S. 283-296

Slembeck, E. (1992): Argumentieren lernen, in: Jahrbuch Deutsch als Fremdsprache, H. 18, S. 342 ff.

Stark, R.; Graf, M.; Renkl, A.; Gruber, H.; Mandl, H. (1995): Förderung von Handlungskompetenz durchgeleitetes Problemlösen und multiple Lernkontexte, in: Zeitschrift für Entwicklungspsychologie und Pädagogische Psychologie, H. 4, S. 289 ff.

Wirkungsuntersuchung zu einem handlungsorientierten Unterricht anhand der Analyse einer Handlungsaufgabe

Alfred Riedl

Die gegenwärtige Situation des Umbruchs und der Neuorientierung des dualen Bildungsgefüges betrifft insbesondere auch die Berufsschule. Sie ist mehr den je gefordert, bei ihren Schülern eine umfassende berufliche Handlungskompetenz zur Bewältigung veränderter beruflicher Anforderungen zu fördern. Handlungsorientierter Unterricht scheint hierzu ein geeigneter Weg zu sein. Die vielseitigen Zielsetzungen und Versprechungen, mit denen handlungsorientierte didaktische Konzepte bestückt sind, bedürfen zu ihrer Legitimation jedoch tiefergehender Untersuchungen. Um hierzu einen Beitrag zu leisten, wird in einer Evaluationsstudie ein handlungsorientiertes Unterrichtsvorhaben präzise dokumentiert, detailliert untersucht und einer Wirkungsanalyse unterzogen. Der vorliegende Beitrag stellt diese Wirkungsanalyse vor. Zwölf Schülergruppen bearbeiten in diesem Untersuchungsteil nach einem handlungsorientierten Unterricht eine berufsnahe Handlungsaufgabe. Erkenntnisse ergeben sich hinsichtlich ihres Lösungsvorgehens anhand gezeigter Kompetenzen oder offenkundig gewordener Defizite, aus denen sich Rückschlüsse auf die Lernwirksamkeit des vorausgehenden Unterrichts ziehen lassen.

1 Gesamtrahmen der Untersuchung und Forschungsanliegen

Die hier vorgestellte Untersuchung steht im Gesamtkontext des Modellversuchs ‚Fächerübergreifender Unterricht in der Berufsschule' (FügrU), der von 1991 bis 1995 in Bayern lief. Ein Abschlußbericht (Heimerer, Schelten, Schießl 1996) stellt detailliert Einzelheiten zu diesem Modellversuch vor. Der Lehrstuhl für Pädagogik der Technischen Universität München betreute und untersuchte intensiv vier Unterrichtskonzeptionen an unterschiedlichen gewerblich-technischen Berufsschulen in enger Kooperation mit den unterrichtenden Lehrern.

Eine Forschungsarbeit als Teil dieser wissenschaftlichen Begleitung sucht nach Einblicken in ein fächerübergreifendes und handlungsorientiertes

Unterrichtskonzept. Beschrieben und analysiert wird der inhaltliche und prozessuale Ablauf sowie die Lernwirksamkeit dieses Unterrichts. Hierzu beobachtet ein Forschungsschwerpunkt videounterstützt durchgängig die Lernarbeit einer Schülergruppe in diesem Unterricht in einer Fallstudie. Die exakte Verlaufsbeschreibung des Unterrichts ist dabei bereits ein erstes eigenständiges Untersuchungsergebnis. Eine inhalts- und eine ablaufbezogene Lernprozeßanalyse führen zu weiteren Ergebnisteilen.

In einem zweiten, hier näher beschriebenen Forschungsschwerpunkt dieser Forschungsarbeit bearbeiten Schülergruppen, die das beobachtete Unterrichtskonzept vorher durchlaufen haben, eine berufsnahe Handlungsaufgabe. Die Aufgabenstellung lehnt sich an den beobachteten Unterricht an und ist im Hinblick auf eine mögliche Berufsrelevanz konstruiert. Im Mittelpunkt dieses Untersuchungsteils steht das Lösungsvorgehen der Schüler, wie sie eine unterrichts- und berufsnahe Handlungsaufgabe lösen, welche Wege sie beschreiten und inwieweit sie dabei fachgerecht vorgehen. Die videounterstützt beobachtete Aufgabenbearbeitung wird hierzu ebenfalls auf einer inhaltlichen und prozessualen Ebene beschrieben und von Experten analysiert.

Die Erkenntnisbereiche der beiden Forschungsschwerpunkte werden im Rahmen der gesamten Untersuchung nach einer individuellen Beurteilung miteinander verknüpft und in einer Gesamtbeurteilung zusammengeführt. Anlehnungen der Schüler bei der Aufgabenbearbeitung an den vorher durchlaufenen Unterricht werden herausgefiltert um mögliche Zusammenhänge zwischen Lernstrecken des Unterrichts, der Anwendung und Übertragung darin gelernter Elemente oder Wissensdefizite bei der Bearbeitung der Handlungsaufgabe zu analysieren.

2 Die begleitete Unterrichtskonzeption

Untersuchungsgegenstand ist ein Steuerungstechnikunterricht zur Elektropneumatik aus dem Berufsfeld Metalltechnik an der Staatlichen Berufsschule Weilheim. Ziel dieses Unterrichts ist, Industriemechanikern im dritten Ausbildungsjahr Aufbau, Logik und Funktion elektropneumatischer Schaltungen nahezubringen. Der beobachtete Unterricht lief über ein Schulhalbjahr in einer Hälfte einer geteilten Klasse mit zwei Unterrichtsstunden pro Schulwoche mit insgesamt 38 Unterrichtsstunden. Der Unterricht wurde von einem Lehrer konzipiert und durchgeführt. Das Unterrichtsvorhaben fand in einem integrierten Fachunterrichtsraum statt, der über fünf komplett ausgestattete Elektropneumatik-Arbeitsplätze einschließlich PC verfügt. Die Unterrichtssteuerung übernehmen zu wesentlichen Teilen Leittexte. Der Lehrer tritt weitgehend in den Hintergrund, um ein eigenständiges Arbeiten der Schüler zu fördern. Diese arbeiten in leistungshomogenen Gruppen zwischen zwei und vier Schülern zusammen.

Der beobachtete Steuerungstechnikunterricht, der sich über mehrere Jahre entwickelt hat, repräsentiert ein hohes Qualitätsniveau. Ihn charakterisieren wesentliche Elemente eines handlungsorientierten Unterrichts. Die Schüler lernen in ausgeprägter Eigenaktivität an problemhaltigen Aufgabenstellungen, die sowohl ihren Vorkenntnissen als auch ihrer Leistungsfähigkeit entsprechen. Ein hohes Maß an innerer Differenzierung fördert das Lernen in diesem Unterricht. Die im fächerübergreifenden und handlungsorientierten Unterricht neue, veränderte Lehrerrolle, die ein Zurücknehmen der eigenen Persönlichkeit zugunsten einer Beraterrolle im Unterricht erfordert, ist in der Person des hier unterrichtenden Lehrers verwirklicht. Das Lernen erfolgt weitgehend in vollständigen Handlungen. Über die Lösung von berufsnahen, komplexen Aufgabenstellungen wird Theorie erarbeitet. Aufgrund der zeitlich langfristigen Unterrichtskonzeption besitzt dieser Unterricht eine besonders hohe Kontinuität. Da der Unterricht keine nennenswerten Anteile an Frontalunterricht enthält, wird eigenständiges Arbeiten für die Schüler selbstverständlich.

3 Datengewinnung

Für den Untersuchungsschwerpunkt ‚Handlungsaufgabe' war eine konkrete Bearbeitungssituation mit einer Aufgabenstellung zu konstruieren, die der erste Teil dieses Abschnitts vorstellt. Anschließen werden die Erhebungssituation mit den verschiedenen, gewonnenen Datenarten skizziert.

3.1 Bearbeitungssituation und Aufgabenstellung

Zur Wirkungsanalyse des beobachteten Unterrichts im Hinblick auf seine Berufsrelevanz dient eine konstruierte Aufgabenstellung in einer weitgehend berufsspezifischen und handlungsrelevanten Arbeitssituation für den Beruf des Industriemechanikers im Aufgabengebiet der Elektropneumatik (siehe Übersicht 1). Die verwendete Biegevorrichtung in der Bauausführung mit Industriekomponenten gewährleistet einen präzisen und funktionstüchtigen Ablauf der Anlage. Die Komplexität dieser Aufgabe übersteigt den vorausgegangenen Unterricht. Um jedoch Aussagen zu den im Unterricht gelernten und von den Schülern zur Aufgabenlösung herangezogenen Unterrichtsinhalten treffen zu können, greift die Aufgabenstellung im Unterricht behandelte Problembereiche auf. Entsprechend den Lern- und Arbeitssituationen des Unterrichts erfolgte die Aufgabenbearbeitung in Partner- oder Gruppenarbeit. Für die Bearbeitung sind alle gewünschten und vorhandenen Hilfsmittel zugelassen. Die Aufgabenstellung bietet Spielräume innerhalb des Lösungsvorgehens. Als Bearbeitungszeit für die Aufgabenlösung sind maximal zwei Zeitstunden vorgesehen.

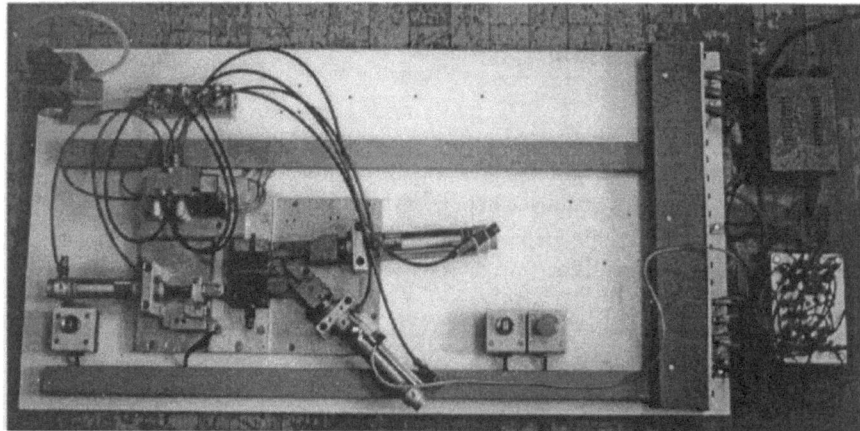

Übersicht 1: Biegevorrichtung in verkabeltem Zustand

Die Aufgabenstellung für die in Übersicht 1 abgebildete Biegevorrichtung gibt den Schülergruppen eine fehlerfreie, teilverkabelte Anlage vor. Der vorgegebene elektrische Schaltungsteil ist von den Schülern fertigzustellen. Der Pneumatikteil ist komplett angeschlossen. Diese Aufgabe verfolgt zum einen das Ziel, daß sich die Schüler in eine bereits vorhandene Schaltung eindenken, sie erfassen und analysieren müssen. Weiter sollen die Schüler in der Bearbeitungssituation ihre Fähigkeit nachweisen, Schaltungen selbst zu planen und aufzubauen.

3.2 Datenerhebung

Zur Untersuchung können zwölf Schülergruppen mit insgesamt 28 Schülern herangezogen werden. Um ein detailliertes Nachvollziehen und ein darauf basierendes Verstehen des Lösungsvorgehens der Schüler bei der Aufgabenbearbeitung zu ermöglichen, wird ein möglichst breiter Zugang zum Schülervorgehen bei der Bearbeitung der Handlungsaufgabe anhand unterschiedlicher Erhebungstechniken gesucht. Zentrales Instrument zur Datenfixierung sind Videoaufnahmen vom Vorgehen der Schüler. Übersicht 2 zeigt den gesamten Arbeitsbereich der Schülergruppen während der Erhebungssituation. Die Datenerhebung führen zwei Forscher durch. Einer von beiden bedient die Videokamera. Mit der gewählten Kameraposition lassen sich sowohl der gesamte Arbeitsbereich im Überblick, wie auch Teile davon durch Zoomen und Schwenken detailliert erfassen. So könnten z.B. die jeweiligen Zylinderbewegungen beim Anlagenablauf oder der PC-Bildschirm formatfüllend aufgenommen werden.

Übersicht 2: Arbeitsbereich der Schüler während der Handlungsaufgabe

Parallel zur Aufgabenbearbeitung fertigt der andere Forscher, der intensiv mit der Aufgabenstellung vertraut ist, ein handschriftliches Begleitprotokoll an. Sein Blick richtet sich dabei besonders auf wesentliche Schritte der Aufgabenbearbeitung durch die Schüler sowie Auffälligkeiten und Besonderheiten ihrer Vorgehensweise oder auf Fehler und mögliche Fehlerursachen. Der Beobachter versucht bei seiner Protokollierung die Schülervorgehensweise gedanklich unmittelbar nachzuvollziehen und so Lösungsschritte, Lösungsstrategien, verfolgte Ziele der Schüler oder Fehlerursachen bereits in der Erhebungssituation zu erkennen. Die hierzu im Protokoll festgehaltenen Anmerkungen erleichtern die spätere Video- und Datenanalyse erheblich. Weiter dient dieses Begleitprotokoll im nachfolgenden Fachgespräch als Leitfaden für die Gesprächsführung und die Fragen an die Schüler.

Für die Analyse und Auswertung der Schülervorgehensweise werden alle von ihnen angefertigten Unterlagen und Arbeitsergebnisse wie Handskizzen, gespeicherte Dateien, etc. herangezogen. Sie liefern für die Dokumentation der Schülervorgehensweise zusätzliche Informationen, z.B. über Lösungsansätze oder Fehler.

In einem der Aufgabenbearbeitung folgenden Fachgespräch als fokussiertes Interview werden die Schüler mit wesentlichen Bearbeitungsschritten ihrer Vorgehensweise konfrontiert. Das Fachgespräch findet mit allen Gruppen einzeln im Arbeitsbereich vor der Biegevorrichtung unmittelbar nach der Bearbeitung der Handlungsaufgabe statt und wird ebenfalls mit der Videokamera aufgezeichnet. Die Anmerkungen im handschriftlichen Bearbeitungsprotokoll des Interviewers dienen als Leitfaden. Die Schüler werden nach Erläuterungen und Begründungen sowie angestellten Überlegungen zur ihrer Vorgehensweise befragt.

4 Datenauswertung

Entlang der Videoaufnahmen, die den zentralen Datenstrang bilden, erfolgt die detaillierte und äußerst zeitaufwendige Verschriftung der Rohdaten in Wort- und Bearbeitungsprotokolle. Die so aufbereitete Datengrundlage führt für jede der beobachteten zwölf Gruppen zu drei Ergebnisbereichen. Zwei grafische Darstellungen des Bearbeitungsverlaufs unterschiedlicher Komplexität und Darstellungsart münden nach zwei Reduktionsschritten in die Expertenbeurteilung der Aufgabenbearbeitung. Quantifizierbare Ergebnisse zu allen zwölf beobachteten Gruppen werden anschließend zusammenfassend in einer Tabelle abgebildet.

Ergebnisteil: Inhaltlich-symbolische Bearbeitungsdarstellung

Die detaillierten Wort- und Bearbeitungsprotokolle stellen für nachfolgende Auswertungsschritte die zentrale Datengrundlage dar. Im Bedarfsfall kann jedoch stets auf alle vorhandenen Rohdaten zugegriffen werden. Ein erster Ergebnisteil bildet in einer inhaltlich-symbolischen Bearbeitungsdarstellung das Vorgehen der Schülergruppen ab. Die grafische Aufbereitung des Vorgehens kennzeichnet einzelne Bearbeitungsschritte und -phasen, zeigt Ergebnisse, Teilergebnisse und Probleme der Schülervorgehensweise auf, stellt die handelnden Personen getrennt in ihrem jeweiligen Arbeitsbereich dar, erfaßt Kommunikation und eingesetzte Hilfsmittel und läßt die Zusammenhänge und Bezüge des Schülervorgehens erkennbar werden.

Ergebnisteil: Erklärend-kommentierende Bearbeitungsdarstellung

Der nachfolgende Auswertungsschritt bildet im selben zeichnungstechnischen Rahmen wie die inhaltlich-symbolische Bearbeitungsdarstellung das Schülervorgehen in einer erklärend-kommentierenden Bearbeitungsdarstellung ab. Für jede in der inhaltlich-symbolischen Bearbeitungsdarstellung ausgewiesenen Arbeitsphase werden in inhaltlich gebündelten Umschreibungen die einzelnen Handlungssequenzen zusammengefaßt und in Textform beschrieben. Über die inhaltlich-symbolische Bearbeitungsdarstellung hinaus werden Ziele, Ursachen, Zusammenhänge und Erwartungen der agierenden Personen herausgehoben. Hierzu wird das Ergebnis des vorausgehenden Auswertungsschrittes in einem Reduktionsschritt aufbereitet. Differenzierte und vielfältige Detailangaben werden zu einer kommentierten Erläuterung des Vorgehens verdichtet.

Ergebnisteil: Expertenbeurteilung der Bearbeitung

Die vorausgehenden Auswertungsschritte zur grafischen Darstellung des Bearbeitungsverlaufs einer berufsnahen Handlungsaufgabe fließen weiter verdichtet in der Expertenbeurteilung des beobachteten Schülervorgehens zusammen. Diese verbale Beurteilung in Textform (Beispiel im nachfolgenden Abschnitt) richtet sich besonders auf ein fachlich und inhaltlich korrektes Lösungsvorgehen der Schüler mit seinen Stärken und Schwächen. Hierzu werden die Gruppen mit verschiedenen Analyseaspekten konfrontiert, die sich aus der Fragestellung der Untersuchung und den fachwissenschaftlichen Erfordernissen der Aufgabenstellung ableiten. Ein wesentlicher Maßstab für die Expertenbeurteilung ist die Qualität und somit der Expertisegrad des beobachteten Vorgehens. Dies wird durch die Reflexion der beobachteten Aufgabenbearbeitung an einem erwarteten, fachgerechten Vorgehen ermittelt.

An dieser Stelle kann leider nicht näher auf das detaillierte Auswertungsverfahren eingegangen werden (näher hierzu siehe Riedl 1998, S. 140ff.).

5 Ergebnisse

Beispiel der Expertenbeurteilung einer Schülergruppe

Beide Schüler lesen und erfassen die Aufgabenstellung an der Anlage. Dabei verschaffen sie sich einen differenzierten Überblick in dem sie die vorgegebene Anlage genau untersuchen. Im folgenden Arbeitsschwerpunkt planen die Schüler eine Lösung und skizzieren eine Schaltung, die bis auf die Signalspeicherung für einen magnetischen Näherungsschalter B1 alle erforderlichen Lösungselemente enthält. Beide betrachten dies als korrekte Lösung und teilen sich zielstrebig die Aufgaben. A verkabelt die Schaltung an der Anlage. B zeichnet die Schaltung am PC. Erst nach Hinweis des Testleiters greift er hierzu auf die vorgegebene Datei zurück. Als beim Ausprobieren der Anlage Zylinder 2.0 alterniert, sind beide überrascht und sprechen über die fehlerhafte Funktion ihrer Schaltung. Hierbei stellen sie die korrekte Verkabelung anhand der erstellten Skizze fest und erkennen, daß demnach Zylinder 2.0 alternieren muß.

Nachfolgend wird ihnen längere Zeit die erforderliche Signalspeicherung für B1 nicht klar. A versucht, an der Anlage ohne weitere Planung durch verschiedene Schaltungsvarianten das Alternieren von Zylinder 2.0 zu beheben. B arbeitet mit der Simulation, um durch das Ausprobieren verschiedener Schaltungsvarianten ebenfalls das Alternieren von Zylinder 2.0 zu beheben. A kommt nach seinen längeren erfolglosen Bemühungen zu B hinzu. Beide wollen durch eine vorausgehende Planung und Simulation die Aufgabe lösen.

Obwohl A eine Selbsthalteschaltung anspricht, wird dieser Lösungsgedanke nicht weiter verfolgt. Stattdessen soll ein zweiter Näherungsschalter an Zylinder 3.0 das Problem beheben. B arbeitet weiter am PC. A versucht an der Anlage diesen Lösungsgedanken umzusetzen. Er erkennt nach ca. 75 Minuten, nachdem die Zylinder 2.0 und 3.0 alternieren, die notwendige Selbsthalteschaltung. Nach Rückfrage beim Testleiter planen sie die Signalspeicherung für den Näherungsschalter B1.

Beide Schüler sind jedoch nicht umgehend in der Lage, dieses Schaltungsmuster an der richtigen Position in ihre Schaltung zu integrieren. Sie probieren erneut an der Anlage und am PC verschiedene Schaltungsmöglichkeiten aus, die jedoch nicht zum Erfolg führen. Nach 110 Minuten entwikkeln sie in einer gemeinsamen Planung am PC die korrekte Schaltungslösung. Ein Fehlen des Löschens der Signalspeicherung wird umgehend erkannt und korrigiert. In wenigen Minuten kann die funktionsfähige Schaltungssimulation anhand des Schaltplans an der Anlage verkabelt werden.

Beide Schüler, die neben der Berufsschule auch in ihrem Ausbildungsbetrieb zur Elektropneumatik unterwiesen worden sind, stimmen sich beim Bearbeiten der Handlungsaufgabe sehr gut ab. Sie teilen sich untereinander die Arbeit am PC und an der Anlage auf. In ausführlichen Gesprächen verdeutlichen sie sich detailliert den jeweiligen Funktionsumfang ihrer jeweiligen Schaltungsausführung.

Ihr Vorgehen ist durch eine der praktischen Ausführung weitgehend vorausgehende Planung einzelner Arbeitsschritte gekennzeichnet. Die beiden Testpersonen A und B beschäftigten sich mit der Arbeitsaufgabe insgesamt 123 Minuten. Sie erreichen sowohl eine korrekte Simulation als auch die Verkabelung der Anlage.

Ergebniszusammenfassung für alle Gruppen im Überblick

- 10 von 12 Gruppen lösen die Aufgabe erfolgreich.

- Bei 11 Gruppen behindern Wissensdefizite den Schaltungsentwurf.

- Defizite liegen insbesondere zu Grundlagenwissen vor, weil ursächliche Zusammenhänge nicht erkannt oder falsch interpretiert werden.

- Die Gruppen zeigen weitgehend ausgeprägte Problemlösefähigkeit.

- Nur drei Gruppen planen praktische Ausführung fachlich korrekt vorher schriftlich.

- Den meisten Gruppen bereitet der Zusammenhang ihrer praktischer Anlagenausführung mit schriftlichen Planungsunterlagen Probleme.

Bei der Aufgabenlösung können viele der im Unterricht erworbenen Wissensbestandteile herangezogen werden. Jedoch nur eine Schülergruppe erreicht umgehend eine korrekte Lösung. Alle weiteren Gruppen haben mit einem zur Lösung erforderlichen, komplexen Schaltungsmuster Probleme. Die hierbei erkennbaren Wissensdefizite deuten auf Mängel im Grundlagenwissen zu diesem schwierigen, im vorausgehenden Unterricht behandelten Themenkomplex hin. Die erforderlichen, ursächlichen Zusammenhänge mit ihrem Wirkungsprinzipien sind nicht klar genug. Sie können daher in einer neuen, komplexeren Situation nicht umgesetzt werden. Einfachere Lösungsschritte werden jedoch von allen sicher bearbeitet.

Neben der umgehend erfolgreichen Gruppe lösen neun weitere Gruppen nach längerer Bearbeitung die Aufgabe. Eine weitere Gruppe kommt der Lösung nahe, nur eine Gruppe ist nicht in der Lage, sich einer erfolgreichen Lösung zu nähern. Hierbei zeigen die Schüler während der gesamten Bearbeitung eine ausgeprägte, auf den vorausgehenden handlungsorientierten Unterricht zurückführbare Problemlösefähigkeit. Das Bearbeitungsvorgehen der meisten Schülergruppen ist jedoch fachlich nicht korrekt, da nur drei der zwölf Gruppen ihre praktische Aufgabenbearbeitung durchgängig schriftlich planen. Bei dieser für eine professionelle Aufgabenlösung zwingend erforderlichen Schaltungsplanung bereitet ein Herstellen von Bezügen zwischen theoretischen Überlegungen und praktischer Ausführung Probleme. Abstriche ergeben sich auch bei der Dokumentation der verkabelten Schaltung, die von vielen Gruppen nicht in unmittelbarem Zusammenhang mit der praktischen Aufgabenbearbeitung gesehen wird. Nur bei der Hälfte der erfolgreichen Gruppen entspricht sie dem tatsächlichen Verkabelungszustand der Anlage.

6 Folgerungen für handlungsorientierten Unterricht

Aus dem vorausgehend skizzierten Ergebnisteil und weiteren Ergebnissen der zugrundeliegenden Forschungsarbeit (siehe Riedl 1998) ergeben sich folgende Erkenntnisse zu handlungsorientiertem Unterricht in gewerblich-technischen Berufsschulen:

Grundsätzliche Gefahr in einem im gewerblich-technischen Bereich oft leittextgesteuerten Unterricht ist eine vorwiegend finale Aufgabenbearbeitung, bei der die Schüler insbesondere die praktische Aufgabenlösung verfolgen. Dem muß durch die nachdrückliche Vermittlung theoretischer Lerninhalte begegnet werden. Dies kann in Lernsequenzen erfolgen, die Wirkprinzipien, Begründungszusammenhänge und Wissensgrundlagen des Handlungsziels theoretisch reflektieren und somit die Zielorientierung der Aufgabenstellungen gewährleisten. Ziel eines handlungsorientierten Unterrichts muß eine integrative Förderung aller Wissensarten sein, die über ein zielgerichtetes Funktionswissen hinaus auch Grundlagen- und Prinzipienwissen umfaßt.

Ein solcher Unterricht muß konsequent handlungssystematisch geplant werden und theoriehaltige praktische Handlungsvollzüge in vollständigen Handlungen ermöglichen. Der Sachlogik und dem Theoriegehalt dieses Handlungsgerüsts kommen daher eine besondere Bedeutung in einem solchen Unterricht zu. Erforderlich ist ein komplexer Lerngegenstand, dessen problemhaltige Aufgabenstellungen einen Planungsaufwand erforderlich machen. Bei der Lernarbeit muß ein professionelles Arbeiten sichergestellt werden, das sich am aktuellen Stand der beruflichen Technologie orientiert. Die dosierte Unterstützung der Lernenden durch die Lehrkraft wirkt besonders förderlich auf die Lernarbeit und beugen einer Orientierungslosigkeit und Überforderung der Lerner vor. Somit kommt diesen, das individuelle Lernen der Schüler begleitenden Maßnahmen eine hohe Bedeutung zu, da sich ein umfassender und zielgerichteter Wissenserwerb von deklarativem, domänenspezifischem Wissen als auch kognitive und metakognitive Fertigkeiten und Strategien durch stetige Rückmeldungen verbessern lassen.

Die Lernfortschritte in einem stark individualisierten Unterricht müssen für die Lernenden erkennbar gemacht werden. Fachgespräche bieten sich hierzu an. Eine Ergebnissicherung und Dokumentation der Lernarbeit, die von den Schüler weitgehend selbst gestaltet werden sollen, sind zwingend nötig. Die für kooperatives und kommunikatives Lernen erforderlichen Arbeitsgruppen müssen vorwiegend auf freiwilliger Basis gebildet werden. Leistungshomogene Gruppen sind für einen fachbezogenen Kenntniserwerb durch eine weitgehend gleichmäßige Beteiligung der Schüler an der Lernarbeit besonders förderlich. Kleine Gruppengrößen bis zu drei Schülern ermöglichen leichter die Aktivierung aller Lernenden. Leistungskontrollen müssen in integrativer Form dem ganzheitlichen Vorgehen im Unterricht entsprechen. Klassen mit größeren Schülerzahlen können meist nur durch zwei Lehrkräfte anforderungsgerecht betreut werden. Ihnen bieten sich entsprechend den spezifischen Anforderungen des Lerngebiets verschiedenste Kooperationsmöglichkeiten.

7 Ausblick

Veränderte berufliche Anforderungen einer modernen Arbeitswelt fordern von den Bildungspartnern im dualen System der Berufsausbildung ihren spezifischen Aufgabenbereichen nachzukommen. Gegenüber dem Betrieb kommt der Berufsschule ein mehr betrachtendes, aufnehmendes Lernen zu, das stärker Begründungszusammenhänge betont. Handlungsorientiertes Lernen hat sich in der Berufsschule in diesem Zusammenhang seit einigen Jahren als modernes Unterrichtskonzept etabliert, das die Interdependenz von Handeln und Lernen berücksichtigt und ein aktiv-entdeckendes, selbstorganisiertes, eigenverantwortliches und kooperatives Lernen fördert. Dieser ganzheitliche Lernansatz spricht die Ausprägung aller Wissensarten und ihre gegenseitige Verknüpfung in der Berufsschule an (vgl. Schelten 1997). Durch ihn lassen sich umfassend berufsrelevante Kompetenzen vermitteln.

Ausschließlich und durchgängig handlungssystematisch geplanter Unterricht müßte jedoch zwangsläufig durch die hohe Zielbezogenheit des Lernens vertiefende, theoriehaltige Unterrichtssequenzen vernachlässigen. Einem ausschließlich fachsystematisch konzipierten Unterricht fehlt dagegen weitgehend der unmittelbare Anwendungsbezug und somit der Bedeutungsgehalt der Lerninhalte. Ein qualitativ hochwertiger Unterricht in der Berufsschule, der als Ziel eine umfassende berufliche Handlungskompetenz verfolgt und die Anwendbarkeit von Gelerntem sicherstellen will, muß sich demnach sowohl an einer handlungssystematischen Grundorientierung ausrichten als auch fachsystematisch gegliederte Lernsequenzen einbeziehen. Durch ein ergänzendes fachsystematisches Vorgehen, das Grundlagenwissen systematisch erarbeitet, läßt sich handlungsorientierter Unterricht sinnvoll ergänzen und bereichern.

Literatur

Heimerer, Leo; Schelten, Andreas; Schießl, Otmar (Hrsg.): Abschlußbericht zum Modellversuch „Fächerübergreifender Unterricht in der Berufsschule" (FügrU), Arbeitsbericht Nr. 274. München: Hintermaier 1996

Riedl, Alfred: Verlaufsuntersuchung eines handlungsorientierten Elektropneumatikunterrichts und Analyse einer Handlungsaufgabe. Frankfurt am Main: Verlag Peter Lang 1998

Schelten, Andreas: Aspekte des Bildungsauftrages der Berufsschule: Ein Beitrag zu einer modernen Theorie der Berufsschule. In: Pädagogische Rundschau 51 (1997) 5, S. 601 – 615

Mastery Learning mit Hilfe eines multimedial repräsentierten Modellunternehmens in der Ausbildung von Industriekaufleuten[1]

Frank Achtenhagen, Bärbel Fürstenau, Ulrich Getsch, Ernst G. John, Martina Noß, Peter Preiß, Jens Siemon & Susanne Weber

I

Das dargestellte Projekt geht davon aus, dass eine zukunftsbezogene kaufmännische Ausbildung die folgenden Zielsetzungen aktiv aufgreifen und – entsprechend den jeweils örtlich gegebenen Möglichkeiten – umsetzen sollte:

* Änderung der Ziel- und Inhaltsstruktur der kaufmännischen Ausbildung im Hinblick auf einen systemtheoretisch orientierten Ansatz;

* Änderung der didaktischen und methodischen Konzepte im Hinblick auf handlungsorientierte Verfahren;

* Einsatz komplexer Lehr-Lern-Arrangements (in sequentieller Verknüpfung);

* Nutzung der neuen Technologien (bis hin zum Anschluß an Verfahren moderner Informationsverarbeitung, wie z. B. SAP);

* Veränderung der Diagnose-, Prüfungs- und Evaluationsverfahren, damit diese den neuen didaktischen Anforderungen (die zugleich ökonomisch gefordert sind) entsprechen;

* Verbesserung der sächlichen Ausstattung von Schulen und Hochschulen und Modernisierung der Aus- und Weiterbildung von Lehrern und Ausbildern.

---

1 Die im folgenden berichteten Überlegungen und Ergebnisse wurden im Rahmen eines DFG-Projekts erarbeitet (Ac 35/15-1)

Diese Zielsetzungen sind deshalb wichtig, weil der Unterricht an kaufmännischen Schulen mit einer Reihe von Schwierigkeiten konfrontiert ist, wie z. B.:

* Die Struktur der betrieblichen Prozesse zeichnet sich durch eine zunehmende Komplexität aus.
* Sowohl die Betriebe als auch die beruflichen Schulen haben Schwierigkeiten, angemessen in diese Komplexität einzuführen und auf sie vorzubereiten.
* Die Auszubildenden weisen von der Länge des Schulbesuchs und damit zusammenhängend von ihrem Alter und ihrer Vorbildung her eine immer größer werdende Heterogenität auf.
* Vergleichbares gilt für die Ausbildungsbetriebe: Bezogen auf die Vorgaben für die Berufsbildung geraten immer mehr ausbildungsbereite Betriebe in Schwierigkeiten, die Ausbildungsvoraussetzungen für bestimmte Ausbildungsberufe zu erfüllen.
* Spezifisch für Niedersachsen ist zur Zeit die konsequente Umsetzung eines Lerngebiet/Lernfeld-Ansatzes in der Strukturierung der berufsbezogenen Fächer in der Berufsschule.

Diese Ausgangsbedingungen, die sich eindeutig empirisch fassen lassen, haben Konsequenzen für das Handeln der Lehrerinnen und Lehrer an kaufmännischen Schulen. (Dabei stellen sich die Probleme der betrieblichen Ausbildung in vergleichbarer Weise).

Man darf für das pädagogische Handeln in der Berufsschule und im Betrieb die folgenden Konsequenzen antizipieren:

* Die betriebliche Komplexität erschwert Verstehensprozesse.
* Die Heterogenität der Ausbildungsbetriebe erschwert eine betrieb-liche Fundierung der Lehr- und Lernprozesse in der Berufsschule.
* Die Heterogenität der Vorbildung und des Alters der Auszubildenden beeinträchtigt adäquate Lehr- und Lernbedingungen für alle Auszubildenden.
* Die Auflösung der Richtlinien in Lerngebiete/Lernfelder erschwert die Strukturierung der Lehr- und Lernprozesse.

Dass diese theoretisch abgeleiteten Annahmen ihr empirisches Korrelat haben, zeigen die folgenden Daten unserer Vorerhebung: So kamen in den beiden Versuchsschulen 12 bzw. 16 Auszubildende aus 10 bzw. 9 Betrieben;

von der Vorbildung her waren in beiden Klassen Abiturienten und Absolventen der 9. Klasse Hauptschule vertreten.

Akzeptiert man die einleitenden Hypothesen, so läßt sich die folgende pädagogische Konsequenz formulieren: Aufgrund der Ausgangsbedingungen und ihrer vermuteten Konsequenzen ergibt sich mit hoher Wahrscheinlichkeit ein Auseinanderdriften der individuellen Berufsschulleistungen der Auszubildenden (einschließlich der emotionalen und motivationalen Persönlichkeitsmerkmale).

Die hier interessierende Frage muss lauten, ob es möglich ist, diesem Auseinanderdriften entgegenzusteuern. Ein theoretischer Ansatz, der hier Abhilfe zu schaffen versucht, ist der des Mastery Learning – oder des zielerreichenden Lernens, wie die deutsche Übersetzung lautet.

II

Die Idee des Mastery Learning wurde in systematisierter Form von Carroll (1963/1973) in die neuere pädagogische Diskussion eingebracht und von Bloom (1968/1973) vor allem bildungspolitisch propagiert. Der Ansatz wurde bereitwillig aufgegriffen (vgl. als Überblick auch die Beiträge in Fisher & Berliner, 1985; Helmke & Weinert, 1997), so dass Block bereits 1971 eine Zusammenstellung von Projektberichten vorlegen konnte. In Deutschland haben Eigler & Straka (1978) zentrale Aspekte dieser Thematik diskutiert, zu denen auch die Fragen einer lernzielorientierten Leistungsmessung gehören (vgl. vor allem Strittmatter, 1973; Fricke, 1974; Klauer, Fricke, Herbig, Ruprecht & Schott, 1974; Klauer, 1987).

Dem Modell liegt die Annahme zugrunde, dass sich das Curriculum in eine Anzahl von Lernaufgaben zerlegen läßt. Es besagt, „dass der Lernende eine gegebene Aufgabe in dem Maße bewältigt, in dem er die für ihn nötige Lernzeit darauf verwendet" (Carroll, 1973, S. 237). Carroll versucht, die für das erfolgreiche Lernen relevanten Einflußfaktoren so zu definieren, dass sie in einer Dimension, nämlich der Zeit, gemessen und damit vergleichbar gemacht werden können. Der Grad des Lernerfolgs ist dann eine Funktion des Quotienten „aufgewendete Zeit/benötigte Zeit". Die fünf Faktoren, die in diesen Quotienten eingehen, hängen zum Teil vom jeweiligen Individuum ab: (1) Begabung: = die benötigte Menge an Zeit, um die Lernaufgabe unter optimalen Unterrichtsbedingungen zu bewältigen; (2) die Fähigkeit, dem Unterricht über die Zeit hinweg zu folgen; (3) Ausdauer: = die Menge an Zeit, die der Lernende bereit ist, aktiv lernend zu verbringen. Daneben gibt es einen Einfluß äußerer Bedingungen, wie Carroll (1973, S. 244) sagt: (4) Lerngelegenheit: = die zugestandene Lernzeit, und (5) die Qualität des Unterrichts als Maß für den Grad einer Unterrichtsgestaltung, die keine zusätzliche Lernzeit außer der begabungsbezogenen notwendigen Zeit erfordert.

Da im herkömmlichen Unterricht die vorgegebene Zeit des Lehrens und Lernens fixiert ist (vgl. den analytischen Zugriff auf die Zeitkomponenten bei Harnischfeger & Wiley, 1985), wird diese Zeit von allen Lernenden – je nach individuellen und/oder äußeren Bedingungen – unterschiedlich genutzt, was zu einer unterschiedlichen Qualität bei der Bearbeitung der Lernaufgaben führt. Wenn nun entsprechend der jeweiligen Zielerreichung – hieraus resultiert die Bedeutung der kriteriumsorientierten Leistungsmessung – weiterhin Lernzeit zusätzlich bereitgestellt und genutzt wird, dann ist es möglich, alle Lernenden zu einem 80%igen oder höheren Grad der Leistungserreichung zu bringen. Oder anders formuliert: Da unser System der Schulnoten ja über Lücken im Wissen definiert ist, brächte eine Schließung dieser Lücken über ein gezieltes remediales Lehren und Lernen mit zusätzlicher Lernzeit eine Angleichung der Leistungen auf einem guten bis sehr guten Niveau.

Dieses Vorgehen ist im Bereich der kaufmännischen Erstausbildung zur Zeit durchaus gegeben – wenngleich die Terminologie nicht Verwendung findet: In großen Betrieben, die auf eine gute berufliche Ausbildung Wert legen, sind die Ausbilder gehalten, ihre Auszubildenden mit sehr guten Noten durch die Kammerprüfungen zu bringen. Hier liegt auch ein Grund dafür, dass so viele Betriebe einen innerbetrieblichen Unterricht anbieten, der zu großen Teilen auf die Prüfungsvorbereitung bezogen ist – ein Sachverhalt, der unter die Überschrift „Mastery Learning" subsumiert werden kann. Für uns geht es nun darum, die Bedingungen zu explorieren, unter denen diese Form einer Leistungsvereinheitlichung auf hohem Niveau nicht nur für die Zwischen- und Abschlußprüfungen und nicht nur für größere Betriebe möglich wird, sondern für alle Auszubildenden gleich zu Beginn ihrer Ausbildung.

Schaubild 1: *Ersetzen von „naturwüchsigen" Mastery Learning-Maßnahmen vor den Kammerprüfungen (a) durch gezielte Mastery Learning-Maßnahmen zu Beginn der Ausbildung (b)*

(a)

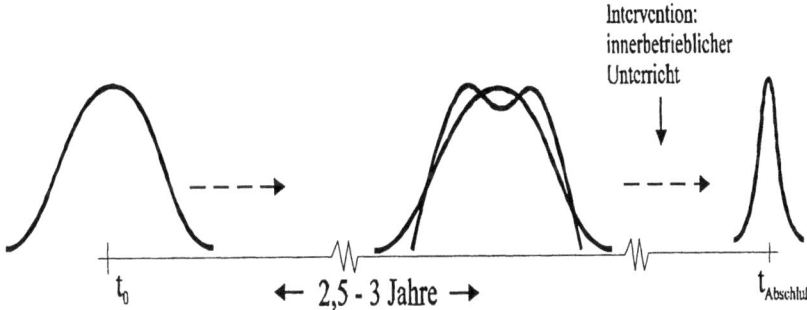

(b)

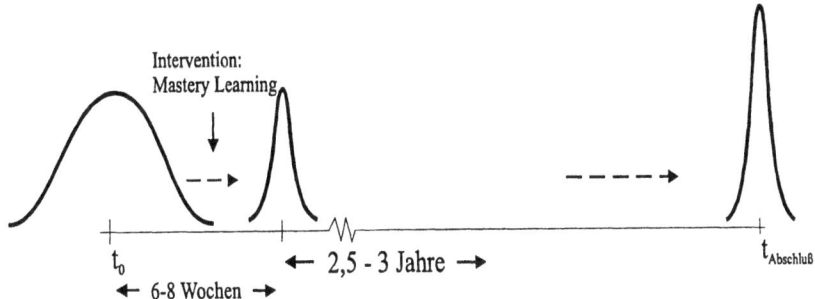

Auch wenn das Konzept des Mastery Learning zunächst durchaus enthusiastisch aufgenommen worden war, konnte es sich nicht auf Dauer durchsetzen. Allerdings gibt es immer wieder einzelne Versuche, vor allem im südostasiatischen Raum, wo Anfang der 70er Jahre eine besondere Akzeptanzbereitschaft gegeben war (vgl. Yusup & Chan, 1997). Die großen Kontroversen um das Mastery Learning spiegeln sich besonders prägnant in zwei Artikelserien in der Review of Educational Research, in denen besonders über metaanalytische Auswertungen die Vor- und Nachteile und vor allem auch die praktische Relevanz dieses Ansatzes diskutiert werden: Slavin, 1987a; Anderson & Burns, 1987; Guskey, 1987; Slavin, 1987b; Kulik, Kulik & Bangert-Drowns, 1990a, b; Slavin, 1990.

In diesen Kontroversen gibt es immerhin eine Gemeinsamkeit: Es wird anerkannt, dass sich ein Mastery Learning-Ansatz prinzipiell im Mittel als erfolgreicher erweise als herkömmlicher Unterricht. Da sich bei dieser Aussage sofort die Frage stellt, warum sich dann der Mastery Learning-Ansatz nicht generell durchgesetzt habe, vielmehr eher randständig geblieben sei, seien im folgenden kurz die Punkte aufgeführt, die als besonders kritisch erscheinen. Zugleich soll deutlich gemacht werden, wie wir versuchen wollen, über den Einsatz eines multimedial repräsentierten Unternehmens diese als kritisch beurteilten Vorgehensweisen innerhalb des Mastery Learning zu vermeiden und durch andere Strategien zu ersetzen.

Die kritischen Punkte lassen sich schlagwortartig wie folgt bezeichnen:

(1) Die gesellschaftliche Akzeptanz: Es bereitet Schwierigkeiten, institutionalisierte Lehr- und Lernprozesse zu akzeptieren, die überwiegend mit sehr guten oder guten Resultaten abschließen. Das Verhalten der Betriebe in bezug auf das Abschneiden ihrer Auszubildenden bei den extern durchgeführten Kammerprüfungen bildet unter diesem Aspekt durchaus eine Ausnahme; hierbei spielt auch eine Rolle, dass die betroffenen Auszubildenden zumeist aus einem sehr großen Bewerberkreis ausgewählt wurden.

(2) Das Verhältnis von Breite und Tiefe des Lehrens und Lernens (coverage vs. mastery): Mit dem Mastery Learning-Ansatz stellt sich die Frage, ob mit dem remedialen Lernen nicht auf wichtige Ziel- und Inhaltsgebiete verzichtet wird, was sich langfristig nachteilig auswirken kann.

(3) Die Frage nach dem Umfang der zusätzlich für remediales Lehren und Lernen aufzuwendenden Zeit: Die Angaben gehen hier stark auseinander; die Studien sind an dieser Stelle nicht sehr präzise und wechseln zudem die Bezugsgröße. Generell wird behauptet, der zusätzliche Zeitaufwand sei nicht so groß, wie oft behauptet würde (im

Mittel würden nur 4% mehr Zeit benötigt; vgl. Kulik, Kulik & Bangert-Drowns, 1990a, p. 281,291).

(4) Die Frage nach der curricularen Einbindung: Da der überwiegende Teil der Studien höchstens 20 Stunden Unterricht abdeckt, und die Einbindung der behandelten Themen in die jeweiligen Lehrpläne i. a. nicht diskutiert wird, findet sich in der Literatur die curriculare Problematik nicht hinreichend detailliert und problembewußt genug behandelt. Aus den Meta-Analysen bzw. den dort verarbeiteten Einzelstudien läßt sich aber eindeutig ablesen, dass der curriculare Bezug ein entscheidendes Erfolgskriterium darstellt.

(5) Die Frage nach der Art und dem Einsatz der Testaufgaben: Hier liegt ein zentrales Problem des Mastery Learning-Konzepts; nur mit validen Items, die der curricularen Ziel- und Inhaltsstruktur gerecht werden, läßt sich der remediale Aspekt angemessen behandeln. Problematisch ist auch der Zeitpunkt des Einsatzes der Items: Sollen diese Tests jeweils nach kurzen Unterrichtssequenzen erfolgen oder werden längere Sequenzen überprüft? – Ganz unabhängig davon ist die Frage nach der Definition und dem Erreichen eines Mastery-Niveaus und dessen Sicherung über längere Zeitabschnitte hinweg (hierzu vgl. auch Druckman & Bjork, 1991, p. 27).

(6) Wichtig ist auch die Frage nach der Entscheidungsfindung über Art und Umfang des remedialen Lehrens und Lernens und dessen Steuerung: Entscheiden der einzelne Schüler, Gruppen von Schülern, der Lehrer oder Lehrer und Schüler gemeinsam? – Im Vergleich der beiden Varianten des Mastery Learning, dem eher lehrerzentrierten Ansatz nach Bloom bzw. dem eher schülerzentrierten gemäß dem Keller-Plan-Ansatz, zeigt sich, dass die lehrerzentrierten Strategien wirkungsvoller zu sein scheinen.

(7) Damit ist eine weitere entscheidende Frage des Mastery Learning angesprochen: Wie lassen sich Ziele und Inhalte sowie die Zeit für das remediale Lehren und Lernen optimal bestimmen und kontrollieren?

Mit dem Einsatz eines multimedial repräsentierten Modellunternehmens sehen wir eine Möglichkeit, diese kritischen Punkte angemessen zu bearbeiten. Hauptzielsetzungen sind
- das Erreichen eines betriebswirtschaftlichen Sachwissens auf hohem Niveau mit niedrigen Mittelwertdifferenzen und Streuungen;

- die Stabilität des Wissens im Zeitablauf;

- die Entwicklung eines Verständnisses für das System „Betrieb", das sich für die anschließenden Lehr- und Lernprozesse als tragfähig und ausbaufähig erweist;

- die Förderung von Interesse, Motivation und Emotion;

- die Förderung einer aktiven und konstruktiven Mitarbeit im Berufsschulunterricht und am Arbeits- und Lernplatz im Betrieb.

III

Das virtuelle Unternehmen „Arnold & Stolzenberg GmbH" wurde mit Hilfe von Datenbeständen eines realen Unternehmens modelliert. Ausgangspunkt war eine Diplomarbeit, in der dieses reale Unternehmen in Teilen abgebildet wurde (Siemon, 1996). Im Hinblick auf die Umstellung der niedersächsischen Rahmenrichtlinien für die berufsbezogenen Fächer in der Industriekaufleuteausbildung, bei der statt der traditionellen Fächer „Betriebswirtschaftslehre" und „Rechnungswesen" sechzehn sog. „Lerngebiete" konzipiert wurden (laut KMK sollten diese „Lerngebiete" eigentlich als „Lernfelder" bezeichnet werden), stellte sich die Frage nach einer angemessenen Strukturierung und zugleich der Eröffnungssequenz der Lerngebiete. Das erste Lerngebiet steht unter der Überschrift „Das Unternehmen als komplexes ökonomisches und soziales System" und umfaßt in seiner 1. Makrosequenz („Das Unternehmen im Kräftefeld verschiedener Anspruchsgruppen") die folgenden Bereiche: Branchen und Industriezweige, Rechtsformen, Aufbauorganisation, betriebliche Funktionen, Anspruchsgruppen, Marktmechanismen, Unternehmensziele, Grundlagen des Controlling, Aufgaben des betrieblichen Rechnungswesens.

Wir sind nach einer Diskussion möglicher Alternativen zu dem Entschluß gekommen, in dieses 1. Lerngebiet mit Hilfe eines neu zu konstruierenden Modellunternehmens einzuführen. Dazu griffen wir auf die Modellierung von Siemon (1996) zurück und ergänzten sie im Hinblick auf den

Datenkranz entsprechend den Vorgaben der Rahmenrichtlinien. Dabei war sicherzustellen, dass mit Hilfe des Modellunternehmens die genannten Ziel- und Inhaltsbereiche problemangemessen angesprochen werden können – wobei es allerdings zu diesem Zeitpunkt des Unterrichts im wesentlichen um die Lokalisierung der Probleme innerhalb des Systems „Unternehmen" geht und nicht so sehr um ihre erschöpfende Behandlung. Vor allem sollen mit Hilfe des virtuellen Unternehmens die folgenden Ziele verdeutlicht werden:

- Betriebliche Funktionen im Rahmen der Gesamtaufgabe eines Industrieunternehmens;

- Beziehungen zwischen den Funktionseinheiten der Aufbau- und Ablauforganisation;

- Vernetzung verschiedener Funktionsbereiche des Modellunternehmens;

- Vorstellung festgelegter Inhaltsbereiche des Modellunternehmens, wie Produktionsfaktoren, Leistungen, Unternehmensziele, Rechtsform, Unternehmensgröße, Kunden, Lieferanten, Banken, Eigentümer.

Damit sie an diese Informationen gelangen, werden – in Entsprechung zur Einbettung von Problemen in eine narrative Struktur, wie dieses beispielsweise der Anchored Instruction-Ansatz vorsieht (Cognition and Technology Group at Vanderbilt, 1996) – den Berufsschülern sogenannte Erkundungsaufträge vorgegeben: Eine Auszubildende – als Identifikationsfigur – ist allein im Büro und bekommt von einem etwas ungeduldigen Kunden die Frage gestellt, wann ein bestimmtes Produkt (es handelt sich um Förderketten) denn geliefert werden könne. Die Videosequenz schließt mit der Bitte an die Auszubildenden, die mit dem virtuellen Unternehmen, das auf einer CD-ROM gespeichert ist, parallel in einem Netz arbeiten, der Auszubildenden Kathrina doch zu helfen. Die Lernenden tun dieses, indem sie im multimedial repräsentierten Modellunternehmen die notwendigen Informationen suchen, sammeln und zielgerichtet zusammenstellen.

Da der gewünschte Kettentyp nicht auf Lager ist, und auch nicht genügend Rohmaterial für die Fertigung vorhanden ist, sind vielfältige Navigierschritte erforderlich: im Versand, im Einkauf, in der Arbeitsvorbereitung und der Produktionssteuerung im Hinblick auf die Maschinenbelegungspläne etc. Zur Orientierung stehen ein Luftbild des Unternehmens, in dem alle Betriebsstätten bezeichnet sind sowie Aufbau- und Ablauforganisationspläne zur Verfügung. Durch ein entsprechendes Anklicken gelangt man zu den Großbereichen und innerhalb dieser bis hin zu einzelnen Arbeitsgruppen sowie zu entsprechenden „Computerabfragen", wie sie innerhalb dieser Arbeitsgruppen zu tätigen wären. Für jeden Bereich sowie die Unterabteilungen wird über den Anklickvorgang eine Videosequenz aktiviert, in der Mitarbeiter (aus dem realen Unternehmen) die Abteilung vorstellen, die Aufgaben benennen sowie die Arbeitsschritte bezeichnen. Man kann diese Information auch als Text erhalten. Zudem gibt es die Möglichkeit, Produkte sowie Lagerhallen, Maschinen, Arbeiter, Angestellte im Rahmen von Videosequenzen vorgestellt zu bekommen.

Schaubild 2 zeigt eine typische Bildschirmseite: Herr Bartel stellt den Bereich der Materialwirtschaft vor. Der gerade gesprochene Text kann in Schriftform abgerufen werden. Weitere Informationen lassen sich über die Buttons anwählen. Über das „Organigramm" bzw. das „Luftbild" kann man sich weiter im Unternehmen orientieren.

Schaubild 2:   Ausgewählte Bildschirmseite des virtuellen Unternehmens „Arnold & Stolzenberg GmbH"

Anhand einer Zusammenstellung der relevanten Informationen, die im „Notizblock" festgehalten werden sollen, ist die richtige Lösung zu ermitteln. Mit dem Eingeben der richtigen Lösung wird dann wieder in das Büro von Kathrina übergeleitet, die dem Kunden die entsprechende Auskunft gibt.

Die richtige Lösung ist nur dann zu erzielen, wenn die relevanten Informationen zielgerichtet identifiziert und entsprechend der Aufgabenstellung „Bestimmung des Liefertermins" zusammengestellt werden. Dazu müssen die betrieblichen Zusammenhänge unter Nutzung der jeweils von den Mitarbeitern auf den Videoclips gegebenen Informationen rekonstruiert werden: ein Versuch, ein Denken in Zusammenhängen zu fördern.

Die mit der 1. Erkundungsaufgabe im virtuellen Unternehmen verfolgte Zielsetzung wird anschließend dadurch gestützt, dass die Auszubildenden genau dieselbe Aufgabe für ihren Ausbildungsbetrieb zu lösen haben: Die Auszubildenden sind gehalten, in ihrem realen Betrieb das Zusammenspiel der einzelnen Abteilungen im Hinblick auf die Bestimmung eines Liefertermins zu identifizieren. Die Ergebnisse dieser Erkundung sind dann in der Berufsschulklasse zu präsentieren, wobei auch der Ausbildungsbetrieb vorzustellen ist.

In einem 3. Durchgang ist dann im virtuellen Unternehmen eine 2. Erkundungsaufgabe zu lösen: Kathrina, die (vier Wochen später) wieder allein im Büro ist, erhält einen wütenden Anruf des Kunden, der sich darüber beschwert, dass die Ketten trotz des zugesagten Liefertermins nicht eingegangen wären. Diese Beschwerde ist Anlaß für eine Innenrevision im Hinblick auf die durchlaufenen Beschaffungs-, Produktions- und Lieferprozesse. Damit sind die Auszubildenden nochmals gehalten, das Zusammenspiel aller Abteilungen im Hinblick auf den Produktdurchlauf zu kontrollieren. Dieses Vorgehen entspricht dem im abgebildeten Unternehmen; aufgrund des harten Konkurrenzkampfes stellt Liefertreue einen entscheidenden Marktvorteil dar. Die Lösung ist erst dann möglich, wenn tatsächlich – was über ein Hintergrundprogramm kontrolliert wird – alle relevanten Informationen in den betroffenen Abteilungen erhoben und geprüft wurden. In dem dann freigegebenen Videoclip wird deutlich, dass die bestellten Ketten termingerecht ausgeliefert wurden, aber beim Kunden im Wareneingang liegengeblieben sind.

Mit dem Verdeutlichen der betrieblichen Zusammenhänge werden zugleich auch wichtige Detailinformationen vermittelt, die in den weiteren Lerngebieten aufgegriffen werden können. Zum Beispiel kann die Behandlung der Roh-, Hilfs- und Betriebstoffe im 2. Lerngebiet („Die Finanzbuchführung als Instrument zur Erfassung und Abbildung ökonomischer Transaktionen") durch die entsprechende detaillierte Behandlung dieses Bereichs ökonomisch sinnstiftend vorbereitet werden. Vergleichbares gilt für eine Fülle weiterer Aspekte der fünfzehn anderen Lerngebiete. Für den Einsatz in der Berufsschule wird von uns daher vorgeschlagen, dass zunächst nur das Lerngebiet 1 mit dem virtuellen Unternehmen unterrichtet wird und die Lehrer der parallel beginnenden anderen Lerngebiete an diesem Unterricht teilnehmen. Hiermit soll eine vergleichbare Ausgangsbasis für den Unterricht in allen berufsbezogenen Lerngebieten geschaffen werden.

Die Ausbildungsbetriebe haben bisher das gewählte Vorgehen sehr begrüßt und die Auszubildenden bei ihrer betrieblichen Informationssuche sowie der externen Vorstellung ihres Ausbildungsbetriebes voll unterstützt; denn unabhängig von den Ergebnissen der Personalleiterbefragung wird in allen Ausbildungsbetrieben darüber Klage geführt, dass die Auszubildenden in zu geringem Maße den Betrieb als System wahrnähmen und verstünden.

IV

Eine so weitreichende Änderung der Lehr- und Lernprozesse zu Beginn der betriebswirtschaftlichen Ausbildung macht es erforderlich, die Einsatzbedingungen zu perfektionieren. Dazu gehören vor allem
- die Weiterentwicklung der Instrumente zur Wissensdiagnose, um das Mastery Learning-Konzept zur vollen Wirksamkeit zu bringen;
- die Weiterentwicklung der didaktischen Expertise der Lehrer und Ausbilder; da komplexe Lehr-Lern-Arrangements keine „Selbstläufer" sind, gilt es, durch geeignete Trainingsprogramme dafür zu sorgen, dass ihre Vorteile auch voll genutzt werden;
- die Weiterentwicklung der curricularen Einbettung und Nutzung des virtuellen Unternehmens. Dazu gehören beispielsweise im 1. Lerngebiet ein weiteres komplexes Lehr-Lern-Arrangement zum Controlling sowie der Einsatz des Planspiels „Entscheiden und Berichten in der Kettenfabrik" (eine Adaptation des Planspiels „Jeansfabrik": Preiß, 1994). Die übrigen Lerngebiete sind entsprechend der gelegten Grundlagen auszuarbeiten, wobei die Gestaltung der Finanzbuchhaltung gemäß dem Konzept des „wirtschaftsinstrumentellen Rechnungswesens" (Preiß & Tramm, 1996) am weitesten gediehen ist – bis hin zur Neukonstruktion ganzer Geschäftsgänge.

Gelingt es, diese Arbeiten zu einem erfolgreichen Abschluß zu bringen, und zeigen die in Feldversuchen erhobenen und zu erhebenden Daten entsprechende Lehr- und Lernerfolge, dann könnte die Neugestaltung des betriebswirtschaftlichen Anfangsunterrichts unter Einsatz eines medial gestützten Modellunternehmens ein bedeutender Schritt hin zur Realisierung eines ökonomischen Denkens in Zusammenhängen sein, das den aktuellen betrieblichen Anforderungen gerecht wird.

Literatur

Anderson, Lorin W. & Burns, Robert B. (1987). Alternative Perspectives on Mastery Learning Reconsidered. *Review of Educational Research, 57*, p. 215-223.

Block, James H. (1971). *Mastery Learning: Theory and Practice.* New York: Holt, Rinehart, Winston.

Bloom, Benjamin S. (1973). Individuelle Unterschiede in der Schulleistung: ein überholtes Problem? In Wolfgang Edelstein & Diether Hopf (Hrsg.). *Bedingungen des Bildungsprozesses,* S. 251-270. Stuttgart: Klett.

Bundesinstitut für Berufsbildung (1992). *Die neuen kaufmännischen Berufe 2 – Büroberufe in Industrie, Handwerk und öffentlichem* Dienst, Industriekaufleute und Kaufmännische Verkehrsberufe. Ergebnisse, Veröffentlichungen und Materialien aus dem BIBB, Oktober 1992, hier: Abdruck aud den MatAB 1/1991. Berlin, Bonn.

Carroll, John B. (1973). Ein Modell schulischen Lernens. In Wolfgang Edelstein & Diether Hopf (Hrsg.). *Bedingungen des Bildungsprozesses.* S. 234-250. Stuttgart: Klett.

Cognition and Technology Group at Vanderbilt (1996). Looking at Technology in Context: A Framework for Understanding Technology and Education Research. In David C. Berliner & Robert C. Calfee (eds.). *Handbook of Educational Psychology,* p. 807-840. New York, London et al.: Macmillan; Simon & Schuster.

Druckman, Daniel & Bjork, Robert A. (Eds.). (1991). *In the mind's eye – Enhancing human performance.* Washington: National Academy Press.

Eigler, Gunther & Straka, Gerald A. (1978). *Mastery Learning – Lernerfolg für jeden?* München, Wien, Baltimore: Urban & Schwarzenberg.

Fisher, Charles W. & Berliner, David C. (1985). *Perspectives on Instructional Time.* New York, London: Longman.

Fricke, Reiner (1974). *Kriteriumsorientierte Leistungsmessung.* Stuttgart et al.: Kohlhammer.

Guskey, Thomas R. (1987). Rethinking Mastery Learning Reconsidered. *Review of Educational Research, 57*, p. 225-229.

Harnischfeger, Annegret & Wiley, David E. (1977). Kernkonzepte des Schullernens. *Zeitschrift für Entwicklungspsychologie und Pädagogische Psychologie, 9*, S. 207-228.

Helmke, Andreas & Weinert, Franz E. (1997). Bedingungsfaktoren schulischer Leistungen. In Franz E. Weinert (Hrsg.). *Psychologie des Unterrichts und der Schule.* S. 71-176. Göttingen et al.: Hogrefe.

Klauer, Karl Josef (1987). *Kriteriumsorientierte Tests.* Göttingen, Toronto, Zürich: Hogrefe.

Klauer, Karl Josef, Fricke, Reiner, Herbig, Manfred, Ruprecht, Hans & Schott, Franz (1974). *Lehrzielorientierte Tests.* 2. Aufl. Düsseldorf: Schwann.

Kulik, Chen-Lin C., Kulik, James A. & Bangert-Drowns, Robert L. (1990a). Effectiveness of Mastery Learning Programs: A Meta-Analysis. *Review of Educational Research, 60*, p. 265-299.

Kulik, James A., Kulik, Chen-Lin C. & Bangert-Drowns, Robert L. (1990b). Is There Better Evidence on Mastery Learning? A Response to Slavin. *Review of Educational Research, 60,* p. 303-307.

Preiß, Peter (1994). *Planspiel Jeansfabrik – Betriebliche Leistungsprozesse.* Version 2.4. Gabler PC-Ware (Diskette und Handbuch). Wiesbaden: Gabler.

Preiß, Peter & Tramm, Tade (Hrsg.) (1996). *Rechnungswesenunterricht und ökonomisches Denken.* Wiesbaden: Gabler.

Siemon, Jens (1996). Konzipierung verbaler Interaktionsangebote für computerunterstützte Lernumgebungen. Diplomarbeit: Göttingen: Seminar für Wirtschaftspädagogik der Georg-August-Universität.

Slavin, Robert E. (1987a). Mastery Learning Reconsidered. *Review of Educational Research, 57,* p. 175-213.

Slavin, Robert E. (1987b). Taking the Mystery Out of Mastery: A Response to Guskey, Anderson and Burns. *Review of Educational Research, 57,* p. 231-235.

Slavin, Robert E. (1990). Mastery Learning Re-Reconsidered. *Review of Educational Research, 60,* p. 300-302.

Strittmatter, Peter (Hrsg.). (1973). *Lernzielorientierte Leistungsmessung.* Weinheim, Basel: Beltz.

Yusup, Hashim & Chan, Chang Tik (1997). Use of Instructional Design with Mastery Learning. *Educational Technology, 37,* Number 2, p. 61-63.

Kaufmännische Weiterbildung unter Nutzung von Telekommunikationstechniken in kleinen und mittleren Unternehmen[1,2]

Karl Wilbers

Systematische Entwicklungen von Geschäftsmodellen für den elektronischen Geschäftsverkehr (E-Commerce)[3] basieren auf der De-Konstruktion und Re-Konstruktion von Wertketten[4]: Wertkettenelemente, wie sie beispielsweise aus dem wettbewerbstheoretischen Modell von Porter bekannt sind, werden identifiziert, neue Wege der Integration gesucht und so Geschäftsmodelle (Architektur des Produkts, der Services, des Informationsflußes; Fixierung der Aktoren im Modell, ihrer Rollen, ihrer ökonomischen Vorteile usw.) aufgebaut. Je nach Verständnis des Begriffs „E-Commerce" läßt sich diese Vorstellung auch auf die Entwicklung von Modellen für den Bereich der (beruflichen Weiter-)Bildung unter Nutzung von Telekommunikationstechniken übertragen. Bezüglich der Aus- und Weiterbildung lenkt dies das Augenmerk auf die Aktoren, die in einem Pentagon der betrieblichen Bildung als Knoten in einem maximal dichten Graphen modelliert werden können.

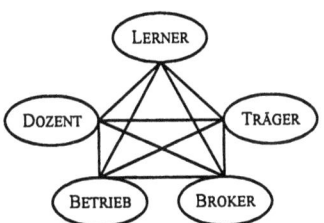

Abb. 1: Pentagon der betrieblichen Bildung

---

1 Überarbeitete Fassung meines Vortrages auf der Herbsttagung 1998 der Kommission Berufs- und Wirtschaftspädagogik der Deutschen Gesellschaft für Erziehungswissenschaft in Augsburg am 1. Oktober 1998.
2 Diesem Artikel liegen zwei Projekte zugrunde. Der Modellversuch Mercur wird durch das Bundesinstitut für Berufsbildung mit Mitteln des Bundesministeriums für Bildung, Wissenschaft, Forschung und Technologie (Förderkennzeichen: D 2187.00) sowie mit Mitteln des Deutschen Handwerks gefördert. Das Projekt „Flexible Zusatzqualifizierung (Meisterassistent)" wird durch das Bundesministerium für Bildung, Wissenschaft, Forschung und Technologie (Förderkennzeichen: K 3397.00) und durch das Deutsche Handwerk gefördert.
3 Vgl. Wilbers 1998b.
4 Vgl. etwa Timmers 1998.

Lernende und Lehrende können als zentrale Aktoren angesehen werden. Für den Subgraph bestehend aus diesen beiden Knoten entwerfen didaktische Modelle traditionellerweise Koordinatensysteme. Die Erweiterung dieses Subgraphen um den Knoten „Bildungsträger" kann durchaus im Sinne des Dienstleistungsdreiecks[5] verstanden werden. Auf der Grundlage einer Erhebung des Forschungsinstituts für Berufsbildung im Handwerk an der Universität zu Köln (FBH) im Kontext des Modellversuchs Mercur können die Elemente der Wertkette der Bildungsträger beispielhaft angeführt werden.[6]

Elemente der Wertkette	Beispielhafte technische Unterstützung	Mean	StdDev
Bedarfsermittlung	Online-Befragungen ehemaliger Teilnehmer, Auswertung von Teilnehmerstatistiken	3,564	1,100
Interne Maßnahmenplanung	Software zur Raum- und Terminplanung	3,987	1,087
Akquisition	Präsentation des Weiterbildungsangebotes im Internet	4,231	0,852
Weiterbildungsberatung	Beratung per elektronischer Post	3,385	1,108
Anmeldung	Möglichkeit zum Buchen der Weiterbildungskurse	4,000	1,006
Erhebung von Daten der angemeldeten Lerner	Online-Befragung von Lerninteressen, Vorwissen etc.	3,208	0,922
Zusammenfassung der Lerner zu Kursen	Automatische Auswertung von Online-Befragungen der Lerner	3,117	1,051
Abstimmung der Dozenten vor Kursbeginn	Konferenzsystem für Dozenten	3,333	1,224
Informationen für neue Dozenten	Informationen im Intranet zu Lehrberichten, Infrastruktur wie Kopierer, Parkmöglichkeiten	3,351	1,109
Einführung der Dozenten	Kursinformationen per Internet z.B. Übersicht über angemeldete Teilnehmer, Daten einer möglichen Eingangserhebung	3,436	1,088

---

5   Das Modell des Dienstleistungsdreiecks entstammt der wissenschaftlichen Auseinandersetzung um Dienstleistungsmarketing, das für das Marketing von Bildungsdienstleistung besonders interessant erscheint. Vgl. Wilbers 1996, S. 234ff.

6   Befragt wurden alle Mitglieder des Hauptausschusses Berufsbildung des Deutschen Handwerkskammertages, d.h. des freiwilligen Zusammenschlusses der 55 Handwerkskammern und alle Träger, die die Maßnahme „Betriebswirt des Handwerks" durchführen. Fragestellung: „Wie schätzen Sie die Wichtigkeit ein, die folgenden Aufgaben ... durch moderne Techniken zu unterstützen?". Mittelwert und Standardabweichung beziehen sich auf fünfstufige Ratingskalen mit transformierten Skalenwerten von Eins (niedrige Wichtigkeit) bis Fünf (hohe Wichtigkeit). Eine wissenschaftliche Dokumentation, die auch die anderen Erhebungsaspekte (insbes. Beurteilung einzelner Lehr-Lernformen wie Teletutoring; Einschätzung des Fernunterrichts im Handwerk; Eigene Aktivitäten im angesprochenen Feld; Vorhandene technische Infrastrukturen; Beurteilung von Widerständen in der eigenen Organisation auf der Grundlage der Theorie des Innovationsmanagements) wird zur Zeit vorbereitet.

Einführung der Lerner	Automatisierte Begrüßungsmail an den Lerner mit wichtigen Kursinforma-tionen	3,385	1,119
Informationen über Lerner für Dozenten	Lernerinfosystem für Dozenten (z.B. Lernstand einzelner Gruppen/des gesamten Kurses)	3,103	1,014
Informationen über Lerner für andere Lerner	'elektronischer Steckbrief des Lerners bzw. des Betriebes im Intranet	2,364	0,945
Austausch von Unterrichtsmaterial	Elektronischer Marktplatz für Unterrichtsmaterial	3,397	0,917
Inhaltliche Unterrichtsvorbereitung der Dozenten	Bereitstellung fachlicher Informationen im Intranet, Kontaktaufnahme mit Betriebsberatung	3,705	1,021
Abstimmung der Dozenten untereinander	Konferenzsystem	3,494	1,210
Information zu Prüfung	Infosystem Prüfungen	3,173	1,234
Testerstellung	Aufgabendatenbanken, automatische Variation von Aufgaben	3,987	0,933
Zeugniserstellung und Notenverwaltung	Textbausteinverwaltung	3,579	1,158
Dozentenbeurteilung	Formulare im Internet zur Dozentenbefragung, automatische statistische Auswertung	3,564	1,027
Betriebswirtschaftliche Kontrolle des Kurses	spezielle Kostenrechnungssoftware	3,949	0,979
Nachbetreuung der Teilnehmer	regelmäßige Informationen über Anschlußkurse	4,359	0,805
Erhebung des Lernerfolges/ Übertrag. auf Praxisprobleme	z.B. interaktive Befragung 'alter' Teilnehmer	3,859	0,950

Tab. 1: Elemente der Wertkette und Präferenzen (handwerkliche Bildungsträger)

Als vierter Knoten des Pentagons werden die Betriebe angeführt. Betriebe sind schon als Verhinderer und Ermöglicher von beruflicher Bildung der Betriebsangehörigen ins Kalkül zu ziehen. Es zeigen sich jedoch auch neue Möglichkeiten der Integration von Lebensbereichen, die erst im industriellen Zeitalter segmentiert wurden. Die Entwicklung der Nutzung moderner Informations- und Kommunikationstechniken könnte der Leitvorstellung der altgriechischen *Agora*[7] verpflichtet werden: Einem virtuellen Marktplatz, einem Ort der Arbeit (des Handels), des Lernens, der Muße und des Betreibens von Politik.

---

7 Die Vorstellung der altgriechischen Agora in diesem Kontext ist dem Konzept entlehnt, daß dem Internetmarktplatz „Electronic Mall Bodensee" (vgl. Wilbers 1998b, S. 74f.) zugrundeliegt. Es gibt im Rahmen des EU-Telematics Application Programms ein Projekt Agora (http://www.agora.org), auf das ich mich hier nicht beziehe.

1. Lernen: Am Marktplatz liegt – metaphorisch gesprochen – eine virtuelle Akademie als vorgesehener Raum für Lernprozesse. Eine mögliche Architektur wird weiter unten beschrieben.
2. Arbeiten: Produktinformationen (z.b. Inhaltsstoffe bei Lebensmitteln) als an den Kunden gerichtete POI-/POS-Systeme, Call-Center, Elektronischer Datenaustausch (EDI) mit Banken, Steuerberatern, Finanzamt und Zulieferern, Elektronische Ausschreibungen, Elektronische Arbeits- und Ausbildungsmärkte, Elektronische Betriebskooperationsbörsen zur Bildung von virtuellen Unternehmen und Bietergemeinschaften, Betriebsbörsen zur Lösung des Nachfolgeproblems, Marketing- und Unternehmerinformationen (z.b. Baukonjunkturinformationen, Arbeits- und Sozialrecht), ...
3. Politik: Verbesserung der Kooperation und Information bezüglich öffentlichen Verwaltungen, Städte, Gemeinden und politischen Organen; der Verbände und gewerksübergreifenden Vertretungen von Interessen (z.B. Handwerkskammern), Bürgervereinigungen und -initiativen, ...
4. Muße: Ein Blick auf einen Internetkatalog mag zeigen, welche Möglichkeiten der Muße angesprochen werden: Spielen, Plaudern, Übersicht über Kulturangebote, ...

Es kann dabei kaum übersehen werden, daß gerade im Zuge der Informations- und Kommunikationstechniken die Grenzen zwischen diesen Lebensbereichen verschwimmen[8] und gerade bezüglich des Handwerks nie so stark ausgeprägt gewesen sind wie in anderen Wirtschafts- und Bildungsbereichen.[9] Es kann jedoch auch nicht verkannt werden, daß dieser Verschränkung der Lebensbereiche in modernen Konzepten des lebenslangen Lernens[10] große Bedeutung zukommt.

Wertkettenelemente entsprechen hier in der Terminologie des arbeitspsychologischen Konzepts der persönlichkeitsförderlichen Arbeitsgestaltung[11] den „Aufträgen", die im Zentrum der psychologischen Auftragsanalyse[12] stehen und deren „Übernehmen" durch das Individuum „Aufgaben" definiert.[13] Nach Hacker[14] determinieren Auftrag, Ausführungsbedingungen (z.B. Umwelteinflüsse, Unterstützung) und allgemeine Mindestvorausset-

---

8 Beispielhaft wäre hier etwa bezüglich der Bereiche „Lernen" und „Muße" auf die Erscheinung des sog. Edutainment; bezüglich „Lernen" und „Arbeiten" auf die Verbindung von Branchen- und Lernsoftware (vgl. die Beschreibung bei Wilbers 1998b, S. 90) hinzuweisen.
9 Beispielhaft lassen sich hier die Handwerkskammern als Aktor mit ihren Aufgaben nach § 91 der Handwerksordnung anführen, der die Bereiche „Lernen", „Arbeiten", „Politik" unmittelbar betrifft.
10 Vgl. etwa Twardy/Wilbers 1998.
11 Vgl. etwa Hacker 1986; Marten 1984; Ulich 1991.
12 Vgl. Marten 1984, S. 83ff.; Ulich 1991, S. 57ff.
13 „Die Aufgabe als eine vierstellige Relation definiert, an welchem Gegenstand, welche Veränderungen, unter welchen Bedingungen (mit welchen Mitteln, auf welchen Wegen), von wem vorgenommen werden sollen." (Hacker 1986, S. 61). „Aufgabe" wird von Hacker (1986, S. 59) „definiert als subjektiv übernommener Arbeitsauftrag". „Die Aufgabe entsteht beim Übernehmen des objektiven Arbeitsauftrages" (Hacker 1986, S.69).
14 Vgl. Hacker 1986, S. 9ff.

zungen (z.B. Gesundheitszustand) die sog. objektiven, individuumsunabhängigen Anforderungen. Die Kenntnis dieser sog. objektiven Anforderungen ist von großer Relevanz. Ich begnüge mich mit der Anführung einiger Beispiele:
1. Entsprechend klassischer curriculumtheoretischer Vorstellungen, daß Bildung einen Beitrag der Ausstattung zur Bewältigung von Lebenssituationen leiste, können diese Elemente des beruflichen Wirkungsraums als bedeutsamer Faktor für die Konstruktion und Revision von Curricula angesehen werden.
2. Der objektive Berufsbegriff ist „überindividuell angelegt und greift Tätigkeiten bzw. Funktionen in der arbeitsteiligen Wirtschaft auf".[15] Entsprechend ist die Kenntnis von Gemeinsamkeiten und Unterschiede von Wertketten von Betrieben von größter Bedeutung für die sog. Schneidung von Berufen, wie sie etwa bei der Novelle der Handwerksordnung vom 1.1.1994, mit der die Anlage A auf 94 Vollhandwerke reduziert wurde, höchst relevant wurde.[16]
3. Für das auftragsorientierte Lernen[17] bzw. das genuine Lernen[18] sowie für die methodisch-medialen Sonderformen (z.B. Arbeitsprojekte, Erkundungs- und Lernaufträge, Auftragstypenleittexte) ist die Kenntnis von Auftragstypen zentral.

Bezüglich des Handwerks ergibt sich die Schwierigkeit des Umgangs mit der großen Unterschiedlichkeit der Betriebe. Die Vielfalt der Betriebe spiegelt sich beispielsweise in der heterogenen Struktur der (Ausbildungs-)Berufe, der Organisationen des Handwerks usw. Diese Vielfalt drängt nach der Bildung von Clustern im Sinne der hierarchischen Clusteranalyse als datenreduzierendes Verfahren: Die Cases ('Betriebe') sollen so gruppiert werden, daß die Unterschiede zwischen den Cases eines Clusters möglichst gering und die Unterschiede zwischen den Clustern möglichst groß sind. Neben der Festlegung der Attribute erfordert dies vor allem eine Fixierung von Ähnlichkeits- bzw. Distanzmaßen. Als hypothetische Beispiele von Clustern auf einer hohen Fusionsstufe können etwa angeführt werden: 'Ladengeschäftler', 'Reine Werkstattfertiger', 'Baustellenfertiger' etc.

Als fünfter und letzter Knoten wurde im o.g. Pentagon der Bildungsbroker angeführt. Der Bildungsbroker wird von uns als Manager regionaler

---

15 Esser 1997, S. 77. Esser leistet eine eingehende Rezeption und Definition von „Beruf". Er versteht den Beruf als eine diaktische Kategorie und damit als Begriff, der sich semantisch unterschiedlich positionieren lasse und versteht ihn als „spezifische Form einer umfassenden Erziehung". Vgl. Esser 1997, insbes. S. 75ff.
16 Die Ausgangspunkte zur Novellierung der Anlage A der Handwerksordnung weisen erstaunliche Parallelen zur oben angeführten Methodik der De-Konstruktion und Re-Konstruktion von Wertketten auf. Bei der Novelle der Anlage A waren sog. Eckwerte der parlamentarischen Arbeitsgruppe Ausgangspunkt der Überarbeitung. Ein Hauptmotiv für die Revision war die Schaffung von Handwerken mit einem breiten Leistungsangebot „aus einer Hand".
17 Bezeichnung und Konzeption des auftragsorientierten Lernens gehen zuallererst auf die Arbeiten von Wolfgang Stratenwerth zurück. Vgl. insbesondere die von Stratenwerth herausgegebenen Sammelbände (1991a, 1991b).
18 Bezeichnung und Konzeption des genuinen Lernens gehen auf gemeinsame, bisher nicht veröffentlichte Arbeiten mit Martin Twardy zurück.

Bildungsnetzwerke, als Kommunikator zu Experten für technische Infrastrukturen, als Prozeßkoordinator und Produzent von Bildungsmultimedien konzipiert.[19] Zur Zeit entwickeln wir das Konzept mit Blick auf die innerbetriebliche Weiterbildung international operierender Wirtschaftsunternehmen fort. Mit dem Konzept des Bildungsbrokerings ist bereits angedeutet, daß auch neue Wertkettenelemente beachtet werden müssen. Zu erwähnen sind – neben Funktionalitäten aus dem Computer Managed Instruction, daß durch die Telekommunikationstechnik revitalisiert wird[20] – inbesondere:

1. Network-Providing: Network-Provider übernehmen den Betrieb, die Anpassung, Pflege und Wartung der technischen Infrastruktur, Hotline-Services für Installationsprobleme etc.. Dazu gehören auch Webservices[21], Firewalls und Verschlüsselung.
2. Multimedia-Produktion: Erstellung von Drehbüchern, Graphik-/Webdesign, Authoring, Programmierung (z.B. Html, Java), Video-Produktion und -Nachbearbeitung, Vertonung, Digitalisierung, Herstellung von CD, Videotapes incl. Mastering, Duplizierung usw.
3. Content-Providing: Recherche und Beratung, Erzeugung von Inhalten, rechtliche Gestaltung, Marketing.
4. Electronic Copyright Management:[22] Creation provider (CP), Media distributor (MD), Unique number issuer (UNI), IPR database provider, Monitoring service provider (MSP), Certification authority (CA).
5. Subscriber Management: Abonnentenverwaltung, Billing (Abrechnung), Erforschung von Nutzungsverhalten, statistische Auswertungen.

Wechselt man die Perspektive von den Wertkettenelementen zu der Perspektive den diesen Elementen zuzuordnenden Aktoren (z.B. Content-Provider, Anbieter netzwerkbasierter Dienste), entspricht dies der Analyse von Stakeholdern wie sie in stakeholderorientierten Evaluationsmethodologien wie etwa der responsiven Evaluation[23] am Anfang stehen. Im Mittelpunkt stehen hier die Stakeholder als groups at risk, d.h. nach Guba/Lincoln[24]: der Agenten (agents), der Begünstigten (beneficiaries) und der Opfer (victims) mit ihren jeweiligen Feldern (claims), Anliegen (concerns) und Konfliktthemen

---

19 Das Konzept des Bildungsbrokering geht auf gemeinsame Arbeiten mit Martin Twardy zurück und kann hier nicht detailliert beschrieben werden. Eine Skizze findet sich in Wilbers 1998b, S. 92ff.
20 Vgl. Twardy/Wilbers 1996a, Twardy/Wilbers 1996b.
21 Etwa: Bereitstellung von Hardware und Software (z.B. WWW-Server), Domain-Service (Aktivierung Domain-Namen, Einrichtung Subdomains etc.), Bereitstellung von Zugängen für den Daten-Upload, Datenträgerlieferungen, Erstellung von Scripts, Messaging, Datensicherung, Webstatistiken, Eintragung in Suchmaschinen, Anbindung an Datenbanken usw.
22 Die aufgeführten Aktoren werden neben dem Rechtsinhaber, dem Creator und dem Käufer im Geschäftsmodell (Version 2.0) des Electronic Copyright Management System (ECMS) im ESPRIT-Projekt Imprimatur genannt. Vgl. Imprimatur 1997; IIL 1998, S. 2ff.
23 Vgl. den Überblick bei Beywl 1998. Vgl. auch Patton 1997; Guba/Lincoln 1989.
24 Guba/Lincoln 1989, S. 40.

(issues). Das Verfahren der konstruktivistisch-responsiven Evaluation nach Guba/Lincoln kann wie folgt skizziert werden:

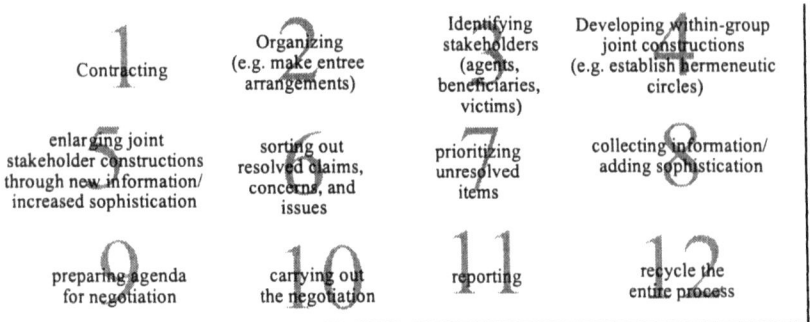

Abb. 2: Flow der konstruktivistisch-responsiven Evaluation

Eine zentrale Rolle kommt bei diesen Evaluationsmethodologien der adäquaten Gestaltung des Kommunikates zu. Bei der Evaluation von Software, die für den Einsatz in der Weiterbildung gedacht ist, im Hinblick auf den eigenen 'Stake' haben wir es im Handwerk überwiegend mit Novizen (z.B. Lerner und Dozenten in der beruflichen Weiterbildung, Mitarbeiter bei Kammern usw.) zu tun. Daher wählen wir zur Evaluation einen Weg aus dem modernen Software Engineering, das sog. Rapid Prototyping. Rapid Prototyping kann als eine Erweiterung des klassisches Phasenmodells des Software Engineering (Analyse und Definition – Entwurf – Implementation – Test – Einsatz und Wartung) verstanden werden. Dabei wird die Phase der Analyse und Definition ergänzt um die Produktion von Prototypen. Sie sollen die Produktdefinition (Funktionsumfang, Benutzeroberfläche, geplante Hard- und Software, Schnittstellen etc.) erleichtern und die Akzeptanz der späteren Benutzer erhöhen. Der Prototyp ist in diesem Sinne ein Kommunikat. Abschließend sei ein kurzer Blick auf den Prototyp I im Rahmen des Modellversuchs Mercur[25] gestattet.[26]

---

25 Vgl. Twardy 1997, Esser/Wilbers 1998, Esser/Habermann/Wilbers 1998, Habermann/Wilbers 1998, Kiedrowski/Wilbers 1998, Wilbers 1998b, 1998a, 1998c. Forschungs- und Entwicklungsarbeiten im Bereich „Medien/Computer und Weiterbildung im Handwerk" haben am Forschungsinstitut für Berufsbildung im Handwerk (FBH) eine vergleichsweise lange Tradition. Vgl. etwa Schmitz/Twardy 1984a, 1984b; Twardy 1985.
26 Die Architektur des Prototyp I ist ein Produkt eines F&E-Teams und geht neben meinem Beitrag vor allem zurück auf die Arbeiten von Dirk Habermann, Harald Ernst und Joachim von Kiedrowski. Die Darstellung folgt Kiedrowski/Wilbers 1998.

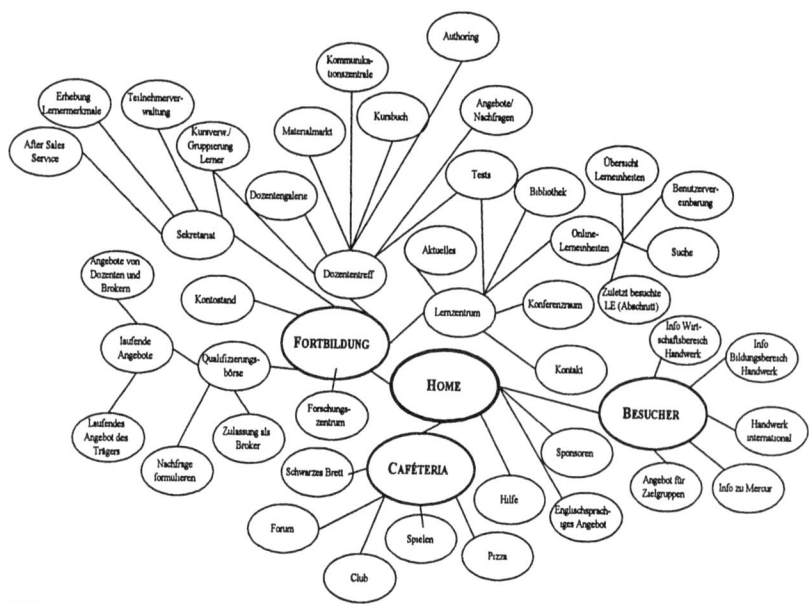

Abb. 3: Ausschnitt aus der Architektur der virtuellen Akademie des Handwerks (Prototyp I)

Die virtuelle Akademie besteht aus den drei Bereichen „Besucher", „Fortbildung" und „Caféteria". Der Besucherbereich beinhaltet neben zahlreichen Informationen zum Modellversuch auch umfangreiche Informationen zum Wirtschafts- und Bildungsbereich „Handwerk". Dabei werden bereits vorhandene Angebote (z.B. des Zentralverbandes des Deutschen Handwerks) genutzt.

In der Caféteria werden Instrumente verankert, die aus dem Marketing für webbasierte Dienstleistungen stammen wie z.B. der Club: „Der Club ist ein Extra-Service für alle, die brandneue Informationen zur beruflichen Weiterbildung brauchen. Ein kommunikativer Treff ehemaliger Teilnehmer, Dozenten und Betriebe. Der Club ist das effektive Netzwerk für persönliche, berufliche und geschäftliche Kontakte." (Auszug aus der Webseite).

Der Bereich „Fortbildung" sieht die folgenden „Räume" vor: Lernzentrum, Dozententreff, Sekretariat, Qualifizierungsbörse, Kontostand und Forschungszentrum. Das Forschungszentrum dient vor allem den Erhebungen, die aufgrund von Forschungsinteressen vorgenommen werden.

„*Qualifizierungsbörse*" und „*Kontostand*" wurden eingerichtet, um den elektronischen Geschäftsverkehr (E-Commerce) im Bereich der Weiterbildung zu erforschen, entwickeln und zu erproben. Zur Zeit begnügen sich die Träger der Weiterbildung hier vor allem mit der Präsentation ihres Angebotes im World Wide Web. In einem weiteren Sinne sollen jedoch alle Phasen der Transaktion (Informations-, Vereinbarungs- und Abwicklungsphase) und mehrere Kommunikationsmodelle (nicht nur angebotsorientierte, sondern auch nachfrageorientierte oder elektronische Auktionen) informationstechnisch unterstützt werden. Außerdem sollen Modelle mit Mittlern, wie sie in vielen anderen Märkten üblich sind, erforscht, entwickelt und erprobt werden. Damit ist vor allem der Bildungsbroker angesprochen. Der Bildungsbroker könnte z.b. nach Richtlinien der Kammer zugelassen werden und stellt für seinen Kunden, den handwerklichen Lerner, Problemlösungen unter Rückgriff auf wiederverwertete bzw. angepaßte multimediale Module in Kombination mit Präsenzphasen bei einem Bildungsträger zusammen.

Im *„Sekretariat"* erhält man Informationen zu den organisatorischen Abläufen, Anmeldeformalitäten, Infos zu den Kosten und Stundenplänen. Außerdem sollen in diesem Bereich die Verwaltungsaufgaben der Bildungsträger unterstützt werden, wie z. B. die Verwaltung von Teilnehmerdaten, Versenden von Mitteilungen an die Teilnehmer und das Ausstellen von Zeugnissen. Ferner soll eine zielgruppengerechte Nachbetreuung der Teilnehmer (After-Sales-Bereich) ermöglicht werden.

Im *„Dozententreff"* werden Möglichkeiten verankert, die vornehmlich die Arbeit der Dozenten unterstützen. Es können kommentierte Unterrichtsmaterialien gesucht und eigene Unterrichtsmaterialien den anderen Dozenten angeboten werden. Für die Erstellung neuer Online-Lernmaterialien steht den Dozenten ein Zugang zu einem Online-Autorensystem zur Verfügung.

Die drei grundlegenden Funktionen des Bereichs *„Lernzentrum"* sind die *„Online-Lerneinheiten"* auf dem persönlichen Schreibtisch", die *„Bibliothek"* sowie die *„Konferenzräume"*. Online-Lerneinheiten liegen auf einem persönlichen Schreibtisch vor, der dynamisch nach den jeweiligen persönlichen Angaben aus einer Datenbank für jeden Teilnehmer individuell erzeugt wird. Die Lerneinheiten unterstützen mit Funktionen wie Glossar, Suchen, Notizen usw. zur Zeit vor allem das individuelle Lernen. Hier sollen auch neue Möglichkeiten der Produktion von Lerneinheiten neben dem Zentralstellenmodell (Produktion durch eine Zentralstelle) entwickelt und erprobt werden (z.B. Produktion von neuen Lerneinheiten durch Dozenten, Anpassung und Wiederverwendung vorhandener Lerneinheiten durch sog. Broker). Das kooperative Lernen spielt sich vor allem in den Konferenzräumen ab. Hier werden im nächsten Kurs sog. Teilautonome Lerngruppen gebildet. Dazu treffen sich regional Lernergruppen im Betrieb oder zuhause und werden durch einen Teletutor in bestimmten Zeitfenstern mit Hilfe audiographischer Konferenzen (Internettelefonie in Verbindung mit Internetstandardtechniken) betreut. Die konkrete Umsetzung kann unter http://www.fbh-mercur.de begutachtet werden.

Literatur

Beywl, Wolfgang: Zur Weiterentwicklung der Evaluationsmethodologie. Grundlegung, Konzeption und Anwendung eines Modells der responsiven Evaluation. Reprint: Köln: Arbeitsstelle für Evaluation, 1998

Esser, Friedrich Hubert: Beruf als didaktische Kategorie: Tradition und Innovation. Köln: Botermann & Botermann, 1997

Esser, Friedrich Hubert/Wilbers, Karl: Im Handwerk gibt es keine Revolutionen. Oder doch? Telelearning: Herausforderungen, Probleme und Lösungsvisionen. In: Berufsbildung. Vol. 52, No. 51, Juni 1998, S. 20-22.

Esser, Friedrich Hubert/Habermann, Dirk/Wilbers, Karl: Telekommunikationsgestützte Weiterbildung als Chance und Herausforderung für Klein- und Mittelunternehmen. Überlegungen aus Sicht des Modellversuchs: Curriculumstrukturen telekommunikationsgestützter Weiterbildung im Handwerk (Mercur). In: Bildungspraxis. Nr. 2, Mai 1998, S. 8-9.

Guba, Egon G./Lincoln, Yvonna S.: Fourth Generation Evaluation. Newbury Park/London/New Delhi: Sage Publications, 1989

Habermann, Dirk/Wilbers, Karl: Ein neuer Markt für Handwerkskammern. In: Handwerk magazin. Beilage „Beruf & Bildung". November, 11/1998, S. II-III

Hacker, Winfried: Arbeitspsychologie. Psychische Regulation von Arbeitstätigkeiten. Bern u.a.: Hans Huber, 1986

IIL (Institute for Information Law (IIL) of the University of Amsterdam; Instituut voor Informatierecht): Privacy, Data Protection and Copyright: Their Interaction in the Context of Electronic Copyright Management Systems. Amsterdam: Institute for Information Law, 1998

IMPRIMATUR: The IMPRIMATUR Business Model, Version 2.0. IMPRIMATUR (Esprit 20676). IMP/4039-A. Ohne Ort, 21.11.1997

Kiedrowski, Joachim von/Wilbers, Karl: Architektur der virtuellen Akademie des Handwerks (Prototyp I) – Kurzfassung. Köln: Forschungsinstitut für Berufsbildung, Dezember 1998

Kremer, H.-Hugo/Wilbers, Karl: Virtuelles Seminar „Wipäd Köln – München" – Konzeption und erste Erfahrungen -. In: Kölner Zeitschrift für »Wirtschaft und Pädagogik« 13. Jg. 1998, Heft 25, S. 99 - 116

Marten, Bärbel: Psychologische Arbeitsanalyse. Berlin u.a.: Springer, 1984

Patton, Michael Quinn: Utilization-Focused Evaluation. The new century text. 3rd edition. Thousand Oaks/London/New Delhi: Sage Publications, 1997

Schmitz, Paul/Twardy, Martin: Mediengestützte Weiterbildung im Handwerk. In: Berufsbildung im Handwerk/4. Beilage zum Deutschen Handwerksblatt, November 1984a, S. 735-738

Schmitz, Paul/Twardy, Martin: Überlegungen zur mediengestützten Weiterbildung im Handwerk. In: Twardy, M. (Hrsg.): Handwerkspädagogik. Bad Laasphe i.W.: Carl, 1984b, S. 195-215

Stratenwerth, Wolfgang (Hrsg.): Auftragsorientiertes Lernen im Handwerk. Band I: Methodenkonzept. Bad Laasphe in Westfalen: Carl 1991a

Stratenwerth, Wolfgang (Hrsg.): Auftragsorientiertes Lernen im Handwerk. Band II: Basismaterialien. Bad Laasphe in Westfalen: Carl 1991b

Timmers, Paul: Business Models for electronic Markets. In: em electronic markets. International Journal of Electronic Markets. Vol. 8, No. 2, 1998, S. 3-8

Twardy, Martin: Lernpsychologische Bedingungen und didaktische Konsequenzen zur Realisierung computerunterstützten Unterrichts. In: Seibt, Dietrich/Szyperski, Norbert/ Hasenkamp, Ulrich (Hrsg.): Angewandte Informatik. Braunschweig/Wiesbaden: Vieweg, 1985, S. 305-322

Twardy, Martin: Telelernen im Handwerk – didaktische Konzeptualisierung eines Lernarrangements. In: Bundesinstitut für Berufsbildung (Hrsg.): Berufliche Bildung – Kontinuität und Innovation. Berlin/Bonn: Bibb, 1997, S. 691-699

Twardy, Martin/Wilbers, Karl: Computerunterstützter Unterricht in der Berufsbildung. In: Bonz, Bernhard (Hrsg.): Didaktik der Berufsbildung. Stuttgart: Holland + Josenhans, 1996a, S. 144-161

Twardy, Martin/Wilbers, Karl: Computerunterstützter Unterricht. In: Schwuchow, Karlheinz/Gutmann, Joachim (Hrsg.): Jahrbuch Weiterbildung 1996. Düsseldorf: Verlagsgruppe Handelsblatt, 1996b, S. 180-183

Twardy, Martin/Wilbers, Karl: Auf dem Weg zu einer virtuellen europäischen Universität. Papier an die Studiengruppe „Allgemeine und berufliche Bildung" der Generaldirektion GD XXII „Allgemeine und berufliche Bildung, Jugend" der Europäischen Kommission. Köln: Lehrstuhl für Wirtschafts- und Sozialpädagogik, Dezember 1998

Ulich, Eberhard: Arbeitspsychologie. Stuttgart: Poeschel, 1991

Wilbers, Karl: Aktuelles Stichwort: Multimedia. In: Kölner Zeitschrift für »Wirtschaft und Pädagogik«, Heft 14, 1993, S. 103 - 123.

Wilbers, Karl: Bildungsmarketing versus Pädagogik – kritische Anmerkungen zu einem Spannungsverhältnis. In: Zimmer, Gerhard/Holz, Heinz: Lernarrangements und Bildungsmarketing für multimediales Lernen. Nürnberg: BW Bildung und Wissen Verlag, 1996, S. 226-257

Wilbers, Karl: Telelearning. In: Berufsbildung. Vol. 52, No. 51, Juni 1998a, o.S.

Wilbers, Karl: Electronic Commerce als berufs- und wirtschaftspädagogische Herausforderung. In: Kölner Zeitschrift für »Wirtschaft und Pädagogik« 13. Jg. 1998b, Heft 25, S. 71 - 98

Wilbers, Karl: Designing Evaluation of Telematics-Supported Learning Arrangements in the Commercial Further Training for Small and Medium Sized Enterprises in the Crafts Sector. In: Online Educa Berlin. 4th International Conference on Technology Supported Learning. Book of Abstracts. Berlin: International Where + How: 1998c, S. 132-135

Die Förderung von Denken im ökonomischen Handlungsfeld als Vermittlungsaufgabe in Bildungsinstitutionen

Karin Aschenbrücker

1. Problemstellung

Das Denken in ökonomischen Begriffen scheint gegenwärtig umgangssprachlich schon so stark Allgemeingut geworden zu sein, daß es fast obsolet erscheint, über Strategien zur Förderung von Denken im ökonomischen Handlungsfeld Überlegungen anzustellen: Das Auf und Ab von Aktienkursen ist längst Stimmungsbarometer des Lebensgefühls gesellschaftlicher Gruppen geworden, die Diskussion um Vor- und Nachteile der europäischen Währung hat im vergangenen Jahr öffentliche Debatten belebt, von den Folgen zahlreicher, offensichtlich „ökonomisch" begründeter Fusionen sind neben Anteilseignern auch Arbeitnehmer und Konsumenten betroffen. Viele Felder der gegenwärtigen privaten, beruflichen und gesellschaftlichen Lebenswirklichkeit sind faktisch durch Konsequenzen ökonomischen Handelns determiniert, Institutionen – u.a. auch Bildungsinstitutionen – werden nach ökonomischen Kriterien umstrukturiert. Diese nicht zu leugnende und sich im Informationszeitalter eher akzelerierende Entwicklung nehme ich zum Ausgangspunkt, um den Stand der Entwicklung eines im Kern bildungstheoretisch fundierten Konzeptes zur Förderung von Denken im ökonomischen Handlungsfeld als Vermittlungsaufgabe in Bildungsinstitutionen zu erläutern und zur Diskussion zu stellen.

Handeln im ökonomischen Entscheidungsfeld ist komplex und folgenreich. Konventionelle Vermittlungsstrategien neigen häufig dazu, im Schwerpunkt auf den Aufbau von Wissen abzuzielen, gegebenenfalls auch das Gewinnen von Werthaltungen zu fördern, das Fördern von Denken als eigenständig zu erbringende Leistung einer Person jedoch zu wenig zu berücksichtigen. Der Komplex des Denkens und insbesondere der Denkförderung ist in der Fachliteratur mehrdeutig definiert[1]. Mein Anliegen konzentriert sich darauf, mit bereits vorliegenden Erkenntnissen der Lernforschung zu arbeiten (nicht etwa neu zu erheben), und zwar im Bewußtsein des Problems, daß die Kausalität zwischen Wissen – als Voraussetzung von Denken – und Handeln weiterhin als offenes Problem in Vermittlungsstrategien ein-

---
1 Vgl. Hussy, Walter: Denken und Problemlösen, Stuttgart 1993.

bezogen werden muß[2]. Im Kern geht es im ökonomischen Handlungsfeld darum, problemlösendes Denken, das Treffen von Entscheidungen, kreatives Denken und vernetztes Denken zu fördern. Diese Fähigkeiten sollten aus wirtschaftspädagogischer Sicht durch wertbezogenes und kritisches Denken maßgeblich begleitet werden. Im Ergebnis der Vermittlungstätigkeit soll selbstbestimmtes und selbstverantwortetes Denken im ökonomischen Handlungsfeld möglichst stabil gefördert werden.

Nach Ergebnissen der Transferforschung ist Denken lernen stark gegenstandsgebunden, d. h. Transfer findet statt, „wenn prozedurales Wissen mit einer deklarativen Wissensbasis kombiniert werden kann"[3]. Eine Voraussetzung zur Förderung von Denken im ökonomischen Handlungsfeld ist folglich, daß bereits umfangreiches Begriffs- und Zusammenhangwissen vorhanden ist. Um im Rahmen der vorzustellenden Vermittlungsstrategien angemessene Leistungen zu fördern, müssen demzufolge bereits langfristig erworbene und verstandene, zweckmäßig strukturierte, spezifische Wissensbestände flexibel genutzt werden können[4]. Diese Voraussetzung ist eine notwendige Bedingung im Kontext der Vermittlungsarbeit der beiden im folgenden erläuterten Sequenzen. Denkfördernde Vermittlungsstrategien setzen darüber hinaus ein Klima voraus, in dem die Haltung des Suchens und der Offenheit vorherrscht, „viel Gewicht auf ... Problemorientierung gelegt wird und ... überlegt und bedächtig vorgegangen wird"[5]. Die Fähigkeit, im ökonomischen Handlungsfeld auf der Grundlage einer bereits erworbenen umfangreichen Wissensbasis strukturiert zu operieren, soll im Ergebnis der Vermittlungstätigkeit als Problemlöse- und Entscheidungskompetenz sowie als Fähigkeit zu kreativem und vernetztem Denken beim potentiellen Handlungssubjekt erkennbar und bewertbar aufgebaut sein.

Im hier aufgegriffenen Problemfeld werden exemplarisch zwei Sequenzen zur Förderung von Denken im ökonomischen Handlungsfeld vorgestellt. Die Ausführungen basieren auf der Prämisse, daß die Förderung ökonomischen Denkens gegenwärtig auf viele Erklärungshilfen aus der konstruktivistischen Lernforschung zurückgreifen kann, die Frage nach der Auswahl geeigneter Vermittlungsinhalte aus dem fach(wissenschaft)lich umfangreichen Erklärungsfeld bildet jedoch nach wie vor eine Hauptaufgabe und permanente Herausforderung (fach-)didaktischer Forschung. Die Sequenzen

---

2 Vgl. Reinmann-Rothmeier/Mandl: Wissen und Handeln. Eine theoretische Standortbestimmung, Forschungsbericht Nr. 70 des Instituts für Empirische Pädagogik und Pädagogische Psychologie und an der Ludwig-Maximilians-Universität München, München 1996, insbes. S. 36-41.
3 Vgl. Dubs, Rolf: Lehrerverhalten. Ein Beitrag zur Interaktion von Lehrenden und Lernenden im Unterricht, Zürich 1995, S. 194.
4 Vgl. dazu auch Dubs (1995), S. 174.
5 Dubs (1995), S. 253.

sind in unterschiedlich differenzierter Form in bezug auf Vorwissen und Anspruchsniveau durchführbar, d.h. der Komplexitätsgrad kann sowohl reduziert als auch erhöht werden. In bezug auf die Durchführung empfiehlt sich der Rahmen einer Bildungsinstitution, wie z.B. Schulen in unterschiedlicher Form, da der Bildungsauftrag von Schulen u.a. in der interessenfreien Vermittlung von Erkenntnis bzw. einer entsprechenden Förderung von Denken liegt. Im Kontext der didaktischen Aufgabenstellung eignen sich folgende Themenkomplexe besonders gut zur Förderung von Denken im ökonomischen Handlungsfeld:
- der Bereich der (Neu-)Produktentwicklung
- die Entwicklung eines Konzeptes zur Gründung eines Unternehmens.

Sowohl der Bereich der Produktentwicklung als auch die Entwicklung eines Gründungskonzeptes sind komplexe Entscheidungsfelder. Alle einzelökonomischen Entscheidungsbereiche treffen aufeinander und müssen zielbezogen koordiniert werden. Ohne eine möglichst exakte und realitätsnahe Analyse der Umfeldbedingungen und potentieller Handlungsfolgen ist keine marktorientierte Planung möglich. Beide Entscheidungsfelder haben strategische Bedeutung, der mittel- und kurzfristige Einsatz der Handlungsparameter muß jedoch mitgeplant werden, andernfalls können keine Lösungsansätze aufgezeigt werden (Zeitraumbezug). Da keine zukunftsgerichtete Planung vollständig exakt möglich ist, sind flexible Lösungsansätze und das Aufzeigen von Alternativen unverzichtbar. Kreativität und das Denken in einzel- und gesamtwirtschaftlichen Zusammenhängen (Markt und Wettbewerb) sind notwendige Bedingungen, um die Aufgabenstellungen Lösungen zuführen zu können.

2. Vermittlungsstrategien zur Förderung ökonomischen Denkens

Wenn Informationen „produktiv" verarbeitet, für ein vertieftes Verständnis von Problemen genutzt und bei der Lösung anspruchsvoller Aufgaben flexibel angewendet werden sollen, bedarf es – wie bereits aufgezeigt – zum einen einer fundierten Wissensbasis, zum anderen einer fundierten Lernabsicht und dementsprechend einer verständnisorientierten Vermittlungsstrategie. Eine Grundvoraussetzung für eine produktive Gestaltung von Vermittlungsprozessen liegt daher in der Förderung einer Lernkultur, in der nach Weinert „Lern- und Leistungsprozesse aufgabenbezogen flexibel aufeinander ab(ge)stimmt"⁶ werden. Sowohl die Förderung der Aufnahme und Verarbeitung neuer Informationen, der probierenden Auseinandersetzung mit schwierigen Aufgaben und des Erwerbes eines gut verstandenen, flexibel nutzbaren Wissens, als auch von Leistungen zur Bewährung und Bekräftigung des Gelernten und zur individuellen, sozialen und kriterienbezogenen Selbstbewertung zeichnen Vermittlungsstrategien aus, die als „guter Unterricht"⁷ bezeichnet werden können und die den vorliegenden komplexen Problemen adäquat Rechnung tragen.

1. Sequenz: Eine Fallstudie zur (Neu-)Produktentwicklung

Seit der Entwicklung der heute als „klassische Fallstudie" bezeichneten Vermittlungsmethode an der HBS mit ihren Wurzeln in der Kasuistik der Juristen im Jahr 1908 wird gegenwärtig – je nach Vermittlungsaufgabe – auch im ökonomischen Kontext mit verschiedenen Variationen von Fallstudien⁸ gearbeitet. Die Zielsetzung der Verwendung von Fallstudien wird im Üben der Lösung möglichst realitätsnaher Problemstellungen in unterschiedlich differenzierter Form gesehen. Bei der Bearbeitung von Fallstudien lassen sich nach dem „Verlauf des Lernprozesses" mit Kaiser folgende Ablaufphasen beobachten:

1 **Konfrontation** mit dem Problem (Ziel = Erfassen des Problems)
2 Beschaffen und Auswerten von **Information**en zur Lösung des Problems
3 Entwicklung von Problemlösungsalternativen (**Exploration**)
4 Entscheidung für eine Problemlösung (**Resolution**)
5 Verteidigung der Entscheidung (**Disputation**)
6 Vergleich der gefundenen Lösung mit realistischen Lösungsansätzen (**Kollation**)⁹

---

6 Vgl. u.a. Weinert, Franz E.: Neue Unterrichtskonzepte zwischen gesellschaftlichen Notwendigkeiten, pädagogischen Visionen und psychologischen Möglichkeiten, in: Bayerisches Staatsministerium für Unterricht, Kultus, Wissenschaft und Kunst (Hrsg.): Wissen und Werte für die Welt von morgen, München 1998, S. 101-125, hier S. 109 und 110.
7 Vgl. Weinert (1998), S. 110, Vgl. Aschenbrücker, Karin: Wirtschaftliche Bildung. Analyse eines Leitbegriffes und fachdidaktische Reflexion, Frankfurt/M. 1996, S. 162-172.
8 Häufig werden Case-Problem-Method, Incident-Method, In-Basket-Exercise-Method und Case-Study-Method unterschieden. Vgl. Perlitz/Vassen: Grundlagen der Fallstudiendidaktik, Köln 1976, S. 2-6.
9 Vgl. Kaiser/Kaminski: Methodik des Ökonomie-Unterrichts. Grundlagen eines handlungsorientierten Lernkonzepts mit Beispielen, Bad Heilbrunn 1994, S. 127. Vgl. Kaiser, Franz-Josef (Hrsg.): Die Fallstudie. Theorie und Praxis der Fall-

Im Komplexitätsgrad problemadäquat reduziert, wird nachfolgend eine kleine Fallstudie als Variation einer Incident-Methode erläutert. Sie wurde von mir vor fünf Jahren nach langjähriger Marktbeobachtung und einzelnen Expertenbefragungen konzipiert. Seitdem wurde sie mit unterschiedlichen Altersgruppen mehrfach eingesetzt. Die Teilnehmer hatten z.T. theoretisches, teilweise stärker praxisbezogenes Vorwissen. Das Ausgangsproblem ist ein hypothetischer, realitätsnaher Fall aus der Automobilbranche, die gegenwärtig und zukünftig eine Schlüsselfunktion in der westlichen Ökonomie einnimmt. Die persönliche Betroffenheit der Teilnehmer mit der Fallschilderung ist durchgängig sehr groß. Mit dem Automobil verbinden alle Teilnehmer Sozialisationserfahrungen, Assoziationen und Emotionen werden wachgerufen (Interesse). Zu Beginn werden die Teilnehmer mit folgender Problemstellung konfrontiert:

Fallstudie „EURO-Mobil 2009"

Es ist Dienstagmorgen, 9.30 Uhr. Sie sind TeamleiterIn im Bereich PKW-Produktentwicklung des Automobilkonzerns MOBIL AG, Augsburg. Herr Klug, Assistent des Marketingvorstandes Dr. Sell kommt zur Tür herein und bittet Sie, kurzfristig einen Strategieentwurf für eine Präsentation von Zwischenergebnissen Ihrer Tätigkeit zusammenzustellen. Der Marketingleiter Europa sei unerwartet erschienen, um über den Stand der potentiell realisierbaren Prototypen für das geplante EURO-Mobil 2009 informiert zu werden. In jedem Fall wolle er Auskunft erhalten über
- Ihre anvisierten **Zielgruppen**
- **objektive und subjektive Produkteigenschaften** des EURO-Mobils, wie z.B. Größe, Form, Antriebsart und -stärke sowie über die geplante Ausstattung
- Ihre **Preisstrategie**
- die geplanten **Vertriebswege**
- und die entsprechenden **Serviceleistungen**.

Schaubild 1: Folie mit Darstellung des Ausgangsproblems

---

studiendidaktik, Bad Heilbrunn 1983, S. 26. Vgl. ausführlich: Perlitz/Vassen (1976) S. 6-40.

Zur Durchführung zur Bearbeitung der Fallstudie wurden den Teilnehmern folgende vereinfachten Marktannahmen als Planungsgrundlage zur Verfügung gestellt:

Informationsgrundlagen

Ökonomische Rahmenbedingungen
   gemeinsamer Binnenmarkt: freie Beweglichkeit von Gütern, Dienstleistungen, Vertriebsstrukturen, Serviceleistungen; ein Währungsraum; unterschiedliche Steuer- und Abgabensysteme;
   teilweise Tendenzen zur Angleichung von Konsumgewohnheiten (Standards) mit regionalen Unterschieden, je nach Kaufkraft und Infrastruktur, Vielfalt kultureller Konsum- und Lebensstile

Bevölkerungsstruktur
   hoher Anteil älterer Bürger, relativ schwacher Anteil mittlerer Altersgruppen, relativ großer Anteil an jungen Altersgruppen (20- bis 25-jährig); gegenwärtig steigende Geburtenzahlen

Einkommensstruktur
   zunehmende Gegensätze zwischen vermögenden und sozial schwachen Einkommensbeziehern; regionale und sektorale Unterschiede; Trend zum weiteren Abbau sozialer Auffangnetze

Konsumgewohnheiten
   Tendenz der Polarisierung und des situativen Wechsels zwischen ausgeprägt rationalem Kaufverhalten und Konsumverzicht versus partiell extremen Neigungen zum Konsumgenuß; partiell bzw. situativ hedonistisches Konsumverhalten, verbunden mit extrovertiertem Lebensstil und Prestigekonsum

Entwicklungstendenzen der Handelsstruktur
   weitere Polarisierung zwischen Versorgungs- und Erlebnishandel

Produktplanung
   in bezug auf „technische Produkteigenschaften" ...
   kann davon ausgegangen werden, daß im Bereich der Produktentwicklung – auch infolge von Verflechtungen und Kooperationen mit amerikanischen und asiatischen Mitbewerbern – bereits umfangreiche Bausteine technologischer Entwicklungen (Motorsysteme, Klima- und Sicherheitstechnologie, Antriebstechnik usw.) vorhanden sind, die auch für den europäischen Markt nutzbar gemacht werden können.

Schaubild 2: Informationsgrundlagen zur Bearbeitung der Fallstudie

Auf folgendem Arbeitsblatt bearbeiten vier bis sechs Arbeitsgruppen jeweils den Fall:

Arbeitsblatt Gruppe 1
• Zielgruppe
• Produktbeschreibung hinsichtlich objektiver und subjektiv wahrnehmbarer Produkteigenschaften
• Preisstrategie
• Vertriebswege
• Serviceleistungen

Schaubild 3: Arbeitsblatt zur Entwicklung von Problemlösungen

Die Arbeitsgruppen erarbeiteten je nach Vorwissen in unterschiedlichen Zeiträumen (30 bis 120 Minuten) Lösungen, die von einem „Sparmobil" im Baukastensystem, über Internet und Tankstellenvertrieb zum Diskountpreis erhältlich, über lebensphasen- und lebensstilbezogene Mittelklassewagentypen (Familie, Freizeit etc.) bis zum absoluten Luxus-PKW im obersten Preissegment variierten. Die Lösungen wurden mit Freude und Stolz präsentiert. Hauptdiskussionspunkte waren die Realitätsnähe der Arbeitsergebnisse hinsichtlich der Informationsgrundlagen und des jeweiligen Wissens über das Zusammenspiel der Marketinginstrumente unter Kapazitätsannahmen. Anschließend wurden die Ergebnisse unter Verwendung einer Expertenbefragung über Entwicklungstendenzen im europäischen Automobilmarkt ausgewertet. Das Ergebnis einer von mir durchgeführten Expertenbefragung (Automobilhersteller mit Sitz der Zentrale in Deutschland, GfK, Nürnberg) diente den Arbeitsgruppen als ergänzendes Instrument zur ergebnisbezogenen Selbst- evaluation.

Auswertung

**Ergebnis einer Expertenbefragung
über Entwicklungstendenzen im europäischen Autombilmarkt
im Juli 1997**

Technologien werden fahrzeugunabhängig entwickelt und anschließend, abhängig vom Innovationsgrad, entsprechenden Baureihen zugeordnet. Die Primärtechnologien „Qualität und Sicherheit" werden zukünftig kein differenzierendes Merkmal eines Produktes mehr sein, da „höchste" Standards marktüblich geworden sind. Innovationssprünge werden ständig geringer, da technologische Innovationen – auch durch enge Kooperationsstrategien mit Mitbewerbern und Zulieferern – in immer kürzeren Zeiträumen auf den Markt gebracht werden. Tendenz: zeitgleiche Marktreife.

Strategischer Planungshorizont für echte technologische Innovationen: 10 Jahre.

Erschließung neuer Marktsegmente „durchschnittlich" zwischen 4 und 7 Jahre, Design: 6 - 8 Monate.

Differenzierung der Produkte weiter steigend über emotionale, subjektiv wahrnehmbare Anmutungsmerkmale (Ausstattung, Positionierung, Design, Stil).

Der Markt für Automobile ist ein typisch globaler Markt, dessen Regionalanpassungen in den Triade-Märkten (Europa – USA – Südostasien) vorgenommen werden.

Der europäische Markt ist gegenwärtig durch einen Trend zum „downsizing" der Automobile mit entsprechend komfortabler und variationsreicher Innenausstattung gekennzeichnet.

Einschätzung der Absatzchancen in einzelnen PKW-Klassen

	Kleinwagen	Mittelklasse	Luxuswagen	Kombi
gegenwärtig	2	3	4	1
in 5 Jahren	2	3	4	2
in 10 Jahren	1	?	?	1
Legende:	1	wachsend		
	2	stark wachsend		
	3	stagnierend		
	4	sinkend		

Schaubild 4: Auswertungsfolie zum Vergleich der erarbeiteten Gruppenlösungen mit erwarteten Entwicklungstendenzen im europäischen Automobilmarkt auf der Grundlage einer Expertenbefragung.

2. Sequenz: Die Entwicklung eines Konzeptes zur Gründung eines
             Unternehmens

Das vorliegende Problem ist komplex. In der Realität benötigt ein potentieller Existenzgründer durchschnittlich ein Jahr Entwicklungsarbeit um von der Geschäftsidee über die verschiedenen Analyse-, Planungs- und Prüfungshürden zur Realisierung zu gelangen. Er ist in diesem Zeitraum sowie für viele darauf folgende Jahre „selbst ständig" an der Schnittstelle zwischen weiterer Entwicklung und Realisierung seines Konzeptes tätig. Die Sequenz erstreckt sich daher auf einen längeren Zeitraum und ist in fünf Phasen unterteilt. Diese Phasen sollten möglichst alle durchlaufen werden, je nach Vorwissen kann ggf. jedoch auf einzelne Phasen verzichtet werden.

Phasen

1   Die Rahmenveranstaltung stellt eine mehrsemestrige Vorlesung mit Übung dar, deren Ziel es ist, beim selbständigen Erarbeiten ökonomischer Grundkenntnisse Hilfestellung zu geben. Insbesondere wird das Verstehen einzel- und gesamtwirtschaftlicher Zusammenhänge geübt

2   Übungen zur Entwicklung eines Unternehmenskonzeptes (Gruppenübungen parallel zu Vorlesungen)

3   Übung zur Entwicklung eines Businessplan (Gruppen- und Einzelübung, ergänzt durch Expertenwissen z.B. über zusätzliche Vorträge aus der Unternehmensberatung[10] und der Finanzierung einer Unternehmensgründung[11])

4   Vertiefung durch mehrtägigen Workshop und Coaching

5   Gesprächszirkel (jour fixe, Außenkontakt).

Das Kernanliegen besteht auch im Rahmen dieser Sequenz nicht darin, möglichst umfassendes einzel- und gesamtwirtschaftliches Wissen aufzubauen, sondern komplex, flexibel und kreativ sowie ökonomisch folgerichtig und verantwortlich zu denken. Die Hauptaufgaben bestehen – elementar formuliert – darin, zunächst eine Unternehmensidee zu entwickeln. Durch die mit der Aufgabenstellung verbundene Betroffenheit (Selbst-bezug[12]) wird Interesse an der Lösung geweckt. Zur Umsetzung der Idee muß der Zielmarkt (Zielgruppe, Branche, Marktpotential, Wettbewerbsstruktur, angestrebter

---

10 Robert Hauser, McKinsey&Company, München: „Von der Geschäftsidee zum integrierten Businessplan"
11 Otto Berger, HypoVereinsbank, München: „Finanzierung und Unternehmensgründung"
12 Vgl. Hussy, Walter: Zur Entwicklung des Problemlösens, in: Oerter/Montada: Entwicklungspsychologie, 2., neubearb. Aufl., München 1987, S. 506-536, hier S. 531.

Marktanteil) bestimmt werden. Die Zielsetzungen müssen grundsätzlich quantifiziert und zeitlich geordnet werden (geplante Gewinnspannen, Kostenstruktur, Break-Even-/Cash-Flow-Plan), die Leistungen müssen präzisiert werden und ihre Entwicklung, Erstellung und Vermarktung muß differenziert geplant werden, rechtliche Fragen sollten geklärt werden, die personelle Ausstattung muß geplant werden bevor ein entsprechender Finanzplan[13] aufgestellt werden kann. Im gegebenen Rahmen soll ein Beispiel aus Phase 2 erläutert werden:

Vor dem Hintergrund der gegenwärtigen Umstrukturierungsbemühungen im Bildungssektor haben wir folgende Übung zur Entwicklung eines Konzeptes für eine Bildungsinstitution parallel zur Lehrveranstaltung mit großem Interesse und sehr gutem Erfolg durchgeführt. Die Aufgabenstellung, die in Arbeitsgruppen je nach Vorwissen im Zeitraum von 2 bis 4 Stunden vorzubereiten war, wurde von mir wie folgt beschrieben:

Entwickeln Sie ein Konzept für eine Bildungsinstitution.
Beachten Sie dabei insbesondere folgende Entscheidungsfelder:
- Zielsetzung der Bildungsinstitution (eigener Auftrag, Kultur, „Philosophie" der Institution)
- Zielgruppe
- Vermittlungskonzept (inhaltliche Schwerpunkte und methodischer Ansatz, Anspruchsniveau, Abschlüsse, Kooperationen)
- Personalausstattung (Anzahl und Vorbildung von Fachpersonal zur Vermittlung, von Bürokräften sowie von sonstigen Mitarbeitern)
- Räumliche Ausstattung (Umfeld, Gebäude, zusätzliche Angebote) und
- Finanzierung (Anfangsausstattung und mittelfristige Planung).

Schaubild 5: Aufgabenstellung zur Entwicklung eines Gründungskonzeptes für eine Bildungsinstitution

---

13 Ein Finanzplan ist von zentraler Bedeutung, da nach Angaben der Finanzierungsinstitute rd. 70% aller Neugründungen an Finanzierungsmängeln scheitern.

Die Arbeitsergebnisse wurden auf Folien zusammengestellt und anschließend im Plenum präsentiert:

Übung zur Entwicklung eines Konzeptes für eine Bildungsinstitution Gruppe 1
Bezeichnung des Unternehmens .... *Unternehmenszweck* ....
Angebot ....
Zielgruppe ....
Vermittlungskonzept ....
Personalausstattung ....
räumliche Ausstattung ....
Finanzierung..

Schaubild 6: Folie zur Präsentation der Ergebnisse der Arbeitsgruppen

Die kreativ erarbeiteten Lösungsansätze variierten facettenreich von der „Brainstorm-GmbH", deren Angebot sich auf virtuelle Weiterbildung via Internet konzentrieren sollte bis zur „European and Global Education Company", die sich auf die Vermittlung interkultureller und kommunikativer Kompetenzen im Führungskräftebereich konzentrieren wollte. Sie waren sowohl didaktisch und methodisch reflektiert als auch ökonomisch durchdacht. Die größten Schwierigkeiten bereitete in diesem Zusammenhang die Entwicklung eines transparenten und realistischen Finanzierungskonzeptes. Hier konnten Kalkulationsgrundlagen beschafft werden.

Besondere Bedeutung kommt im Hinblick auf eine potentielle Realisierung eines Unternehmenskonzeptes den Persönlichkeitseigenschaften eines/r Existenzgründers/in zu, die im Rahmen konventioneller Vermittlungsstrategien wenig bis nie einbezogen werden. Er/Sie sollte neben fachlichen, branchenbedingten und ökonomischen Qualifikationen mutig, selbstbewußt, überzeugungs- und durchsetzungsfreudig und -fähig, glaubwürdig, kontaktfreudig, physisch und psychisch belastbar sein, eine entsprechende Einstellung zum Risiko haben und möglichst über ein stabiles informelles, ggf. materielles Netzwerk verfügen. Gruppendiskussionen, Präsentationen und

Gesprächszirkel sind erste Ansätze, um sich in diesen Eigenschaften prüfend zu erproben (Gruppen- und Selbstevaluation).

Abschließend bleibt festzuhalten, daß sich diese Sequenz gegenwärtig noch in der Entwicklung befindet und weiter differenziert sowie phasenbezogen evaluiert wird.

3. Entwicklungsstand

Im hier aufgegriffenen Problemfeld werden exemplarisch zwei Sequenzen zur Förderung von Denken im ökonomischen Handlungsfeld vorgestellt. An der problemorientierte Ausdifferenzierung und Evaluation beider Sequenzen wird zusammen mit Kooperateionspartnern weiter gearbeitet. Die Sequenzen sind sowohl in bezug auf die Thematik als auch im Hinblick auf die Vermittlungsstrategien im Kern bildungstheoretisch begründet[14]. Erkenntnisse der konstruktivistischen Lernforschung wurden als Erklärungshilfen hinzugezogen. Hier zeichnet sich ein gegenwärtig spannungsreich diskutiertes Forschungsfeld ab[15], das (fach-)didaktisch weiter fruchtbar gemacht werden kann und sollte. Denken im ökonomischen Handlungsfeld ist zugleich Bedingung und Ergebnis beim Aufbau von Bildung. Die Kompetenz zu problemlösendem und kreativem Denken im Kontext ökonomischer Aufgabenstellungen bleibt – didaktisch betrachtet – jedoch *ein* Aspekt *ökonomischer Bildung*. Der Aufbau von Bildung kann als willentliche Strebensrichtung einer Person, als eine Leistung (der Person) betrachtet werden, die sich letztlich über die gesamte Lebensspanne erstreckt. Sie ist mit der Entwicklung einer Persönlichkeitsstruktur und mit spezifisch individuellen Werthaltungen einer Person verbunden [16]. Die Förderung von Denken im ökonomischen Handlungsfeld sehe ich daher als eine Vermittlungsaufgabe, die in Bildungsinstitutionen zeitraumbezogen betrachtet noch bewältigt werde sollte.

---

14 Vgl. Aschenbrücker (1996), S. 108 und 123-150 und 176.
15 Vgl. u.a. Dubs, Rolf: Konstruktivismus: Einige Überlegungen aus der Sicht der Unterrichtsgestaltung, in: ZfP, 41. Jg. (1995), S. 889-903.
16 Vgl. Aschenbrücker, Karin: Wirtschaftspädagogische Theorie und Personalentwicklung. Strukturen ganzheitlicher Persönlichkeitsbildung, Wiesbaden 1991, insbes. S. 141-143.

Literatur

Aschenbrücker, Karin: Wirtschaftspädagogische Theorie und Personalentwicklung. Strukturen ganzheitlicher Persönlichkeitsbildung, Wiesbaden 1991

Aschenbrücker, Karin: Wirtschaftliche Bildung. Analyse eines Leitbegriffes und fachdidaktische Reflexion, Frankfurt/M. 1996.

Dubs, Rolf: Konstruktivismus: Einige Überlegungen aus der Sicht der Unterrichtsgestaltung, in: ZfP, 41. Jg. (1995), S. 889-903.

Dubs, Rolf: Lehrerverhalten. Ein Beitrag zur Interaktion von Lehrenden und Lernenden im Unterricht, Zürich 1995.

Hussy, Walter: Zur Entwicklung des Problemlösens, in: Oerter/Montada: Entwicklungspsychologie, 2., neubearb. Aufl., München 1987.

Hussy, Walter: Denken und Problemlösen, Stuttgart 1993.

Kaiser, Franz-Josef (Hrsg.): Die Fallstudie. Theorie und Praxis der Fallstudiendidaktik, Bad Heilbrunn 1983.

Kaiser/Kaminski: Methodik des Ökonomie-Unterrichts. Grundlagen eines handlungsorientierten Lernkonzepts mit Beispielen, Bad Heilbrunn 1994.

Perlitz/Vassen: Grundlagen der Fallstudiendidaktik, Köln 1976

Reinmann-Rothmeier/Mandl: Wissen und Handeln. Eine theoretische Standortbestimmung, Forschungsbericht Nr. 70 des Instituts für Empirische Pädagogik und Pädagogische Psychologie an der Ludwig-Maximilians-Universität München, München 1996.

Weinert, Franz E.: Neue Unterrichtskonzepte zwischen gesellschaftlichen Notwendigkeiten, pädagogischen Visionen und psychologischen Möglichkeiten, in: Bayerisches Staatsministerium für Unterricht, Kultus, Wissenschaft und Kunst (Hrsg.): Wissen und Werte für die Welt von morgen, München 1998.

Umweltbildung im Studium Lehramt an berufsbildenden Schulen – Theoretische Überlegungen

Martin Frenz

1 Problemstellung, Zielsetzung und Struktur

Schon seit Anfang der 70er Jahre besteht der bildungspolitische Anspruch, daß jeder Bürger und jede Bürgerin durch umweltbewußtes Verhalten an der Gestaltung und dem Schutz unserer Umwelt mitwirken sollte. Schon 1980 wurden von der Kultusministerkonferenz (KMK) Leitlinien für den Unterricht an allgemeinbildenden Schulen vorgegeben, in denen es heißt, daß es auch zu den Aufgaben der Schule gehört, „bei jungen Menschen Bewußtsein für Umweltfragen zu erzeugen, die Bereitschaft für den verantwortlichen Umgang mit der Umwelt zu fördern und zu einem umweltbewußten Verhalten zu erziehen, das über die Schulzeit hinaus wirksam bleibt" (zitiert nach BMBW 1991, S. 11). In länderspezifischer Zuschneidung wurden diese Leitlinien der KMK gesetzlich verabschiedet. Nach der Empfehlung des Deutschen Bildungsrates von 1970 sollten Berufsschullehrer trotz der Besonderheiten der Ausbildung und des Tätigkeitsfeldes „grundsätzlich die gleichen allgemeinen Lernziele bei ihren Schülern anstreben wie die Lehrer anderer Bildungseinrichtungen" (Deutscher Bildungsrat 1970, S. 243), d.h., daß die Vorgaben der KMK in ihrer länderspezifischen, gesetzlich verabschiedeten Zuschneidung auch auf das berufliche Schulwesen bezogen werden sollten.

In einer vom Bundesministerium für Bildung und Wissenschaft (BMBW) in Bonn 1986 durchgeführten Expertentagung „Zukunftsaufgabe Umweltbildung" wurde für alle Bildungsbereiche deutlich, wie langwierig und mühevoll es ist, über die Veränderung von Lehrplänen und Ausbildungs- und Prüfungsordnungen hinaus schulisches Lernen, Hochschulbildung und berufliche Ausbildung zu verändern. Mit dieser Tagung wurde eine Phase von Umweltbildung eingeleitet, in der neben den Zielen und Aufgaben von Umweltbildung auch materielle und personelle Mittel sowie organisatorische Maßnahmen für diese Innovationen berücksichtigt wurden. Es wurden verstärkt Umweltbildungsvorhaben initiiert, wobei vor allem Modellversuche der Bund-Länder-Kommission (BLK) einen entscheidenden Beitrag zur Entwicklung der schulischen Umweltbildung geleistet haben (vgl. de Haan u. a. 1997).

Die Nachhaltigkeitsdebatte stellt Anfang der 90er Jahre einen Wendepunkt für die Umweltbildung dar, um die Grundlagen ihrer Konzepte und die Ergebnisse von Maßnahmen zu überprüfen und sie auf ihre Tragfähigkeit für eine zukünftige nachhaltige Entwicklung hin zu bewerten. In einer Studie von de Haan (1996) heißt es, Umweltbildung sei ein Additivum, und es mangele an einer Integration in den Unterrichtsalltag. Umweltbildung sei nicht sehr erfolgreich, Umweltwissen und Umwelteinstellung hätten nur einen schwachen Einfluß auf das Umweltverhalten, es mache sich eine grundsätzliche Umweltbildungsmüdigkeit breit (vgl. ebd., S. 11).

Eine Ursache kann die praktizierte Lehreraus-, -fort- und -weiterbildung sein, in welcher Umweltbildung nur sporadisch eine Rolle spielt. Insbesondere im Studium Lehramt an berufsbildenden Schulen ist Umweltbildung nur ein Randthema. Es fehlen Studien zur Etablierung von Umweltbildung im Studium.

In der universitären Ausbildung darf dies nicht zu der Konsequenz führen, sich der ökologischen Herausforderung nicht zu stellen, weil insbesondere diese die Möglichkeit eröffnet, sich aus verschiedenen Perspektiven mit Fragestellungen der Ökologie auseinanderzusetzen, mit dem Ziel, einen persönlichen Standpunkt zur ökologischen Frage im Hinblick auf den späteren Beruf als Lehrender an einer beruflichen Schule zu entwickeln. Der Erfolg von Umweltbildung könnte ganz wesentlich durch die pädagogisch-didaktische Kompetenz von Lehrerinnen und Lehrern gestärkt werden, wenn diese die zur Zeit etablierte Erziehungs- und Bildungspraxis hinsichtlich der ökologischen Herausforderung reflektieren würden.

Seit der Verlagerung der Gewerbelehrerausbildung Mitte der 60er Jahre an die Universitäten und Technischen Hochschulen und der starken Orientierung an den bereits bestehenden Studiengängen und Berufsbildern, insbesondere der Ingenieurwissenschaften, sind hauptsächlich günstige Voraussetzungen für die Entwicklung fachlicher Kompetenzen gegeben. Leitbild in den klassischen Studienrichtungen Bau-, Elektro- und Metalltechnik ist der Diplomingenieur. Insbesondere an den Technischen Hochschulen haben sich daher Studiengangmodelle durchgesetzt, in denen das Studium der beruflichen Fachrichtung dominant ist und die Erziehungswissenschaften wie auch das Zweitfach nur einen bedeutend geringeren Anteil einnehmen.

In den traditionellen Berufsschullehrerstudiengängen ist somit oft der zeitliche Umfang des erziehungs- und gesellschaftswissenschaftlichen Studiums unzureichend, und es mangelt im Studium einer didaktischen Durchdringung der fachwissenschaftlichen Studienanteile.

Weitere Probleme ergeben sich bei der Konzeption und praktischen Ausgestaltung der beruflichen Fachrichtungen. In den beruflichen Fachrichtungen verdichtet sich das schwierige Beziehungsgefüge zwischen den einschlägigen Wissenschaften, ihren Gegenständen, Problemstellungen, Methoden, Theorien und einer beruflichen Praxis, die nicht allein – vielfach sogar kaum – durch wissenschaftliche Erkenntnisse und Methoden bestimmt wird. Die Frage, welches wissenschaftliche Wissen das für die Belange einer differenzierten und komplexen Berufsbildungspraxis wertvollste ist, kann nicht eindeutig beantwortet werden.

Sowohl die differierende Bedeutung der Geistes- und Erziehungswissenschaften wie auch unterschiedliche Auffassungen bei der Konzeption und praktischen Ausgestaltung der beruflichen Fachrichtungen führen zu unterschiedlichen Studiengangmodellen. Es fehlen Studien zur Entwicklung möglicher Zielvorstellungen und Konzepte, um berufliche Umweltbildung in den unterschiedlichen Studiengangmodellen für das Lehramt an berufsbildenden Schulen im gewerblich-technischen Bereich zu etablieren.

Das Ziel dieses Beitrages ist es, Zielvorstellungen beruflicher Umweltbildung für das Studium zu entwickeln und Möglichkeiten aufzuzeigen, diese im Studium zu etablieren. Ausgangspunkt sind wissenschaftliche Auseinandersetzungen zur ökologischen Herausforderung. Diese werden aus einer erziehungswissenschaftlichen Perspektive analysiert, d.h. es werden aus Merkmalen pädagogischer Theorien für eine Analyse Leitfragen entwickelt. Diese Vorgehensweise wird aufgrund des zuvor beschriebenen Problems, einer mangelnden Reflexion der fachwissenschaftlichen Inhalte aus einer erziehungswissenschaftlichen Perspektive, gewählt. Exemplarisch wird in diesem Beitrag die soziologische Theorie „Sozialer Systeme" von Luhmann analysiert, um eine gesellschaftskritische Position aufzunehmen. Aus diesem Standpunkt werden anschließend curriculare und strukturelle Konsequenzen für das Studium Lehramt an berufsbildenden Schulen gezogen.

2 Merkmale pädagogischer Theoriebildung

Für die Analyse verschiedener Positionen aus unterschiedlichen wissenschaftlichen Kontexten zur ökologischen Herausforderung wird eine erziehungswissenschaftliche Perspektive gewählt, d.h. es werden Leitfragen aus Merkmalen pädagogischer Theorien entwickelt.

Für pädagogische Theoriebildung ist das Problem der Klärung des Theorie-Praxis-Verhältnisses konstitutiv. Nach Arnold (1994) hat sich Pädagogik als die Wissenschaft von der Erziehung und Bildung von Menschen in der Geschichte zu keinem Zeitpunkt lediglich auf Theorien zur Beschreibung und zum Verständnis von pädagogischen Sachverhalten beschränkt. Zusätzlich ist Pädagogik durch das Bemühen, Praxis nach Gesichtspunkten von Moralität und Sittlichkeit zu gestalten, gekennzeichnet. Aus diesem Anspruch lassen sich die folgenden Dimensionen pädagogischer Theorien ableiten (vgl. Arnold 1994, S.86):

- Verstehen der Gesellschaftlichen Praxis von Erziehung und Bildung nach der Maßgabe des Kriteriums der Wahrheit,
- Verbessern der gesellschaftlichen Praxis von Erziehung und Bildung nach der Maßgabe des Kriteriums der Moralität und
- Gestalten der gesellschaftlichen Praxis von Erziehung und Bildung nach der Maßgabe des Kriteriums der Nützlichkeit.
-

Die Dimension, Verstehen der gesellschaftlichen Praxis von Erziehung und Bildung nach der Maßgabe des Kriteriums der Wahrheit, weist die folgende Besonderheit auf: Es reicht in der Pädagogik nicht aus, nur das abzubilden, was als Realität offen zutage tritt. In der Pädagogik werden Tatsachen durch Deutungen und Sinnzuschreibungen erst geschaffen. Zum einen versuchen Pädagogen deshalb, die individuellen Sinnzuschreibungen zu „verstehen", und zum anderen, die gesellschaftlich-historische „Qualität" von Bildung und Erziehung zu beschreiben (vgl. Arnold 1994, S. 89). In der universitären, an dem Leitbild des Ingenieurs orientierten Ausbildung von Lehrenden an berufsbildenden Schulen ist die Vermittlung eines zur Zeit erreichten Wissensstandes insbesondere in den beruflichen Fachrichtungen für die „Qualität" von Bildung und Erziehung maßgeblich. Daher wird in der folgenden Analyse insbesondere danach gefragt, welche Bedeutung ein zur Zeit erreichter Wissensstand hat.

Zusätzlich ist Pädagogik durch das Bemühen, Praxis nach Gesichtspunkten von Moralität und Sittlichkeit zu gestalten, gekennzeichnet. Kriterium der Moralität in der Pädagogik ist in der Regel der Anspruch von Mündigkeit der Individuen. Zum Vergleich der Standpunkte zur ökologischen Herausforderung wird der Frage nachgegangen, wie verantwortliches Handeln in und gegenüber der Natur begründet wird. Besteht eine außerhalb des Individuums existierende Position, zum Beispiel Wissenschaft oder eine bestimmte Naturethik, um das Handeln zu begründen? Welche Bedeutung hat dagegen die persönliche Bewertung des Individuums?

Die dritte Dimension pädagogischer Theoriebildung, Gestalten von gesellschaftlicher Praxis von Erziehung und Bildung nach der Maßgabe des Kriteriums der Nützlichkeit, betrifft die Möglichkeiten, Umwelt zu gestalten. Die einzelnen Standpunkte zur ökologischen Frage werden somit nach den aufgezeigten Möglichkeiten, Umwelt zu gestalten, analysiert.

Aufgrund des besonderen Anliegens, Umwelt*bildung* für das Studium Lehramt an beruflichen Schulen zu reflektieren, wird zusätzlich nach der Klärung des Mensch-Umwelt-Verhältnisses in den einzelnen Standpunkten gefragt. Aus den drei Kriterien pädagogischer Theoriebildung und dem besonderen Anliegen ergeben sich nun die folgenden Leitfragen zur Analyse theoretischer Standpunkte zur ökologischen Herausforderung:

1. Wie wird in den einzelnen Standpunkten das Mensch-Umwelt- bzw. Mensch-Natur-Verhältnis geklärt?
2. Welche Bedeutung hat ein zur Zeit erreichter Wissensstand? (pädagogische Dimension der Wahrheit)
3. Wie wird verantwortliches Handeln in und gegenüber der Natur begründet? (pädagogische Dimension der Moralität)
4. Welche Möglichkeiten werden aufgezeigt, Umwelt zu gestalten? (pädagogische Dimension der Nützlichkeit)

3 Theorie Sozialer Systeme (Niklas Luhmann 1990, 1990a)

3.1 *Mensch-Natur- bzw. Mensch-Umwelt-Verhältnis*

Auffällig für die Auseinandersetzungen in den Erziehungswissenschaften ist es, daß sie auf einer Klärung oder impliziten Annahme eines Mensch-Umwelt-Verhältnisses aufbauen. Die Argumentation wird aus der Perspektive eines Individuums geführt, welches der Umgebung, der Umwelt, dem Ökosystem oder auch der Weltkomplexität gegenübersteht. Für Luhmann ist dagegen nicht die Frage relevant, wie das Individuum die gesellschaftlich erzeugten ökologischen Gefährdungen bearbeiten und bewältigen kann. Sein Fokus ist auf die mehr oder weniger kranken Strukturen der Gesellschaft gerichtet. Zur Analyse dieser Strukturen wählt er einen differenztheoretischen Ansatz. Dabei orientiert er sich an der Differenz von Gesellschaft und Umwelt. Seines Erachtens ist es notwendig, die innergesellschaftliche Perspektive zu verlassen, um die externen Problemquellen stärker zu beobachten. Nach seiner Ansicht läßt sich jedes Systemproblem letztlich auf die

Differenz von System und Umwelt zurückführen. Aufgrund dieses differenztheoretischen Ansatzes definiert er Umwelt somit wie folgt:
„Systeme selbst definieren ihre Grenzen, sie selbst differenzieren sich aus und konstituieren damit Umwelt als das, was jenseits ihrer Grenzen liegt. Umwelt in diesem Sinne ist dann kein eigenes System, nicht einmal eine Wirkungseinheit, sondern nur das, was als Gesamtheit externer Umstände die Beliebigkeit der Morphogenese von Systemen einschränkt und sie evolutionärer Selektion aussetzt. Die Einheit der Umwelt ist nichts anderes als ein Korrelat der Einheit des Systems, denn alles, was für ein System Einheit ist, wird durch das System als Einheit definiert." (Luhmann 1990, S. 23)

Diese durch das System selbst konstituierte Umwelt differenziert Luhmann für soziale Teilsysteme der Gesellschaft wie folgt aus:

- in eine personale Umwelt (Menschen in ihrer psychisch-physischen Existenz),
- in eine natürliche Umwelt (Luft, Wasser, Boden, Tiere, Pflanzen und der kosmische Raum),
- und in andere gesellschaftliche Funktionssysteme.

An diesen besonderen durch das System selbst konstituierten Umweltbegriff schließt sich seine Definition von Ökologie an:
„Unter Ökologie wird hier die Gesamtheit der wissenschaftlichen Forschung verstanden, die sich, auf welcher Ebene der Systembildung auch immer, mit den Konsequenzen der Differenzierung von System und Umwelt für die Umwelt des Systems befassen. Der Begriff setzt kein System besonderer Art („Ökosystem") voraus." (Luhmann 1990, S. 267)

In dieser Definition wird die leitende Erkenntnisfrage für Ökologie erkennbar: Welche Konsequenzen hat die unumgängliche Differenzierung zwischen System und Umwelt für die Umwelt des Systems? Zunächst bezieht Luhmann diese Fragestellung auf die gesamte Gesellschaft. Moderne Gesellschaften sind nach Luhmann jedoch funktional differenziert, das heißt, mehrere funktionale Systeme ohne funktionale Überschneidung und ohne jegliche sie verbindende Statusposition Gesellschaft konstituieren. Somit kann die oben auf die gesamte Gesellschaft bezogene Frage wie folgt ergänzt werden: Welche Folgen hat die funktionale Differenzierung der Gesellschaft für die jeweiligen Umwelten gesellschaftlicher Funktionssysteme? Zum Beispiel nach den Konsequenzen einer einschneidenden Strukturänderung im Erziehungssystem (zum Beispiel Einführung der differenzierten Oberstufe) für Schüler, Eltern und Lehrer zu fragen, wäre nach der Definition von Luhmann eine ökologische Problematik.

3.2 Bedeutung eines zur Zeit erreichten Wissensstandes

Die Dimension Verstehen der gesellschaftlichen Praxis von Erziehung und Bildung nach der Maßgabe des Kriteriums der Wahrheit wurde für die Analyse in die Leitfrage operationalisiert, welche Bedeutung ein zur Zeit erreichter Wissensstand im Vergleich zu individuellen Sinnzuschreibungen hat.

Luhmann interessiert die Bedeutung von Wissen für bestimmte Soziale Systeme bzw. für Gesellschaft, um sich auf die ökologischen Herausforderungen einstellen zu können. Moderne Gesellschaften sind nach Luhmann funktional differenziert. Dabei hat Wissenschaft die Funktion, Wirklichkeit aufzulösen, d. h. weiter auszudifferenzieren, um neues Wissen als neue Rekombinationsmöglichkeiten für andere Funktionssysteme zur Verfügung zu stellen. Wissenschaft besitzt also in funktional differenzierten Gesellschaften eine Dienstleistungsfunktion, für andere Teilsysteme (z. B. Politik, Recht ...)Wissen zur Verfügung zu stellen.

Luhmann arbeitet heraus, daß sich Wissenschaft paradox entwickelt. Je stärker sie die Wahrheit ausdifferenziert, um so mehr wächst die Unwissenheit über sie, zum einen, weil der Raum größer wird, der aus der Betrachtung ausgeblendet wird, und zum zweiten, weil weitere Subsysteme mehr Möglichkeiten besitzen, das zur Verfügung gestellte Wissen zu rekombinieren. Dies ist nach Luhmann eine zwangsläufige Entwicklung, die durch keine multifunktionale Funktion gestoppt werden kann. Nur das Wissenschaftssystem selbst hat die Möglichkeit, die Konsequenzen der eigenen Dienstleistung in Differenz zur Umwelt zu beobachten. Durch diese Beobachtungen müßte dann die Kommunikation innerhalb des Systems maßgeblich bestimmt sein, damit sich das funktionale Teilsystem Wissenschaft besser auf die ökologischen Herausforderungen einstellen kann.

3.3 Begründung für verantwortliches Handeln

Die Dimension Verbessern der gesellschaftlichen Praxis von Erziehung und Bildung nach der Maßgabe des Kriteriums der Moralität wurde mit der Leitfrage operationalisiert, wie verantwortliches Handeln in und gegenüber der Natur begründet wird, welche Statuspositionen außerhalb des Individuums als Referenzpunkt der Begründung dienen und welche Bedeutung dazu im Vergleich der persönlichen Stellungnahme bzw. Bewertung des Individuums zugesprochen wird. Luhmann beschäftigt sich nicht mit Individuen in Differenz zu ihrer Umwelt, sondern mit Sozialen Systemen in Umwelt. Die Frage, wie einzelne Menschen ihr Handeln gegenüber einer Umwelt begründen, stellt er sich nicht. Dagegen ist seine erkenntnisleitende Fragestellung, welche Folge die funktionale Differenzierung der Gesellschaft für die jeweiligen Umwelten der gesellschaftlichen Funktionssysteme hat. Er geht also davon aus, daß die funktional spezialisierten Teilsysteme autonom arbeiten, untereinander nicht austauschbar sind und so handeln, als gäbe es nur sie auf der Welt. Somit erkennt er auch keine Instanz oder höhere Statusposition, die gesellschaftliche Gesamtverantwortung tragen könnte, weil keine Totalreaktion von einem übergeordneten Standpunkt der Superrepräsentation möglich ist.

Alte multifunktionale Institutionen und Moralen werden in Folge der fortschreitenden funktionalen Differenzierung aufgelöst, und statt dessen kommt es in jedem System zu spezifischen Operationen mit besonderen Codes, die die moderne Gesellschaft konstituieren und von hierarchisch organisierten Vorgängern unterscheidet (vgl. Luhmann 1990, S. 97).

Die einzelnen Codes der funktionalen Systeme haben sich gerade gegen Moral ausdifferenziert und können daher ihre Operationen durch moralische Appelle nicht verändern. Zur Bedeutung des erreichten Wissensstandes wurde herausgearbeitet, daß keine Institution oder kein moralischer Appell von außen Wissenschaft lenken kann, sondern die selbstreferentiellen Strukturen nur durch eine Selbstbeobachtung in Differenz zur Umwelt grundsätzlich in Frage gestellt und verändert werden können. Nur wenn Wissenschaft sich die Beobachtung der Verwertung des Wissens zur Aufgabe stellt und aus dieser Beobachtung Konsequenzen für das eigene System zieht, kann es gelingen, daß Wissenschaft sich so verändert, daß sich die Gesellschaft insgesamt eventuell „besser" auf ökologische Gefährdungen einstellen kann. Keine Moral von außen, sondern die Selbstbeobachtung der einzelnen Systeme ist der einzige Bezugspunkt für Veränderung.

3.4 Möglichkeiten, Umwelt zu gestalten

Die Dimension Gestalten der gesellschaftlichen Praxis von Erziehung und Bildung nach der Maßgabe des Kriteriums der Nützlichkeit wurde durch die Leitfrage operationalisiert, welche Möglichkeiten, Umwelt zu gestalten, in der jeweiligen Theorie zur ökologischen Herausforderung aufgezeigt werden. Moderne Gesellschaften haben sich funktional ausdifferenziert. Diese Systeme stellen autopoietische und geschlossene Systeme ohne funktionale Überschneidung dar. Am Beispiel der Wissenschaft wurde aufgezeigt, wie sich selbstreferentielle Systeme in Differenz zu ihrer Umwelt verändern können. Nur in konsequenter Selbstbeobachtung zur eigenen Umwelt ist eine Erneuerung der konstituierenden Elemente möglich. Seine systemtheoretischen Überlegungen bezieht Luhmann auch auf individuelle Bewußtseinssysteme, um eine Orientierung institutionalisierter Bildung in funktional differenzierten Gesellschaften aufzuzeigen.

Luhmann wählt eine „Funktionale Methodologie" als Bezugspunkt für pädagogischer Praxis. Den Begriff der Funktion verwendet er nicht restriktiv als einen mechanischen Zusammenhang zwischen A und B. Statt dessen besitzt eine Funktion für ihn einen höheren Stellenwert. Als „Sinnschema" organisiert sie die Produktion und den Vergleich äquifunktionaler Problemlösungen. Die „Funktionale Methodologie" fordert dazu auf, Problemlösungsvarianten hervorzubringen. Erst durch den Vergleich wird Sinn erzeugt, d. h. durch Verweisen auf nicht gewählte Möglichkeiten erhält die gewählte Möglichkeit Sinn. Nichtgewählte Möglichkeiten werden zwar gegenwärtig nicht verwendet, sie bleiben aber Möglichkeiten, die zu einer späteren Aktualisierung zur Verfügung stehen. Es wird somit das Negative nicht kategorisch abgelehnt, sondern nur zeitlich zurückgestellt. Diese zeitlich zurückgestellten Operationen stehen somit weiterhin zur Verfügung, eventuell auch für anders angelegte Probleme. Ein an der „Funktionalen Methodologie" orientiertes Bewußtsein, welches zur Zeit zurückgestellte Probleme als Option für eventuell anders geartete Probleme bereithält, ist für Umwelten, die sich immer weiter ausdifferenzieren, das heißt, immer komplexer werden, und damit von den Individuen ein Umgehen mit vorher nicht absehbaren Situationen erfordern, nach Luhmann immer stärker notwendig. Seine Überlegungen zum Erziehungssystem zeigen jedoch, daß eine Orientierung an der „Funktionalen Methodologie" noch nicht möglich ist. Das Erziehungssystem ist ein autonomes gesellschaftliches Teilsystem mit der Funktion, Menschen so zu verändern, daß ihnen der Übergang in die einzelnen Teilsysteme der Gesellschaft ermöglicht wird. Die Programme sind somit auf relevante Inhalte der einzelnen Funktionssysteme bezogen. Oft wird einem Inhalt eine zweite Existenz, ein bestimmter Karrierewert, in institutionalisierter Bildung gegeben. Durch diese Zuordnung ist die Codierung (Bildungsabschluß ja/nein; Inhalt gewußt/nicht gewußt) von den Programmen nicht mehr getrennt. Die Offenheit eines Systems, repräsentiert durch die Unabhängigkeit der Programme von der Codierung, ist im Erziehungssystem nicht mehr gegeben. Die binäre Codierung kann nicht auf Fragen, für die es zur Zeit noch keine Antworten gibt, die aber der Problemlage in funktional differenzierten Gesellschaften entsprechen würden, angewendet werden. Für Luhmann stellen diese krankhaften Strukturen des Erziehungssystems einen Anachronismus zu modernen, funktional differenzierten Gesellschaften dar. Luhmann sieht durch die funktionale Differenzierung unserer Gesellschaft die Möglichkeit einer individuellen Entfaltung für jeden gegeben. Soziale Systeme nehmen für ihn die Position einer Vermittlungsinstanz zwischen Individuum und Weltkomplexität ein. Das Individuum wird durch die einzelnen Systeme – auf die es sich verlassen kann – entlastet, um sich entsprechend den eigenen Bewußtseinsstrukturen zu entwickeln. Die entlastenden Strukturen der Gesellschaft und die wachsenden Möglichkeiten der individuellen Entfaltung implizieren ein rasches Anwachsen an Kontingenz. Die personell-gesellschaftliche Gesamtlage wird offener, unsicherer, eben kontingenter: Immer mehr wird auch anders gesehen und gehandhabt. Diese gesellschaftlichen Entwicklungen stehen in einem Widerspruch zu einem auf codierten Inhalten aufbauenden Erziehungssystem. Die Funktion, Menschen so zu verändern, daß ihnen der Übergang in einzelne Teilsysteme der Gesellschaft möglich wird, würde bedeuten, bei Lernenden die Kompetenz zu entwickeln, mit Kontingenz umzugehen, d. h. zu lernen, wie in unsicheren Situationen Sicherheit gewonnen werden kann.

4 Curriculare und strukturelle Konsequenzen für das Studium Lehramt an berufsbildenden Schulen

Welche Konsequenzen lassen sich aus dem differenztheoretischen Ansatz von Luhmann mit seinem spezifischen Umwelt- und Ökologiebegriff für das Studium Lehramt an berufsbildenden Schulen ziehen? Der Umwelt- und Ökologiebegriff von Luhmann reduziert die ökologische Herausforderung nicht auf die Frage, wie die natürliche Umwelt für den Menschen erhalten werden kann, sondern umfaßt alle Überlegungen zu den Konsequenzen der Differenzierung von System und Umwelt für die Umwelt. Nach der Ansicht von Luhmann lassen sich alle Systemprobleme auf die Differenz von System und Umwelt zurückführen.

Das Studium Lehramt an berufsbildenden Schulen könnte von Lehrenden wie Studierenden als ein Soziales System, d. h. als eine wichtige Vermittlungsinstanz zwischen dem individuellen Bewußtseinssystem und der Weltkomplexität, verstanden werden. Es könnte dann als Soziales System in Differenz zu den einzelnen Umwelten, d.h. der personalen und natürlichen Umwelt wie auch zu anderen Sozialen Systemen, betrachtet werden.

Der Umwelt- bzw. Ökologiebegriff von Luhmann würde die Frage, wie die natürliche Umwelt für den Menschen als soziales Wesen geschützt werden kann, einschließen. Er würde jedoch durch die gesellschaftliche Perspektive den Fokus auch auf die Frage richten, wie der Mensch von gesellschaftlichen Ansprüchen, Krisen, Trends usw. durchdrungen ist. Für das Studium Lehramt an berufsbildenden Schulen würde dies auch die Frage einschließen, inwiefern diese universitäre Ausbildung geeignet ist, den angehenden Lehrenden auf seine Rolle, die sich durch die spezifischen Institutionen und Bezugsgruppen seines Berufsfeldes konkretisieren, vorzubereiten. Zusätzlich könnte über das die universitäre Ausbildung maßgeblich bestimmende System der Wissenschaft mit Hilfe des systemtheoretischen Ansatzes in Differenz zum Studium Lehramt an berufsbildenden Schulen nachgedacht werden. Genauso gibt die systemtheoretische Analyse des Erziehungssystems die Möglichkeit, grundsätzlich über institutionalisierte Bildung nachzudenken. Insbesondere mit der vorgeschlagenen Orientierung an der „Funktionalen Methodologie" wird eine Möglichkeit gezeigt, wie sich institutionalisierte Bildung in modernen funktional differenzierten Gesellschaften entwickeln kann. Die personell-gesellschaftliche Gesamtlage wird offener, unsicherer, eben kontingenter: Immer mehr wird auch anders gesehen und gehandhabt. Die Funktion institutionalisierter Bildung und Erziehung, Menschen so zu verändern, daß ihnen der Übergang in einzelne Teilsysteme der Gesellschaft möglich wird, würde bedeuten, bei Lernenden die Kompetenz zu entwickeln, mit Kontingenz umzugehen, d.h. zu lernen, in unsicheren Situationen Sicherheit zu gewinnen. Insbesondere die Entwicklung der Kompetenz mit Kontingenz in modernen funktional differenzierten Gesellschaften umzugehen, soll mit einer Orientierung an der „Funktionalen Methodologie" gefördert werden.

Im folgenden werden die Konsequenzen, die sich aus den theoretischen Überlegungen von Luhmann auf curricularer und struktureller Ebene ergeben können, zusammengefaßt:

- Das Studium Lehramt an berufsbildenden Schulen sollte selbst als ein soziales System, d.h. als eine wichtige Vermittlungsinstanz zwischen dem individuellen Bewußtseinssystem und der Weltkomplexität, verstanden werden; sowohl die zur Zeit etablierten curricularen und strukturellen Vorgaben wie auch einzelne Veranstaltungen könnten mit diesem Umwelt- und Ökologiebegriff reflektiert werden.
- Der Umwelt- und Ökologiebegriff von Luhmann könnte Grundlage sein, um in einzelne Strukturbegriffe der verschiedenen Disziplinen einzuführen. Insbesondere für berufs- und wirtschaftspädagogische Veranstaltungen bietet sich ein solches Vorgehen an (vgl. Rebmann u. a. 1998).
- Die etablierte Differenzierung in wissenschaftliche Disziplinen mit ihren spezifischen Erkenntnisfragen müßte in Differenz zur Umwelt reflektiert werden.
- Die starke Orientierung an der Wissenschaftssystematik müßte in Orientierung an die „Funktionale Methodologie" durch eine Problemorientierung ersetzt werden.
- Durch die Wissenschaftssystematik geprägte Veranstaltungen (z.B. Vorlesungen) müßten teilweise durch andere Veranstaltungsformen (z.B. Projekte) ersetzt werden.
- Prüfungen, die sich an der Wissenschaftssystematik orientieren, müßten durch eine stärkere Problemorientierung ergänzt werden.
- Die Zuordnung von Karrierewerten zu bestimmten Inhalten müßte in Frage gestellt werden.

Literatur

Arnold, R. (1994): Berufsbildung. Annäherung an eine Evolutionäre Berufspädagogik. Baltmannsweiler.
BMBW (Bundesministerium für Bildung und Wissenschaft) (1991) (Hg.): Zukunftsaufgabe Umweltbildung. Stand und Perspektiven der Umweltbildung in der Bundesrepublik Deutschland. Bonn.
Deutscher Bildungsrat (1970): Empfehlungen der Bildungskommission. Strukturplan für das Bildungswesen. Stuttgart.
Haan, de, G. & Nitschke, Ch. & Jungk, D. & Michelsen, G. & Seybold, H. & Kutt, K. & Schnurpel, U. (1997): Umweltbildung als Innovation. Bilanzierungen und Empfehlungen zu Modellversuchen und Forschungsvorhaben. Berlin, u. a.
Haan, de, G. (1996): Sustainable Development im Kontext pädagogischer Umbrüche und Werturteile – Eine Skizze. Berlin: Forschungsgruppe Umweltbildung an der Freien Universität Berlin.
Luhmann, N. (1990): Ökologische Kommunikation. Kann die moderne Gesellschaft sich auf ökologische Gefährdungen einstellen? Opladen.
Luhmann, N. (1990a): Die Wissenschaft der Gesellschaft. Frankfurt am Main.
Rebmann, K. & Tenfelde, W. & Uhe, E. (1998): Berufs- und Wirtschaftspädagogik. Eine Einführung in Strukturbegriffe. Wiesbaden.

Entwicklung von Handlungskompetenz zur Gestaltung beruflicher Handlungsfelder – Eine didaktische Reflexion des Lernfeld-Konzeptes

Bettina Schäfer

1   Problemstellung, Zielsetzung und Struktur

Seitdem im Mai 1996 die KMK beschlossen hat, Rahmenlehrpläne nach Lernfeldern zu gestalten, hat die Diskussion um die Umsetzung des Lernfeld-Konzeptes in Landeslehrpläne und um die Konsequenzen für den Unterricht in der Berufsschule begonnen. Die wissenschaftliche Diskussion hinsichtlich des theoretischen Ansatzes und der praktischen Umsetzbarkeit wird bisher lediglich punktuell geführt.

An diesem Punkt setzt der folgende Beitrag an, indem das Lernfeld-Konzept lerntheoretisch und didaktisch entfaltet wird. Ausgehend vom Lernfeldbegriff, wird das Lernfeld-Konzept, wie es in den Handreichungen der KMK (1996) beschrieben und in Nordrhein-Westfalen umgesetzt wird, erläutert. Aufgrund dieser Analysen ergeben sich Anforderungen an eine didaktische Reflexion unter verschiedenen Aspekten. Eine Gegenüberstellung der Chancen und Grenzen des Lernfeld-Konzeptes schließt den Beitrag ab.

2   Der Lernfeldbegriff

Der Lernfeldbegriff ist nicht neu, sondern wird im erziehungswissenschaftlichen Sprachgebrauch vielfältig verwendet. So kann mit einem Lernfeld sowohl ein Gegenstandsbereich (im Sinne der Inhaltlichkeit) als auch die räumliche und soziale Umwelt von Lernprozessen (im Sinne des Lernortes) bezeichnet werden.

Unter didaktisch-curricularer Perspektive bezeichnet ein Lernfeld einen fächerübergreifenden Lernbereich. Kennzeichen von Lernfeldern sind dann:
– traditionelle Fächerstrukturen werden aufgebrochen;
– das Verhältnis von institutionalisierten Lerninhalten und Alltagswissen wird neu bestimmt und
– starre Grenzziehungen zwischen einzelnen Wissensbeständen werden vermieden.

Mit diesem Verständnis des Lernfeldbegriffs können Unterrichtsziele und -inhalte ausgewählt und als fächerübergreifende thematische Einheiten strukturiert und legitimiert werden.

Lerntheoretisch bezeichnet ein Lernfeld einen Lebensbereich, der den Lernenden und seine Umwelt miteinschließt. Mit diesem Ansatz finden die strukturellen Lernfeldbedingungen und deren Wahrnehmung durch die Lernenden Berücksichtigung.

Zum einen wird somit ein Lernfeld durch die Berücksichtigung der Gesamtheit lernbedeutsamer Tatsachen charakterisiert. Dazu gehören z. B. Ziele und Bedürfnisse der Lernenden und deren soziale Kontakte sowie die Atmosphäre innerhalb einer Lernsituation. Was und wie gelernt wird, hängt vom Aufforderungscharakter des jeweiligen Lernfeldes ab, welches in seiner Gesamtheit analysiert werden muß.

Zum anderen beeinflussen Verbindungen zwischen unterschiedlichen Lebensbereichen die Entwicklung eines Menschen. So entsteht ein differenzierter Umweltbegriff auf verschiedenen Systemebenen; neben- und untergeordnete Teilsysteme wirken auf das spezifische Lernfeld.

Für ein lerntheoretisches Lernfeld-Konzept sind folgende Punkte zu berücksichtigen:
1. die strukturellen Bedingungen des jeweiligen Lernfeldes sowie dessen subjektive Wahrnehmung durch die Lernenden;
2. die Verbindungen des Lernfeldes mit anderen Lebensbereichen;
3. die Art und Weise der Übergänge zwischen den Lernfeldern sowie
4. die Einbindung des Lernfeldes in Teilsysteme und in das Gesamtsystem.

Aspekte einer lernfeldorientierten Didaktik sind dann:
1. eine ganzheitliche Betrachtungsweise;
2. Lernen wird als situatives Geschehen angesehen, d. h. die natürlichen Lernfeldbedingungen und deren Wahrnehmung durch die Lernenden werden berücksichtigt;
3. ausgehend vom „Lebensraum" der Lernenden werden didaktische Einheiten gebildet.

Werden diese Punkte berücksichtigt, so entsteht ein differenziertes und aufeinander abgestimmtes Netz von Lernfeldern. Sollen Lernfelder sinnvolle didaktische Einheiten sein, so ist die Ergänzung des curricularen Ansatzes um eine lerntheoretische Akzentuierung unumgänglich. Für die Umsetzung des Lernfeld-Konzeptes reicht es demnach nicht aus, Lerninhalte lediglich fächerübergreifend zu strukturieren, wie es durch den didaktisch-curricularen Ansatz intendiert wird. Vielmehr müssen die Bedingungen von Umwelt und die Lernvoraussetzungen und Interessen der Lernenden in ein ganzheitliches Lernfeld-Konzept integriert werden.

Die bisher vorgenommenen Analysen lassen sich in einem umfassenden Lernfeldbegriff darstellen: *Ein Lernfeld ist eine fächerübergreifende, didak-*

tisch-curriculare Einheit, die ausgehend vom „Lebensraum" der Lernenden strukturiert wird. Der „Lebensraum" ist in seiner Einbindung in Umweltbedingungen und unter Berücksichtigung der Wahrnehmung der Lernenden ganzheitlich zu analysieren.

3 Das Lernfeld-Konzept

3.1 Der didaktisch-curriculare Ansatz in den Handreichungen der KMK

Im Verständnis der KMK-Konzeption werden Lernfelder Gestaltungsgrundlage für Rahmenlehrpläne (KMK 1996). Die Inhalte des Rahmenlehrplans für den berufsbezogenen Unterricht sind nach Lernfeldern strukturiert. Jedes Lernfeld wird durch Zielformulierungen beschrieben, durch Inhaltsangaben konkretisiert und mit einem Zeitrichtwert versehen. Lernfelder werden als thematische Einheiten, die sich an konkreten beruflichen Aufgabenstellungen und Handlungsabläufen orientieren, angesehen. Fachwissenschaftliche Anteile können in den Erklärungszusammenhang des Lernfeldes einbezogen werden. Dabei ist es möglich, daß Lernfelder auch fachsystematisch gegliedert sind. Die Zielformulierungen innerhalb jeden Lernfeldes sind als Elemente beruflicher Handlungskompetenz in Anlehnung an das Ausbildungsberufsbild und den Ausbildungsrahmenplan auszudifferenzieren. Berufs- und berufsfeldübergreifende Ziele sollen zwar beachtet werden, sind aber nicht in jedem Lernfeld auszuweisen.

Zusammenfassend kann festgehalten werden:
1. Der Lernfeldbegriff in den Handreichungen der KMK ist sehr allgemein formuliert. Neben thematischen Einheiten als beruflichen Aufgabenstellungen können gleichermaßen fachsystematische Zusammenhänge ein Lernfeld bilden.
2. Die Handreichungen der KMK reduzieren den Lernfeldbegriff auf berufliche Aufgabenstellungen, damit kommt es zu einer verkürzten Betrachtung der relevanten Umweltstrukturen. Dies zeigt sich auch darin, daß berufsübergreifende Ziele zur Entwicklung von Handlungsfähigkeit zwar mitgeführt aber nicht in berufsbezogene Lernfelder integriert werden.
3. Es wird nicht erläutert, in welcher Weise Lernfelder aufgefunden und strukturiert werden können. Aber gerade ein systematisches Erschließen relevanter Lernfelder ist notwendig, um ein ganzheitliches, aufeinander abgestimmtes Netz von Lernfeldern zu entwikkeln.

4. Lerntheoretische Hinweise und eine Verbindung zu der Forderung nach handlungsorientiertem Unterricht fehlen gänzlich, somit wird das Lernfeld-Konzept auf den didaktisch-curricularen Ansatz reduziert. Dies wird durch die Öffnungsklausel zur Umsetzung der Rahmenlehrpläne in Landeslehrpläne verstärkt, da Inhalte nicht in jedem Fall nach den vorgegebenen Lernfeldern zu subsummieren sind. Vielmehr ist es auch möglich, die Inhalte nach den Fächern der Stundentafel der Länder zusammenzufassen.

Das Lernfeld-Konzept der KMK regelt die formale Struktur der Rahmenlehrpläne und kann damit als didaktisch-curricularer Ansatz mit eher bildungstheoretischer Akzentuierung angesehen werden.

3.2 Das Lernfeld-Konzept im nordrhein-westfälischen Verständnis

In Nordrhein-Westfalen wird das Lernfeld-Konzept der KMK für die Struktur der Landeslehrpläne übernommen und weiter ausdifferenziert. Weist der Ansatz der KMK lediglich die Ebene der Lernfelder mit Zielformulierungen und Inhaltsangaben auf, so werden im nordrhein-westfälischen Verständnis Lernfelder aus konkreten Handlungsfeldern entwickelt und durch Lernsituationen untersetzt. Neben beruflichen Aufgabenstellungen werden lebens- und gesellschaftsbedeutsame Handlungssituationen in einem Lernfeld integriert.

Damit wird das Lernfeld-Konzept horizontal um die Dimensionen lebens- und gesellschaftsbedeutsamer Handlungssituationen der Lernenden und auf vertikaler Ebene durch Wirklichkeitsdimensionen mit unterschiedlichem Abstraktions- bzw. Komplexitätsgrad erweitert. In allen weiteren Punkten folgt das nordrhein-westfälische Konzept der KMK. Durch die Konkretisierung von Lernsituationen innerhalb einzelner Lernfelder wird der Bezug der curricularen Strukturen zu Lernsequenzen auf Unterrichtsebene geschaffen. Im Lernfeld-Konzept nach nordrhein-westfälischem Verständnis wird demnach eine lerntheoretische Akzentuierung angedeutet, obwohl eine weitere Ausdifferenzierung bisher noch nicht erfolgte.

Um das Lernfeld-Konzept ganzheitlich im Sinne der Verschränkung des didaktisch-curricularen und lerntheoretischen Ansatzes zu verstehen, werden in den folgenden zwei Abschnitten Struktur- und Analyseinstrumente entwickelt. Durch die Instrumente sollen folgende, durch die vorangegangenen Erläuterungen bisher noch offene Fragen beantwortet werden:

1. Lernfelder sind im nordrhein-westfälischen Verständnis didaktisch begründete Handlungsfelder. In welcher Weise können Handlungsfelder erschlossen und strukturiert werden?
2. Die Struktur und innere Logik der Unterrichtsfächer folgt fachwissenschaftlichen Erkenntnissen. Welche innere Logik weisen demgegenüber Lernfelder auf?

3. In Lernfeldern soll die Gesamtheit lernbedeutsamer Tatsachen Berücksichtigung finden. Durch welche didaktischen Aspekte können diese ausdifferenziert werden? Auf welchen Ebenen der Reflexion und des unterrichtlichen Handelns müssen sie berücksichtigt werden?
4. Das Lernfeld-Konzept muß als didaktisch-curricularer und lerntheoretischer Ansatz ganzheitlich begriffen werden, um für Lernprozesse wirksam zu sein. Welche schul- und unterrichtsorganisatorischen Voraussetzungen müssen geschaffen werden, um die Umsetzung von curricularer auf unterrichtliche Ebene zu verwirklichen?

4 Strukturmodell zur Beschreibung von Handlungsfeldern nach Busse und Lampe

Berufliche Handlungskompetenz wird als die Fähigkeit verstanden, berufliche Situationen sach- und fachgerecht, persönlich durchdacht und in gesellschaftlicher Verantwortung zu bewältigen (Bader 1990). In der Entwicklung beruflicher Handlungsfähigkeit wird berufliche Handlungskompetenz als integrierter Bestandteil der Persönlichkeitsentwicklung operationalisiert. Lernprozesse haben demnach die Entwicklung von Handlungsfähigkeit zum Ziel.

Zur Differenzierung von Teilkomponenten individueller Handlungsfähigkeit entwickeln Busse und Lampe (1987) anhand der Bezugsgrößen Individuum, Handlung und Umwelt ein Strukturmodell. In diesem Strukturmodell werden Handlungsfelder auf verschiedenen Komplexitäts- und Abstraktionsstufen beschrieben. Mit Hilfe der auffindbaren Handlungsfelder lassen sich Komponenten individueller Handlungsfähigkeit zur Bewältigung der in den Handlungsfeldern beschriebenen Aufgabenstellungen bestimmen. Daraus ergibt sich folgende Definition für ein Handlungsfeld: *Ein Handlungsfeld ist die Gesamtheit der äußeren und inneren Determinanten, die auf das Handeln einer Person einwirken. Äußere Determinanten werden durch Umweltstrukturen beschrieben, während innere Determinanten subjektive Bestimmungsmomente des Handelns darstellen.*

Handlungsfelder verknüpfen berufliche, gesellschaftliche und individuelle Problemstellungen miteinander. Berufliche Problemstellungen werden durch auszuführende Tätigkeiten im Berufsbild beschrieben. Weiterhin geben Ausbildungsordnungen und die konkrete Ausbildungsrealität der Jugendlichen in den Betrieben Anhaltspunkte für berufliche Handlungsfelder. Gesellschaftliche Problemstellungen ergeben sich für die Jugendlichen in der Auseinandersetzung mit verschiedenen Rollen, die sie als

Berufsschüler, Auszubildender, Gewerkschaftsmitglied, zukünftiger Facharbeiter usw. übernehmen. Individuelle Problemstellungen schließlich betreffen Bereiche, in denen die individuelle Urteilsfindung persönlicher Entscheidungen im Vordergrund steht. In Lernfeldern soll im Sinne einer fächerübergreifenden Lernorganisation diese Mehrdimensionalität von Handlungsfeldern berücksichtigt werden. Dabei ist bisher noch offen, in welcher Weise so gefundene Handlungsfelder strukturiert und in ein ganzheitliches Lernfeld-Konzept integriert werden können.

Mit Hilfe des Strukturmodells von Busse und Lampe (1987) soll diese Systematisierung vorgenommen werden. Zwei Wirklichkeitsdimensionen zur Strukturierung von Handlungsfeldern werden im folgenden unterschieden.

Die Oberflächenstrukturen von Individuum-Handlung-Umwelt-Bezügen bezeichnen die Autoren als *„topographische" Wirklichkeitsdimensionen.* Durch sie werden Systemzusammenhänge als äußere Determinanten individuellen Handelns analysiert.

Individuelles Handeln ist vertikal immer in überindividuelle Zusammenhänge eingebettet und durch diese determiniert. Durch diese Betrachtungsweise wird eine komplexer Systemzusammenhang mit Systemebenen und Subsystemen beschrieben. Das Individuum kann in diesem komplexen Handlungssystem verschiedene Positionen den jeweiligen Umweltsegmenten gegenüber einnehmen und tritt auf jeweils anderen Komplexitätsstufen mit verschieden komplexen Handlungen in Beziehung. Die Positionen sind verschiedene Rollen, die das Individuum je nach Komplexitätsstufe einnimmt.

Jedes Handeln kann weiterhin in Teilhandlungen zerlegt werden. Horizontal entstehen somit Teilhandlungen, die auf einer Komplexitätsstufe liegen und in ihrer Gesamtheit den Handlungsvollzug kennzeichnen.

Weiterhin ist danach zu fragen, nach welcher inneren Logik Handlungsfelder unterschieden werden können. Busse und Lampe (1987) entwickeln auf dieser Ebene Handlungsfelder mit steigendem Abstraktionsgrad, die wiederum miteinander in Beziehung stehen. Diese nennen sie *„topologische" Wirklichkeitsdimensionen:*

- Auf der Stufe des *aktuellen Handlungsfeldes* wird das reale, gerade wirksame Handlungsgeschehen betrachtet. Das Individuum übernimmt die Position des aus einer aktuellen Perspektive heraus Handelnden.
- Im *konkret potentiellen Handlungsfeld* werden die konkreten Umweltsegmente, die unmittelbar auf das Handlungsgeschehen bezogen werden können, bei der Betrachtung berücksichtigt. Das Individuum wird der aus der Perspektive der konkreten Handlungsbedingungen Handelnde.
- Die Ebene des *abstrakt potentiellen Handlungsfeldes* bezeichnet die im gesellschaftlichen Maßstab verallgemeinerten Handlungszusammenhänge. Verallgemeinerte Handlungen werden als Handlungs-

schemata in ihrer gesellschaftlichen Bedeutsamkeit dargestellt. Das Individuum nimmt auf dieser Ebene die Position des aus einer spezifischen Bedeutungsperspektive heraus Handelnden ein.
- Bei weiterer Abstrahierung wird die Ebene des Handlungsfeldes verlassen. Der *natürliche Aktivitätsbereich* beschreibt die natürliche Umwelt sowie den Menschen, der in der Lage ist, die Umwelt zu verändern. Das Individuum identifiziert sich als der als Mensch Handelnde.
- Schließlich wird im *natürlichen Objektbereich* von den menschlichen Aktivitätsbezügen so weit abstrahiert, daß lediglich die physikalischen und chemischen Objektbewegungen und Wechselwirkungen erfaßt werden. Das Individuum wird zu einem aus der Subjektebene losgelösten Objekt der eigenen Betrachtung.

Auch bei den „topologischen" Wirklichkeitsdimensionen nimmt das Individuum bezogen auf die jeweilige Wirklichkeitsebene eine spezifische Position ein. So können personale Handlungsfelder identifiziert werden, welche die verschiedenen Abstraktionsstufen integrieren.

Durch die „topographischen" und „topologischen" Wirklichkeitsdimensionen können Handlungsfelder in ihrem System- und Handlungszusammenhang dargestellt werden. Das vorgestellte Strukturmodell kann sowohl dazu beitragen, Handlungsfelder aufzufinden als auch vorhandene Handlungsfelder zu systematisieren. Durch die Betrachtung der verschiedenen Komplexitäts- und Abstraktionsstufen entsteht ein differenziertes Analyseraster.

5 Lernfelder gestalten: Leitfragen zur didaktischen Reflexion

Sind Handlungsfelder in der beschriebenen Weise identifiziert, so ist der erste Schritt zu einer didaktischen Reflexion des Lernfeld-Konzeptes getan. Sollen Lernfelder und Lernsituationen Ausgangspunkt für die Gestaltung des Unterrichts in der Berufsschule sein, so müssen verschiedene Analysestufen berücksichtigt werden. Erst eine an didaktischen Grundsätzen orientierte Reflexion dieser Ebenen ermöglicht es, den Lernfeld-Ansatz ganzheitlich als lerntheoretisches Konzept zu begründen.

Zu Beginn stellt sich die Frage nach den zu wählenden Reflexionsstufen. Auf der Grundlage der im nordrhein-westfälischen Verständnis verwendeten Begriffe werden drei Stufen gewählt: Handlungsfelder, Lernfelder und Lernsituationen. Der Übergang von einer Stufe zur nächsten (z. B. vom Handlungsfeld zum Lernfeld) stellt den zu berücksichtigenden Reflexionsvorgang dar. Zu jedem Reflexionsvorgang werden im folgenden Leitfragen vorgestellt, die ein systematisches Erschließen bildungsrelevanter Lernfelder und Lernsituationen aus komplexen Handlungsfeldern erleichtern sollen (Bader & Schäfer 1998).

Unter welchen Aspekten können Handlungsfelder als Lernfelder didaktisch begründet werden?

Das Auffinden von Lernfeldern aus Handlungsfeldern ist nicht systematisch ableitbar, sondern stellt einen heuristischen Vorgang dar, indem von der Hypothese ausgegangen wird, daß ein bestimmtes in der Praxis vorfindbares Handlungsfeld als Lernfeld didaktisch begründet werden kann. Erst eine didaktische Analyse sowohl der Gegenwarts-, Zukunfts- und exemplarischen Bedeutung als auch der thematischen Struktur (in Anlehnung an Kriterien Klafkis 1996 und 1975) führt zu didaktisch begründeten Lernfeldern.

Gegenwartsbedeutung:
- Wird im Lernfeld die aktuelle betriebliche Wirklichkeit erfaßt?
- Wird das Typische des zu erlernenden Berufs durch die Auswahl der Lernfelder deutlich?
- Können berufliche Alltagserfahrungen und spezielle Interessen der Lernenden in die Lernfelder integriert werden?
- Stellen die Lernfelder für die Lernenden relevante Bezüge her?
- Bilden die Lernfelder in ihrer Gesamtheit den zu erlernenden Beruf ab?
- Entspricht die Zuordnung der Lernfelder zu einzelnen Ausbildungs-/Schuljahren dem betrieblichen Ausbildungsstand der Lernenden?

Zukunftsbedeutung:
- Werden durch die Lernfelder erkennbare Innovationen berücksichtigt?
- Welche Bedeutung werden die gefundenen Lernfelder in Zukunft für den entsprechenden Beruf haben?
- Welche Aspekte (dienstleistungsbezogen, fertigungstechnisch, wartungstechnisch) werden in der Berufstätigkeit des entsprechenden Ausbildungsberufs in Zukunft im Vordergrund stehen?

Exemplarische Bedeutung:
- Läßt sich durch die gewählten Lernfelder Transferfähigkeit für weitere Lernfelder entwickeln?

Thematische Struktur:
- Unter welchen Aspekten/Ansätzen beruflichen Handelns (arbeitsteilig-prozeßbezogen, produktbezogen) werden die Lernfelder formuliert?
- Sind die Lernfelder aufeinander abgestimmt, d. h. in einer sinnvollen Reihenfolge zueinander angeordnet?

Befähigen die Lernfelder zur Bewältigung komplexer Problemstellungen? In welcher Weise lassen sich die Zielformulierungen konkretisieren?
Sind Handlungsfelder in der beschriebenen Weise als relevant für die Ausgestaltung von Lernfeldern identifiziert, so wird im Rückschluß überprüft, in welcher Weise diese dazu beitragen, Handlungskompetenz zu entwickeln und zu fördern.
– Werden in den Lernfeldern neben fachlichen Zusammenhängen auch gesellschaftliche und individuelle Aspekte angesprochen?
– Können die verschiedenen Dimensionen von Handlungskompetenz für das jeweilige Lernfeld spezifisch formuliert werden?

In welcher Weise werden Lernfelder durch Lernsituationen konkretisiert?
Lernsituationen sollen exemplarisch die Lernfelder repräsentieren. Da auf dieser Ebene konkrete Unterrichtseinheiten geplant werden, müssen unterrichtsorganisatorische Bedingungen analysiert werden. Die Einbeziehung der schulischen Rahmenbedingungen (vorhandener Fachräume, einsetzbarer Medien usw.) und des sozial-kulturellen Umfelds spielt eine entscheidende Rolle bei der Ausgestaltung der Lernsituationen. Neben diesen unterrichtsorganisatorischen Einflußgrößen ergeben sich aufgrund der anthropologisch-psychologischen Voraussetzungen der Lernenden weitere Bedingungsfelder des Unterrichts. Die Lehr-Lern-Prozeßstruktur wird in Anlehnung an handlungsorientierte Lehr-Lern-Arrangements im Sinne einer vollständigen Handlung zu konkretisieren sein.

Sozial-kulturelle Voraussetzungen:
– Welche technik- und berufsspezifischen Methoden kommen in den gewählten Lernfeldern und Lernsituationen zum Tragen?
– In welcher Weise können regionalspezifische Besonderheiten berücksichtigt werden?
– Sind die Lernsituationen offen für Veränderungen und Ergänzungen?
– Welchen Einfluß haben die materiellen und personellen Bedingungen der Schule auf die Gestaltung des Unterrichts in den Lernsituationen?
– Sind Fachräume vorhanden, die in den Lernsituationen zur anschaulichen Vermittlung genutzt werden können?
– Welche Medien und Unterrichtshilfsmittel stehen bei einzelnen Lernsituationen zur Verfügung?

Anthropologisch-psychologische Voraussetzungen:
– Besteht innerhalb der Lernsituationen die Möglichkeit, auf die individuellen Lernvoraussetzungen der Lernenden einzugehen?
– Können Interessen der Lernenden in die Lernsituationen integriert werden?
– Sind unterschiedliche Zugangs- und Darstellungsformen zur Differenzierung innerhalb der Lernsituationen möglich?

- Welche Voraussetzungen (fachlich, lernpsychologisch) müssen gegeben sein, um die jeweilige Problemstellung bewältigen zu können?
- Sind diese Voraussetzungen durch die schon bearbeiteten Lernsituationen geschaffen worden?

Lehr-Lern-Prozeßstruktur:
- In welcher Weise sind die Lernsituationen innerhalb eines Lernfeldes aufeinander bezogen?
- Stellen die einzelnen Lernsituationen vollständige Handlungen dar?
- In welcher Weise können soziale Lernprozesse in den Lernsituationen gefördert werden?

In welcher Weise tragen die Lernsituationen dazu bei, berufliche sowie lebens- und gesellschaftsbedeutsame Problemstellungen zu bewältigen?

Auf der Ebene konkreter Lernsituationen muß nun analysiert werden, in welcher Weise und unter welchen Akzenten berufliche Handlungskompetenz durch die Unterrichtseinheit entwickelt werden kann. Fragen der methodischen Gestaltung und Überprüfbarkeit von Lernprozessen stehen dabei im Vordergrund.

- Welche Schwerpunkte der Kompetenzförderung werden in den einzelnen Lernsituationen gewählt?
- In welcher Weise kann der Erfolg der Lernprozesse überprüft werden?
- In welcher Weise können die Lernenden sich selbst überprüfen?

Hier nun schließt sich der Kreis: Werden Handlungsfelder in einem didaktischen Reflexionsprozeß von den Lehrenden als Lernfelder identifiziert, so tragen diese als Grundlage eines handlungsorientierten Unterrichts dazu bei, berufliche Handlungskompetenz im Sinne der Befähigung zur Gestaltung beruflicher, lebens- und gesellschaftsbedeutsamer Problemstellungen der Jugendlichen im Lernprozeß zu entwickeln. Die vorgestellten Leitfragen dienen dazu, den Reflexionsprozeß systematisch einzuleiten und Lernfelder und Lernsituationen nach den gegebenen Kriterien zu analysieren und auszudifferenzieren.

6 Chancen und Grenzen des Lernfeld-Konzeptes

Würde das Lernfeld-Konzept – wie dargestellt – als ganzheitliches Prinzip durchgängig in der Berufsschule umgesetzt, so hätte es weitreichende Konsequenzen auf verschiedenen Ebenen. Im einzelnen könnte es u. a. bedeuten:

Schul- und Unterrichtsorganisation:
- Stundenpläne werden nach Lernfeldern und nicht nach Unterrichtsfächern organisiert.
- Klassenarbeiten werden nicht in einem Unterrichtsfach geschrieben, sondern beziehen sich auf einzelne Lernfelder.
- Zeugnisse weisen keine Unterrichtsfächer, sondern Lernfelder auf.
- Lehrende müssen sich in den verschiedenen Lernfeldern und Lernsituationen untereinander abstimmen.
- Durch das Lernfeld-Konzept verschiebt sich das Fachlehrerprinzip; der einzelne Lehrer ist nicht mehr Experte für ein bestimmtes Fach, sondern deckt bestimmte Lernfelder in Kooperation mit anderen Lehrern ab.

Didaktische Gestaltung:
- Lerninhalte werden nicht mehr ausschließlich nach Strukturen vermittelt, die aus wissenschaftlichen Zusammenhängen abgeleitet werden; vielmehr müssen handlungssystematische Zusammenhänge geschaffen werden.
- Fachliche Grundlagen und Phasen der Systematisierung des Wissens, die zuvor fachbezogen erfolgten, werden in Lernfelder integriert.
- Die berufsübergreifenden Fächer erhalten durch ihre Einbindung in das Lernfeld-Konzept stärkeren Berufsbezug, sind damit aber auch an die berufsbezogenen Lernfelder gebunden.

Lernortkooperation:
- Sollen betriebsspezifische Erfahrungen in den Lernprozeß integriert werden, so muß die Lernortkooperation verstärkt werden.
- Der Bezug zur betrieblichen Praxis muß in jeder Lernsituation vermittelbar sein.

Der aufgeführte Anforderungskatalog zeigt, daß das Lernfeld-Konzept im Sinne ganzheitlicher Schul- und Lernorganisation gestaltet werden müßte. Unter welchen Bedingungen und in welchen Ausprägungen dies in der Praxis gelingen kann, wird sich erst aus Erfahrungen erweisen.

Literatur

Bader, R. (1990): Entwicklung beruflicher Handlungskompetenz in der Berufsschule. Landesinstitut für Schule und Weiterbildung: Soest

Bader, R.; Schäfer, B. (1997): Lernfelder für integrierte Lerngruppen. -Probleme und Lösungsansätze bei der Fachklassenbildung für Berufe mit einer geringen Anzahl Auszubildender. In: Der berufliche Bildungsweg (5); S. 10-13

Bader, R. (1998): Lernfelder. Erweiterter Handlungsraum für die didaktische Kompetenz der Lehrenden. In: Die berufsbildende Schule; 50; (3); S. 73-74

Bader, R.; Schäfer, B. (1998): Lernfelder gestalten. Vom komplexen Handlungsfeld zur didaktisch strukturierten Lernsituation. In: Die berufsbildende Schule; 50; (7-8), S. 229-234

Busse, S.; Lampe, R. – H. (1987): Person – Handlung – Umwelt. Ein Strukturmodell zur individuellen Handlungsfähigkeit. Teil 2: Leipzig

Heimann, P.; Otto, G.; Schulz, W. (1975): Unterricht – Analyse und Planung. 7. Aufl.: Hannover

Klafki, W. (1975): Studien zur Bildungstheorie und Didaktik. 10. Aufl.: Weinheim

Klafki, W. (1996): Neue Studien zur Bildungstheorie und Didaktik. 5. unveränd. Aufl.: Weinheim; Basel

KMK (1996): Handreichungen für die Erarbeitung von Rahmenlehrplänen der Kultusministerkonferenz für den berufsbezogenen Unterricht in der Berufsschule und ihre Abstimmung mit Ausbildungsordnungen des Bundes für anerkannte Ausbildungsberufe: Bonn

Middendorf, W. (1997): Erste Betrachtung zur Umsetzung der Lernfeldorientierung in den Lehrplänen der Berufsschule am Beispiel Nordrhein-Westfalen. In: Zeitschrift für Berufs- und Wirtschaftspädagogik; 93. Band; (5); S. 521-531

Twardy, M.; Buschfeld, D. (1997): Fächerübergreifender Unterricht in Lernfeldern – neue Rahmenbedingungen für didaktische Innovationen? In: Euler, Dieter; Sloane, Peter F. E. (Hrsg.): Duales System im Umbruch: Pfaffenweiler; S. 143-159

„Lernen mit dem Computer?"
Ergebnisse einer Mitarbeiterbefragung zur Nutzung betrieblicher Selbstlernzentren und zur Beurteilung computerunterstützten Lernens

Susanne Kraft

„Und also lautet der Beschluß, daß der Mensch was lernen muß"[1]. Lernen unter Einsatz neuer Medien hat im gesamten Bildungsbereich, so auch in der betrieblichen Weiterbildung, zunehmende Verbreitung gefunden. Viele Betriebe setzen verstärkt auf computerunterstützte und selbstgesteuerte Lernformen (Hofer & Niegemann 1990; Brodbeck 1991) und richten Selbstlernzentren ein, in denen Mitarbeiter[2] sich selbstgesteuert und computerunterstützt weiterbilden können und auch sollen. Betriebliche Selbstlernzentren sind für jeden Mitarbeiter zugängliche Räume mit PC-Ausstattung, in denen verschiedene Lernprogramme zum Lernen zur Verfügung stehen. Selbstlernzentren unterscheiden sich je nach Betrieb hinsichtlich ihrer Größe, ihrer Relevanz und ihrem Stellenwert im Rahmen der betrieblichen Aus- und Weiterbildung, ihrer Konzeption und ihrer Ausstattung. Allen gemeinsam ist, daß in ihnen multimediale Lernangebote bereit gestellt werden, die die herkömmlichen Weiterbildungsmaßnahmen ergänzen, teilweise sogar ersetzen sollen. Die betrieblichen Gründe für die Einrichtung von Selbstlernzenten liegen auf der Hand: Das Ziel ist v.a. eine Kostenersparnis im Weiterbildungsbereich und die Deckung des steigenden Bedarfs an Weiterbildung (Weiß 1993). Computerunterstütztes Lernen ermöglicht zudem eine zeitliche und räumliche Flexibilisierung des Weiterbildungsangebots sowie eine Individualisierung des Lernens (Anpassung an die Individualität des Lernenden) und ein intensives und praxisnahes Lernen (z.B. durch Simulationsmöglichkeiten). Aus betrieblicher Sicht erscheint computerunterstütztes selbstgesteuertes Lernen somit als eine in mehrfacher Hinsicht (Kostensenkung, Flexibilisierung und Individualisierung) überzeugende und effektive Lernform. Offen ist bislang jedoch, inwieweit die intendierten Ziele in der betrieblichen Praxis tatsächlich erfolgreich umgesetzt und erreicht werden (können). Hervorgehoben werden oftmals die Vorteile computerunterstützten Lernens, und

---

1 So lautet die Überschrift des Programms eines Selbstlernzentrums.
2 Im Text wird auf die weibliche Form verzichtet. Wenn von Mitarbeitern die Rede ist, sind damit auch die Mitarbeiterinnen eingeschlossen.

es wird meist implizit davon ausgegangen, daß die Mitarbeiter dieses neue Lernangebot auch tatsächlich und zudem erfolgreich nützen. Wenig Beachtung findet in der betrieblichen Praxis jedoch die Tatsache, daß *erfolgreiches* computerunterstütztes Lernen von verschiedenen Voraussetzungen auf seiten der Lernenden (Vorwissen, Inhalte, Motivation, Lerntyp) sowie von der Gestaltung unterstützender Lernumgebungen abhängig ist.

Im Folgenden werden die zentralen Ergebnisse einer Untersuchung präsentiert, die im Frühjahr 1998 in einem Industriebetrieb, der seit einigen Jahren ein Selbstlernzentrum eingerichtet hat, durchgeführt wurde.

Theoretischer Rahmen der Untersuchung:

Zum computerunterstützten Lernen liegt eine Vielzahl von Untersuchungen vor, die sich v.a. mit der Lernwirksamkeit, den Lernvoraussetzungen, der Gestaltung multimedialer Lernumgebungen und der Evaluation einzelner Lernprogramme beschäftigen. Überblicksstudien zeigen, daß eine allgemeine Beurteilung computerunterstützten Lernens nicht möglich ist, so daß Studien zu den Lerneffekten und zur Lerneffizienz zu durchaus unterschiedlichen Ergebnissen kommen (Hasebrook 1995; Hasenbach-Wolf 1992; Kerres 1998; Weidenmann 1997). Einige Studien verweisen auch explizit auf *Problembereiche* computerunterstützten Lernens: Insbesondere die Selbststeuerung und Selbstorganisation des Lernprozesses scheint für eine insgesamt sehr hohe dropout-Rate beim computerunterstützten Lernen zu führen (Kerres 1998). Wie bei allen selbstgesteuerten Lernprozessen fehlt oftmals (die Unterstützung durch) eine Lehrperson, die den Lernprozeß begleitet (inwieweit hier die Entwicklung und der Einsatz tutoriell unterstützter Lernprogramme Abhilfe schaffen kann, ist noch weitgehend ungeklärt). Ein weiteres häufig auftretendes Problem ist die Aufrechterhaltung der Lernmotivation über das ganze Lernprogramm hinweg (Weiß 1993). Zudem gibt es „Problemgruppen": So weisen Untersuchungen daraufhin, daß insbesondere ältere Arbeitnehmer sich mit den neuen Medien eher „überfordert" fühlen (Götz & Tschacher 1995; Institut für Arbeitswissenschaft und Organisation 1994; Weiß 1993). Als Fazit kann festgehalten werden, daß erfolgreiches computerunterstütztes Lernen immer *situationsabhängig, inhaltsabhängig* und *lernerabhängig* ist (Fricke 1993; Hofer & Niegemann 1990). Im Rahmen betrieblicher Weiterbildung bedarf die Entscheidung für den Einsatz computerunterstützten Lernens gründlicher Überlegungen und Planungen und erfordert eine systematische Problemanalyse sowie begleitende Evaluationsmaßnahmen. Ziel der vorliegenden – deskriptiv angelegten – Untersuchung war es, zum einen etwas über die Nutzung des multimedialen Lernangebots in einem Selbstlernzentrums zu erfahren, und zum anderen anhand der Beurteilungen verschiedener Merkmale computerunterstützten Lernens durch die Mitarbeiter auch Hinweise auf mögliche Problembereiche dieser Lernform zu bekommen.

Ausgegangen sind wir von folgenden Hypothesen:
1. Vermutet wurde, dass sich Zusammenhänge zwischen Alter, Schul-/Berufsausbildung, Computernutzung am Arbeitsplatz und der Nutzung des medialen Lerngebotes sowie der Beurteilung dieser Lernform zeigen.[3]
2. Vermutet wurde, daß die verschiedenen Merkmale computerunterstützten Lernens sehr unterschiedlich (positiv oder negativ) beurteilt werden. Unterschieden wurde hier zwischen allgemeinen Aspekten, Aspekten der Selbststeuerung und sozialen Aspekten dieser Lernform.

2.1 Allgemeine Aspekte: Vermutet wurde, daß diese Lernform einen geringen Wert hat, daß Ängste gegenüber dieser Art des Lernens bestehen und daß negativ bewertet wird, daß beim computerunterstützten Lernen kein Abschlußzertifikat erworben werden kann.

2.2 Selbststeuerung des Lernens: Aspekte, die die Lernorganisation (freie Zeiteinteilung, Lerntempo) betreffen sowie die geringere Kontrolle im Lernprozeß werden eher positiv, das Fehlen einer Lehrperson dagegen wird eher negativ beurteilt.

2.3 Soziale Aspekte: Positiv wird gesehen, daß weniger Konkurrenzdruck als in anderen Weiterbildungsveranstaltungen besteht, eher neagtiv dagegen das Fehlen des sozialen Austauschs beim Lernen.

Untersuchungsdesign

Befragt wurden 1200 Mitarbeiter eines Industriebetriebes (ca. 45% Angestellte, ca. 55 Gewerbliche) mittels standardisiertem Fragebogen (Rücklaufquote 33%). Erhoben wurden a) Personendaten, Daten zur Weiterbildungsteilnahme allgemein, und zu den Kentnissen und zur Nutzung des Selbstlernzentrums sowie b) die Beurteilung verschiedener Aspekte computerunterstützten Lernens. Die Fragen zu b) sollten nur diejenigen Mitarbeiter ausfüllen, die bereits computerunterstützt gelernt hatten (n = 151). Zur Beurteilung computerunterstützten Lernens wurde von uns eine Liste erstellt, die Aussagen zu den vorher genannten verschiedenen Aspekten dieser Lernform enthielt: Einige eher allgemeine Aussagen, Aussagen zu Aspekten der

---

3 Die präzise Formulierung dieser Hypothese ist der Kürzung des Textes zum Opfer gefallen.

Selbststeuerung und zu sozialen und kooperativen Aspekten des Lernens, die die Befragten auf einer Skala von 1 = „stimme ich völlig zu" bis 5 = „kann ich gar nicht zustimmen" ankreuzen sollten[4]. Zusätzlich wurden noch mit ca. 30 Mitarbeitern Interviews geführt, in denen noch verstärkt auf Problembereiche eingegangen wurde.

Ergebnisse

Von den Befragten waren 70% Männer und 30 % Frauen, die Altersverteilung war ca. 70% unter 40 Jahre, ca. 21% bis 50 Jahre, ca. 9% über 50 Jahre. Auffallend hoch war mit 95% die Anzahl derer, die über eine abgeschlossene Berufsausbildung verfügen, davon sogar 25% über ein FH- bzw. Uni-Studium. Fast 90% der Befragten arbeiten täglich bis häufig mit dem Computer. Dies scheint v.a. auch durch die weitgehend computerunterstützte Produktionstechnik in diesem Betrieb bedingt zu sein. Zudem besitzt über die Hälfte der Befragten auch zu Hause einen Computer. Relativ hoch war auch die Teilnahme an Weiterbildungsmaßnahmen in den letzten Jahren: So nahmen fast 60% der Befragten an einer Maßnahme teil, inhaltlich hatten hier der Bereich Arbeitsmethodik und EDV den größten Anteil.

Trotz der hohen Zahl der Computernutzer hatten lediglich 25% der Befragten bereits (beruflich oder privat) Erfahrungen mit einem Lernprogramm, bevorzugte Themenbereiche waren hier EDV und Sprachen. Von den Mitarbeitern, die bislang noch nicht computerunterstützt gelernt haben (immerhin ca. 75%), antworteten fast 40% der Befragten, daß sie bislang keine Gelegenheit dazu hatten. Die generelle Ablehnung dieser Lernform ist mit 0,8% verschwindend gering. Immerhin fast 15% hatten jedoch noch nichts von dieser Lernform gehört.

Diesen Ergebnissen entsprechend war auch die Nutzungshäufigkeit der Selbstlernstationen mit (6,3% „regelmäßg", 22% „selten") sehr niedrig.

Entgegen unseren Hypothesen zeigten sich weder zwischen der Nutzung des medialen Lernangebotes noch zwischen der Beurteilung verschiedener Aspekte computerunterstützten Lernens signifikante Korrelationen hinsichtlich Alter, Schul-/Berufsausbildung, Geschlecht und PC-Nutzung am Arbeitsplatz.

---

4   Die positiv/negativ Aussagen zum computerunterstützten Lernen wurden a) aus dessen zentralen Merkmalen und Problembereichen abgeleitet und b) auch aus Gesprächen, die wir im Vorfeld mit den Verantwortlichen der Bildungsabteilung des Betriebes hatten.

Rang	Aussage	MW	SD
1	Ich finde gut, daß für mich keine Kosten anfallen	1.669	1.16
2	Ich freue mich, wenn ich dazulerne und bin dann stolz auf mich	1.872	1.03
3	Ich kann mein Lerntempo individuell bestimmen	2.167	1.17
4	Mir gefällt die Möglichkeit, die Lernzeit frei einteilen zu können	2.324	1.36
5	Diese Art des Lernens macht mir Spaß	2.816	1.23
6	Ich lerne gern alleine	2.917	1.15
7	Mir gefällt, daß es keine unmittelbare Konkurrenz beim Lernen gibt	3.116	1.29
8	Ich fühle mich in dem Raum des Selbstlernzentrums wohl	3.139	1.17
9	Ich bin froh, nicht dauernd kontrolliert zu werden	3.382	1.18
10	Ich bin froh, daß keine Lehrperson da ist	3.874	1.03

Tab 1: Rangreihe der Positiv-Aussagen

Bei den Positivaussagen *(Tab.1)* ist auffallend, daß „Keine Kosten" in der Rangreihe ganz vorne liegt – das verwundert v.a. deshalb, weil auch die anderen Weiterbildungsangebote des Betriebes kostenfrei sind. Die Aspekte der Selbststeuerung der Lernorganisation erreichen eine sehr hohe Zustimmung (Lernzeit, Lerntempo), während die sozialen Aspekte des Lernens (Alleinlernen, Konkurrenz eher im Mittelbereich angesiedelt sind). Am unteren Ende finden sich Aspekte der Kontrolle und Lehrperson mit deutlicher Tendenz zum negativen Bereich, sie werden also eher abgelehnt.

Rang	Aussage	MW	SD
1	Mir fehlt dabei eine Lehrperson	2.97	1.35
2	Mich stört, daß man kein Abschlußzertifikat erhält	3.21	1.53
3	Diese Form des Lernens ist zu unpersönlich	3.26	1.39
4	Ich lerne ungern alleine	3.42	1.37
5	Für diese Art des Lernens fehlt mir die Motivation	3.54	1.35
6	Computerunterstützte Weiterbildung hat einen geringen Wert für mich	3.73	1.21
7	Es ist mir zu umständlich, selbständig zu lernen	3.88	1.18
8	Mich stört, daß ich mich dabei nicht mit anderen messen kann	3.97	1.11
9	Ich weiß nicht genau, wie man einen PC bedient	4.17	1.29
10	Art des Lernens macht mir Angst	4.54	0.82

Tab 2: Rangreihe der Negativ-Aussagen

Bei den Negativ-Aussagen *(Tab.2)* ist auffallend, daß der niedrigste MW bei 2,966 liegt, d.h. die Tendenz zur Ablehnung der negativen Aspekte ist insgesamt erkennbar hoch. Die Aspekte der fehlenden Lehrperson und des fehlenden Abschlußzertifikats belegen zwar die obersten Ränge, die Mittelwerte sind jedoch im mittleren Bereich angesiedelt („stimme ich teilweise zu"). Eine deutliche Tendenz zur Ablehnung der negativen Aussagen beginnt bereits bei Rang 4 („lerne ungern alleine") und wird dann immer deutlicher bei Aspekten der Wertschätzung dieser Art des Lernens (6, 8). Insbesondere die negativen Aussagen zur Lernorganisation und zum sozialen Vergleich wurden deutlich abgelehnt ebenso die Unkenntnis der PC-Bedienung und die Angst vor dieser Lernform.

Interpretation der Ergebnisse:

Insgesamt zeigte sich tendenziell eher eine positive Beurteilung dieser Lernform durch die Lernenden, allerdings mit deutlichen Hinweisen auf einige Problembereiche:

Nicht bestätigt haben sich unsere Vermutungen, die sich auf einige *allgemeinen Aspekte* computerunterstützten Lernens bezogen haben: Weder die Annahme, diese Lernform hätte einer geringen Wert noch diejenige, daß Ängste gegenüber dieser Lernform bestehen, konnten bestätigt werden.

Hinsichtlich der *sozialen Aspekte* des Lernens wurden die Annahmen nur teilweise bestätigt: Der mangelnde Vergleich mit den anderen und der geringere Konkurrenzdruck bei dieser Lernform im Vergleich zu anderen Weiterbildungsveranstaltungen wird tendenziell nicht negativ beurteilt. Bezüglich des fehlenden sozialen Austauschs durch das „alleine lernen" (ohne andere Lernende) lagen die Mittelwerte der Antworten im Mittelbereich, so daß diese Aspekte eher unentschieden sind. Zumindest jedoch bedeutet dies, daß diese Aspekte nicht explizit als negativ beurteilt werden.

Bezüglich den Merkmalen der Selbststeuerung des Lernens wurden einige Annahmen jedoch deutlich bestätigt: Dies betrifft insbesondere die Aspekte der Lernorganisation wie freie Wahl der Lernzeit und des Lerntempos. In den von uns durchgeführten Interviews zeigt sich dazu ein noch weiter differenzierteres Bild: Das Fehlen oder der Wunsch nach einer Lehrperson ist deutlich situationsabhängig und kann Unterschiedliches bedeuten: Bei auftretenden technischen Problemen wird von den Befragten ein technischer Berater bzw. Experte nachgefragt. Bei auftretenden fachlich-inhaltlichen Fragen besteht der Wunsch nach einem fachlichen Experten als Ansprechpartner (reale Person oder Tele-Tutor). Davon zu unterscheiden sind die Lernberater, die insbesondere bei auftretenden Lern- und Motivationsproblemen unterstützen sollen. Insbesondere die Aufrechterhaltung der Lernmotivation erweist sich als ein – wenn nicht sogar als das – gravierendste Problem beim selbstgesteuerten computerunterstützten Lernen.

Konsequenzen für die Gestaltung pädagogischer Praxis

Die Mitarbeiter bzw. die Lernenden stehen dieser Lernform gegenüber durchaus aufgeschlossen gegenüber, wenngleich sie auch noch nicht allzu häufig praktiziert wird. Die Möglichkeiten, die computerunterstütztes Lernen den Lernenden bietet im Hinblick auf die Selbststeuerung und Gestaltung des eigenen Lernprozesses (freie Bestimmung von Lernzeit, Lerntempo, Wiederholungsmöglichkeiten), werden von den Mitarbeitern fast ausschließlich positiv eingeschätzt. Diese Möglichkeiten gehen allerdings mit hohen Anforderungen an die Lernenden einher, die von diesen auch durchaus als solche wahrgenommen werden (Selbstdisziplin, Umgang mit Problemsituationen technischer wie inhaltlicher Art, Motivation) und bei deren Bewältigung die Befragten sich die Unterstützung durch Lehrpersonen bzw. kompetente

Berater wünscht. Die Einrichtung von Selbstlernzentren mit multimedialen Lernangeboten und die erfolgreiche Implementation computerunterstützten Lernens als eine Lernform im Betrieb macht Lehrende eben nicht überflüssig, sondern weist ihnen neue Aufgaben zu. Sie bekommen immer mehr die Funktion von Lernberatern, die mit fachlichem, v.a. aber auch mit methodischem und technischem knowhow den Lernprozeß begleiten. Die postulierte und intendierte Wirtschaftlichkeit des Einsatzes computerunterstützten Lernens läßt sich somit sicherlich nicht durch die Einsparung von Lehrpersonal erreichen. Effektiv und erfolgreich wird computerunterstütztes Lernen im Betrieb erst und vor allem dann sein, wenn bei betrieblichen Lernprozessen die Voraussetzungen der Lernenden (kognitiv, motivational) berücksichtigt sowie Lernprobleme der Mitarbeiter ernst genommen werden. Dies erfordert aber eher mehr als weniger Lehrpersonal in der betrieblichen Weiterbildung.

Literatur

Brodbeck, F.C. (1991): Autodidaktisches Lernen im Betrieb. Unterrichtswissenschaft; 18; S. 235-248.

Fricke, R. (1993): Die Effektivität computerunterstützter Lernprogramme. BIBB: Multimediales Lernen in neuen Qualifikationsstrategien. Nürnberg: BW

Glowalla, U. & Häfele, G. (1995): Einsatz elektronischer Medien: Befunde, Probleme und Perspektiven. In: Issing, L.I. & Klimsa, P. (Hg.): Information und Lernen mit Multimedia. Weinheim:Beltz.

Götz, K. & Häfner, K. (1991): Computerunterstütztes Lernen in der Aus- und Weiterbildung. Weinheim: Deutscher Studienverlag

Götz, K. & Tschacher,W. (1995): Interaktive Medien im Betrieb. Weinheim: Deutscher Studienverlag

Hasenbach-Wolf, M. (1995): Akzeptanz und Lernerfolg bei computerunterstütztem Lernen. Diss.; Universität: Köln

Hasebrook, J.P. (1995): Lernen mit Multimedia. Zeitschrift für Pädagogische Psychologie; 9 (2); S. 95-103.

Hofer, M. & Niegemann, H.M. (1990): Selbstgesteuertes Lernen mit interaktiven Medien. Medienpsychologie; 2 (4); S.258- 274.

Institut für Arbeitswissenschaft und Organisation (1994): Chancen und Risiken von interaktiven Multimedia Systemen in der betrieblichen Aus- und Weiterbildung. Stuttgart: IRB

Kerres, M. (1998): Multimediale und telemediale Lernumgebungen. München/Wien: Oldenbourg.

Lipsmeier, A. (1993): Individualisierung von Lernprozessen im Kontext multimedialen Lernens in der beruflichen Aus- und Weiterbildung. BIBB: Multimediales Lernen in neuen Qualifikationsstrategien. Nürnberg: BW

Weidenmann, B. (1997): „Multimedia": Mehrere Medien, mehrere Codes, mehrere Sinneskanäle? Unterrichtswissenschaft; 25; S. 197-206

Weiß, R. (1993): Multimediales Lernen aus der Sicht der Wirtschaft. BIBB: Multimediales Lernen in neuen Qualifikationsstrategien. Nürnberg: BW

Selbstorganisiertes Lernen älterer Erwerbspersonen im Bereich EDV

Gerald A. Straka, Nike Plaßmeier & Gert Spevacek

Einführung

Organisatorisch-technischer Wandel in der Arbeitswelt führt dazu, daß mehr Zuständigkeit an den Ort zurückverlagert wird, wo Werkstücke bearbeitet und Dienstleistungen erbracht werden. Die Bereitschaft und Fähigkeit zum selbstorganisierten Lernen erweist sich in diesem Zusammenhang als eine Kernkompetenz, die – so eine Annahme – mit Arbeitsplatzbedingungen in Beziehung steht.

Erwerbspersonen in der zweiten Hälfte ihres Erwerbslebens stehen dabei vor besonderen Anforderungen, zumal sie bislang unter „geordneten" Bedingungen gearbeitet haben. Für die berufliche Weiterbildung dieser Personengruppe ergeben sich damit neue Anforderungen, denen mit dem Wirtschaftsmodellversuch „Selbstorganisiertes Lernen älterer Erwerbspersonen und arbeitsplatzbezogenes Lernen im Bereich EDV" (SELA) [1] exemplarisch nachgegangen werden soll. Zentrales Ziel des Modellversuchs ist die Veränderung der Bereitschaft und Fähigkeit zum selbstorganisierten Lernen durch eine didaktisch-organisatorische Maßnahme (vgl. Hobusch, 1997).

Selbstorganisiertes Lernen im Bereich EDV kann beschrieben werden als ein Prozeß, bei dem Lernende fähig sind, ihr EDV-bezogenes Lernen zu planen, zu organisieren, umzusetzen, zu kontrollieren und zu bewerten, sei es in Kooperation mit anderen Lernenden oder als Einzelne. Dieses Verhalten ist ohne Bezug zu Inhalten – hier EDV – nicht realisierbar. Darüber hinaus ist das Wechselspiel von Inhalt und Verhalten auch mit motivationalen und emotionalen Dimensionen verknüpft (Straka & Spevacek, 1997; Straka, 1998).

---

1 Der vom Bundesministerium für Bildung, Wissenschaft, Forschung und Technologie (BMBWFT) geförderte Modellversuch wird durchgeführt vom Institut für Wissenschaftstransfer und Personalentwicklung (IWP) im Bildungszentrum der Wirtschaft im Unterwesergebiet und wissenschaftlich begleitet von der Forschungsgruppe *LOS* (*L*ernen, *O*rganisiert & *S*elbstgesteuert) der Universität Bremen

Zur Erfassung der Bereitschaft und Fähigkeit zum selbstorganisierten Lernen sowie von Emotionen und Arbeitsplatzbedingungen wurde ein Instrument entwickelt, bzw. adaptiert, über dessen Erprobung hier berichtet wird. Die Konstrukte und übergeordneten Konzepte des Fragebogens werden in den folgenden Ausführungen beschrieben und anhand von Beispielitems veranschaulicht. Auf der Basis der bisher gewonnenen Daten werden dann Aussagen über strukturelle Zusammenhänge zwischen einzelnen Konzepten gemacht.

Konzepte und Konstrukte des Fragebogens

Im Folgenden werden die einzelnen Konstrukte und Konzepte des Fragebogens vorgestellt und anhand von Beispielitems veranschaulicht (vgl. Abb. 1):

Das Konstrukt Implementation beinhaltet den Kern jeglichen Lernens und umfaßt die Skalen Strukturierung, Elaboration und Wiederholung. Strukturierung umfaßt Lernaktivitäten, mit denen ziel- bzw. aufgabenrelevante Informationen in einer zum Lernen geeigneten Weise verdichtet und geordnet werden. Die Skala Elaboration beinhaltet Lernaktivitäten, die darauf zielen, neue Informationen mit vorhandenem Wissen in Beziehung zu setzen und sich mit neuen Informationen formal oder inhaltlich kritisch auseinanderzusetzen. Wiederholung schließlich umfaßt Lernaktivitäten, die auf das genaue Einprägen von Informationen zielen (vgl. Weinstein & Mayer, 1986).

Beim Lernen im allgemeinen und beim selbstorganisierten Lernen im besonderen erhalten die vor- und nachgelagerten Lernaktivitäten einen höheren Stellenwert: Dem Konstrukt Sequenzierung werden Lernaktivitäten der Planung zugeordnet, mit denen das zu Erlernende in eine inhaltliche und zeitliche Abfolge gebracht wird (vgl. Pintrich, Smith, Garcia & McKeachie, 1991). Mit dem Konstrukt Ressourcenmanagement werden vor allem Lernaktivitäten zusammengefaßt, die der Orientierung über Informationen und der Ermittlung von Informationen dienen (vgl. Weinstein & Mayer, 1986).

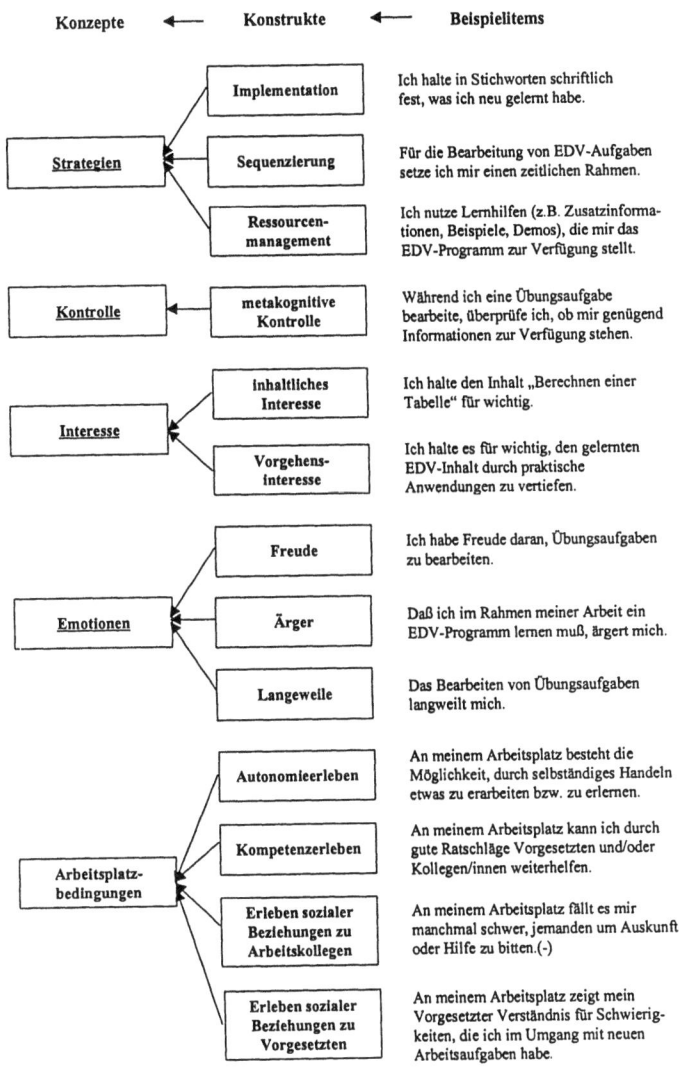

Abb. 1: Konzepte, Konstrukte und Beispielitems

Die unter dem Konzept Strategien zusammengefaßten Konstrukte Implementation, Sequenzierung und Ressourcenmanagement sind einer Kontrolle durch den Lernenden unterworfen. Das Konzept Kontrolle beinhaltet das Konstrukt metakognitive Kontrolle. Bei diesem Konstrukt handelt es sich im wesentlichen um Lernaktivitäten, die der Überwachung des Lernprozesses (z. B. der Sicherung des eigenen Verstehens) dienen (vgl. Brown, 1978).

Die Realisation der bislang beschriebenen Lernaktivitäten wird wesentlich beeinflußt durch die Lernbereitschaft der Lernenden. Unter Rückgriff auf interessenstheoretische (vgl. Krapp, 1992; Nenninger, 1986; Prenzel, 1986), leistungsthematische (vgl. Heckhausen & Rheinberg, 1980) und emotionsbezogene (Pekrun, 1992a, 1992b) Überlegungen und Befunde wird dieser Sachverhalt mit den Konzepten Interesse und Emotionen zu fassen versucht.

Bei dem Konzept Interesse wird zwischen den Konstrukten inhaltliches Interesse (aktuelles Interesse am Lerngegenstand) und Vorgehensinteresse (aktuelles Interesse an Lernverhalten) unterschieden.

Bei dem Konzept Emotionen handelt es sich um das Erleben von Gefühlen während des Lernens mit EDV. Im Anschluß an Pekrun (1992a, 1992b, 1998) werden die Konstrukte Freude, Langeweile und Ärger unterschieden.

Lernen im allgemeinen und selbstorganisiertes Lernen im Prozeß der Arbeit im besonderen obliegt einerseits der Verantwortung der jeweils lernenden Person; denn niemand kann für einen anderen lernen. Andererseits ist Lernen in der Lebens- und Arbeitswelt immer in historisch-gesellschaftlich geprägte Umgebungsbedingungen eingebunden. Dies führt dazu, daß an den jeweils konkreten Arbeitsplätzen unterschiedliche äußere Bedingungen für selbstorganisiertes Lernen gegeben sind, die von den dort tätigen Personen unterschiedlich aufgenommen werden können.

Unter Rückgriff auf die „Selbstbestimmungstheorie der Motivation" (Deci & Ryan, 1985; Deci & Flaste, 1995) wird angenommen, daß interessengeleitetes Verhalten mit individuellem Erleben von Autonomie, Kompetenz und sozialer Einbindung in Beziehung steht. Für die Bedingungen der Arbeitswelt lassen sich diese Konstrukte wie folgt konkretisieren:

- Autonomieerleben am Arbeitsplatz liegt vor, wenn eine Person den Eindruck hat, Handlungsspielräume zu haben bzw. ihre Arbeitsaufgaben nach eigenen Plänen erledigen zu können.
- Kompetenzerleben am Arbeitsplatz wird einer Person gewahr, wenn sie sich selbst wirksam erlebt und sie den Eindruck hat, ihre Arbeitsaufgaben sachverständig und erfolgreich zu erledigen.
- Erlebte soziale Einbindung am Arbeitsplatz wird einer Person gegenwärtig, wenn ihre Arbeiten durch Vorgesetzte und Kollegen/innen anerkannt werden und sie sich in die Betriebsgemeinschaft eingebunden wägt.

Strukturelle Zusammenhänge zwischen den Konzepten

Die zuvor dargestellten Konzepte Arbeitsplatzbedingungen, Interesse, Strategien, Kontrolle und Emotionen werden mit Hypothesen verknüpft. Diese werden in Modelle überführt und an den mit dem Fragebogen gewonnenen Daten überprüft.

Es wird angenommen, daß die wahrgenommenen Arbeitsplatzbedingungen einen Einfluß auf das Interesse und die Emotionen, die den Lernprozeß begleiten, haben. Dies bedeutet, daß die Bereitschaft des selbstorganisierten Lernens von den wahrgenommenen Arbeitsplatzbedingungen beeinflußt wird. Zusätzlich wird davon ausgegangen, daß Interesse und Emotionen sich wiederum auf die Anwendung von Lern- und Kontrollstrategien auswirken. Diese Annahmen werden in vier Hypothesen überführt.

Hypothese 1: Hohes EDV-bezogenes inhaltliches und Vorgehens-Interesse wirkt sich positiv auf die Anwendung von Lernstrategien und deren Kontrolle aus.

Hypothese 2: Positive Emotionen in Hinblick auf den Lerngegenstand haben einen positiven Einfluß auf die Anwendung von Lernstrategien und Kontrolle.

Hypothese 3: Positiv empfundene Arbeitsplatzbedingungen, wirken sich positiv auf EDV-bezogenes inhaltliches und Vorgehens-Interesse und auf Emotionen aus.

Hypothese 4: Positiv empfundene Arbeitsplatzbedingungen, wirken sich positiv auf EDV-bezogenes inhaltliches und Vorgehens-Interesse und auf Emotionen, die den Lernprozeß begleiten, aus. Weiterhin fördern ein hohes Interesse und positive Emotionen die Anwendung von Lernstrategien und deren Kontrolle.

Ergebnisse

Im Folgenden wird untersucht, ob die vermuteten Bedingungen und Zusammenhänge zwischen den genannten verschiedenen Konzepten selbstorganisierten Lernens zutreffen.

In der Vorerhebung wurden 295 ältere Erwerbspersonen (≥ 40 Jahre)[2] aus dem kaufmännisch-verwaltenden Bereich befragt. Die Überprüfung der Faktorenstruktur zeigt eine gute Trennung der einzelnen Skalen bei Faktorladungen über .40 und einer durchschnittlichen erklärten Varianz von 69%.

Beschreibung der vier Modelle

Die vorab formulierten Hypothesen aufgreifend werden strukturelle Modelle entwickelt, die die postulierten kausalen Beziehungen darstellen. Mit dem Programm LISREL werden diese Modelle überprüft. LISREL folgt dem Ansatz des „structural equation modelling" (SEM). SEM erlaubt die Überprüfung von strukturellen Beziehungen zwischen latenten Variablen und deren Indikatoren bzw. zwischen mehreren latenten Variablen, die durch Indikatoren beschrieben werden. Anhand mehrerer Fit-Statistiken, die das Programm LISREL liefert, kann die Güte des überprüften Modells kontrolliert und die Stärke und Richtung der postulierten Beziehungen interpretiert werden.

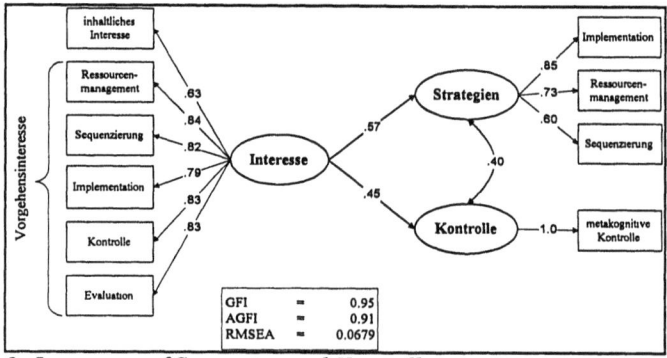

Abb. 2: Interesse auf Strategien und Kontrolle

Die postulierten Zusammenhänge der ersten Hypothese werden im ersten Modell (Abbildung 2) dargestellt. Es wird überprüft, ob das EDV-bezogene inhaltliche und das Vorgehens-Interesse einen Einfluß auf die Anwendung von Lernstrategien und deren Kontrolle hat. Es wird dabei angenommen, daß

---

2 In Anlehnung an die OECD-Definition werden Personen als ältere Erwerbstätige bezeichnet, die in der zweiten Hälfte ihres Erwerbslebens stehen, aber das Pensionsalter noch nicht erreicht haben und gesund sind (Belbin, 1967).

Strategien und Kontrolle sich gegenseitig beeinflussen, also miteinander korrelieren (vgl. Straka, 1996).

Das Konzept Interesse erklärt sechs Indikatorvariablen, fünf davon beziehen sich auf das Konstrukt Vorgehensinteresse, das sich auf die Konstrukte der Lernstrategien Implementation, Ressourcenmanagement und Sequenzierung, sowie auf Kontrolle und Evaluation richtet. Inhaltliches Interesse bezieht sich hier auf den Wert und die Erwartungen, die die Befragten mit den EDV-Inhalten Word und Excel verbinden.

Die latente abhängige Variable Strategien besteht aus den Konstrukten Implementation, Ressourcenmanagement und Sequenzierung, das Konzept Kontrolle wird durch den Indikator metakognitive Kontrolle erfaßt.

Interesse hat sowohl einen Einfluß auf Lernstrategien als auch auf Kontrollstrategien, wie die Pfadkoeffizienten .57 und .45 erkennen lassen Diese Pfadkoeffizienten zeigen die Stärke der kausal angenommenen Beziehungen an. Der Einfluß des Interesse auf die Anwendung der Strategien ist etwas höher als der Einfluß von Interesse auf Kontrollstrategien. Strategien und Kontrolle korrelieren mit 0.4, wie die Zahl an dem gekrümmten Pfeil anzeigt. Die Fit-Statistiken zeigen, daß das mit Hypothese 1 beschriebene Modell für diese Stichprobe angenommen werden kann.

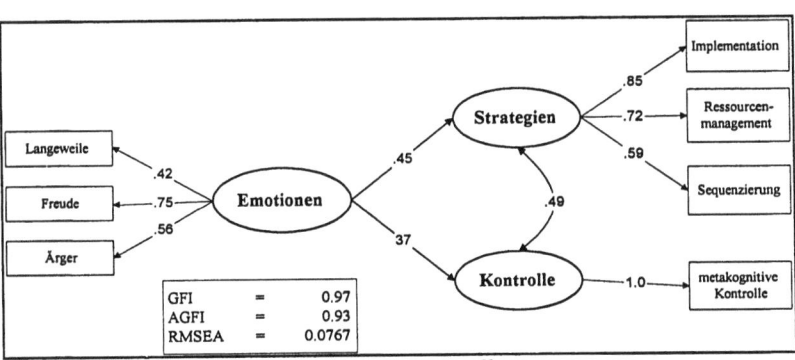

Abb. 3: Emotionen auf Strategien und Kontrolle

Die in Hypothese 2 postulierten Beziehungen finden sich im zweiten Modell (Abbildung 3) wieder. Es wird überprüft, ob auch Emotionen, also das Erleben von ausgewählten Gefühlen während des Lernens, auf die Anwendung von Strategien und Kontrollmaßnahmen Einfluß haben. Dazu wurden unter Bezug auf theoretische Überlegungen, Instrumente und Befunde von Pekrun (1992a, 1992b, 1998) die Emotionen Langeweile, Freude und Ärger erfaßt. Die Konstrukte Langeweile und Ärger wurden so rekodiert, daß positive Werte jeweils eine positive Emotion beschreiben.

Wie die Ergebnisse zeigen haben Emotionen einen Einfluß auf die angewendeten Lernstrategien und Kontrollstrategien. Wiederum ist der

Einfluß auf die Lernstrategien mit .45 etwas größer als der auf die Kontrolle (.37). Strategien und Kontrolle sind auch in diesem Modell korreliert. Die Fit-Werte zeigen, daß auch das in Hypothese 2 postulierte Modell mit diesen Daten in Einklang steht.

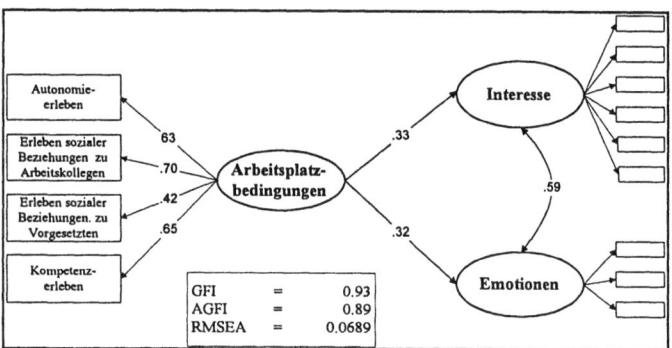

Abb. 4: *Arbeitsplatzbedingungen auf Interesse und Emotionen*

Der dritten Hypothese folgend wird im nächsten Schritt der Einfluß von wahrgenommenen Arbeitsplatzbedingungen auf Interesse und Emotionen untersucht (Abbildung 4). Das Konzept wahrgenommene Arbeitsplatzbedingungen erklärt vier Indikatoren: das Erleben von Autonomie, Erleben von Kompetenz sowie Beziehung zum Vorgesetzten und Beziehung zu Arbeitskollegen aufgeteilt. Es zeigt sich, daß die wahrgenommenen Arbeitsplatzbedingungen in gleichem Maß auf Interesse und Emotionen wirken. Auch dieses Modell ist entsprechend der Fit-Werte anzunehmen.

Die relativ hohe Korrelation zwischen Interesse und Emotionen (r=0,59) verweist auf die Person-Gegenstands-Theorie des Interesses (Krapp, 1992; Prenzel, 1986), wonach das Interesse sowohl gegenstandsspezifisch ist als auch Gefühls- und Wertaspekte enthält. Während in dieser Interessentheorie der Gefühlsaspekt einen Bestandteil des Interessenkonstrukts bildet, werden in der vorliegenden Modellvorstellung Interesse und Emotionen als eigenständige Konzepte betrachtet, die sich gegenseitig beeinflussen.

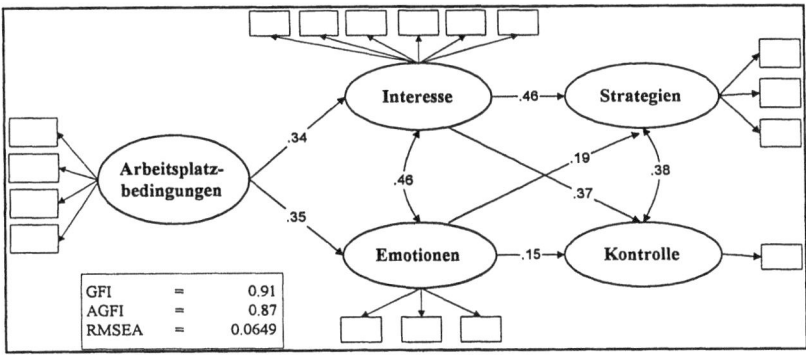

Abb. 5: Gesamtmodell

Da die Einzelmodelle bestätigt werden konnten, ist es nun möglich, in einem abschließenden Schritt die bisherigen Modelle in ein Gesamtmodell zusammenzufassen. Die schon beschriebenen Zusammenhänge werden so simultan geschätzt (Abbildung 5). Die exogene Variable Arbeitsplatzbedingungen wirkt in fast gleichem Maß auf Interesse und Emotionen, diese beeinflussen unterschiedlich stark die Kontroll- und Lernstrategien: Der Einfluß von Interesse auf Strategien (.46) und Kontrolle (.37) ist bedeutend größer als der Einfluß der Emotionen auf diese beiden Konzepte (.19 und .17).

Zusammenfassend ist aufgrund der genannten Ergebnisse davon auszugehen, daß ein vermehrtes Erleben von Autonomie, Kompetenz und sozialer Einbindung zu einer Erhöhung der Bereitschaft und Fähigkeit zum selbstorganisierten Lernen führt. Für eine bildungsorientierte Personal- und Organisationsentwicklung stellt sich damit die Frage nach Maßnahmen, die geeignet sind, die zuvor beschriebenen Erlebnisqualitäten zu erhöhen (Straka & Spevacek, 1998).

Literatur

Belbin, R.M. (1967). Methoden der Aus- und Weiterbildung älterer Arbeitskräfte. Berlin: RKW.

Brown, A. L. (1978). Knowing when, where, and how to remember: A problem of metacognition. In R. Glaser (Ed.), *Advances in instructional psychology* (Vol. 1, pp. 77-195). Hillsdale, NJ: Erlbaum.

Deci, E. L. & Flaste R. (1995). *Why we do what we do. The dynamics of personal autonomy.* New York: Grosset/Putnam.

Deci, E. L. & Ryan, R. M. (1985). *Intrinsic Motivation and Self-Determination in Human Behavior.* New York: Plenum Press.

Heckhausen, H. & Rheinberg, F. (1980). Lernmotivation im Unterricht; erneut betrachtet. *Unterrichtswissenschaft, 8*, 7-47.

Hobusch, J. (1997). Zwischenbericht 1996/97 zum Wirtschaftsmodellversuch SELA.

Krapp, A. (1992). Konzepte und Forschungsansätze zur Analyse des Zusammenhangs von Interesse, Lernen und Leistung. In A. Krapp & M. Prenzel (Hrsg.), *Interesse, Lernen, Leistung. Neuere Ansätze einer pädagogisch-psychologischen Interessenforschung.* Münster: Aschendorff.

Nenniger, P. (1986). The content-oriented task-motiv and its effects on the acquisition of knowledge and skills. In J. van den Bercken, H. L. De Bruyn & Th. C. M. Bergen. (Eds.). *Achievement and task motivation.* Berwyn: Swets North America Inc.

Pekrun, R. (1992a). Kognition und Emotion in studienbezogenen Lern- und Leistungssituationen: Explorative Analysen. *Unterrichtswissenschaft 20*, S.308-324.

Pekrun, R. (1992b). The impact of emotions on learning and achievement: Towards a theory of cognitive/motivational mediators. *Applied Psychology 41*(4), S.359-376.

Pekrun, R. (1998). Schüleremotionen und ihre Förderung: Ein blinder Fleck der Unterrichtsforschung. *Psychologie in Erziehung und Unterricht, 44, S. 230-248.*

Pintrich, P. R., Smith, D. A., Garcia, T. & McKeachie, W. J. (1991). *The Motivated Strategies for Learning Questionniare (MLSQ).* Ann Arbor, MI: NCRIPTAL, The university of Michigan.

Prenzel, M. (1986). *Die Wirkungsweisen von Interessen.* Köln: Westdeutscher Verlag.

Straka, G. A. (1998). Auf dem Weg zu einer mehrdimensionalen Theorie selbstgesteuerten Lernens (Forschungsbericht 1984-1997). Bremen: Zentraldruckerei der Universität Bremen.

Straka, G. A. & Spevacek, G. (1997). Modellversuch: „Selbstorganisiertes Lernen älterer Erwerbspersonen und arbeitsplatzbezogenes Lernen (SELA)" Zwischennachweis des B-Trägers.

Straka, G. A. & Spevacek, G. (1998). Motivation und selbstgesteuertes Lernen. Berufsbildung, 52, S. 42-43.

Weinstein, C. E.& Mayer, R. E. (1986). The teaching of learning strategies. In M. C. Wittrock (Ed.), *Handbook of research in teaching, 3rd edition* (pp. 315-327). New York: Macmillan.

Kaufmännische Berufsausbildung und moralisches Denken – Erleben weibliche und männliche Auszubildende ihre soziale Umwelt unterschiedlich?[1]

Andrea Zirkel

Abstract

Seit Carol Gilligan in ihrem Buch *In a Different Voice* (1982) anzweifelte, dass Frauen und Männer dieselbe Art von Moralität aufweisen (Fürsorgemoral/*care* vs. Gerechtigkeitsmoral/*justice*), ist in der Moralforschung immer wieder die Frage nach geschlechtsbedingten Unterschieden im moralischen Denken gestellt worden.
 Mit Blick auf die von Wolfgang Lempert (z.B. 1993) konzipierten Entwicklungsbedingungen einer *morality of justice* wird überprüft, inwieweit weibliche und männliche Auszubildende in der Versicherungsbranche ihr soziales Umfeld im Privatbereich, im Unternehmen und in der Berufsschule als unterschiedlich erleben, und ob demzufolge auch Unterschiede in der moralischen Urteilskompetenz auftreten.

1 Problemstellung

Nach der Kohlberg-Theorie (s. z.B. Kohlberg, 1984; Colby/Kohlberg, 1987a) vollzieht sich die Entwicklung des moralischen Denkens in sechs Stufen, die wiederum zu drei Ebenen zusammengefasst sind (s. Abb. 1). Wie sollten Menschen miteinander umgehen? Gerecht! Und woher weiss man, was gerecht ist? Jede der Kohlberg-Stufen nennt eine andere Orientierungsgrundlage. Auf der präkonventionellen Urteilsstufe 1 ist man bemüht, negative Sanktionen zu vermeiden. Auf der ebenfalls noch egozentrisch ausgerichteten Stufe 2 wird ein fairer Interessenausgleich mit anderen nach dem Motto „Wie du mir, so ich dir!" angestrebt. Auf dem soziozentrischen Niveau gelten die Erfüllung von Rollenerwartungen (Stufe 3) bzw. die

---

1 Für den Druck überarbeitete Vortragsfassung.

Aufrechterhaltung des Systems (z.B. der Gesellschaft, des Unternehmens) (Stufe 4) als Maxime gerechten Handelns. Postkonventionelle Moral schliesslich zeichnet sich dadurch aus, dass zur Gerechtigkeitsdefinition auf die Idee des Sozialvertrags (s. Rawls, 1979, 27-39) (Stufe 5) oder auf universelle Prinzipien wie den Kategorischen Imperativ (Stufe 6) Bezug genommen wird.

Egozentrische Ebene („präkonventionelle Moral")

Stufe 1: Orientierung an Belohnung und Bestrafung

Stufe 2: Orientierung an strateg. Austauschgerechtigkeit

Soziozentrische Ebene („konventionelle Moral")

Stufe 3: Orientierung an Erwartungen von Bezugspersonen

Stufe 4: Orientierung am Systemerhalt

Universalistische Ebene („postkonventionelle Moral")

Stufe 5: Orientierung am Sozialvertragsdenken

Stufe 6: Orientierung an universellen Prinzipien

Abb. 1: Stufen der moralischen Entwicklung (nach Kohlberg)

Kohlberg ging von einer universellen Gültigkeit seiner Theorie aus und verneinte kultur- oder geschlechtsspezifische Unterschiede in der Moralentwicklung. Eine ehemalige Mitarbeiterin Kohlbergs, Carol Gilligan (1982), kam allerdings in einer eigenen Studie zu dem Ergebnis, dass zwischen den Geschlechtern Unterschiede im moralischen Denken bestehen: Stufe 4-Argumente im Moral Judgment Interview (s. Colby/Kohlberg, 1987a,b) würden in der Mehrzahl von männlichen Probanden geäussert, während die weiblichen Untersuchungspersonen überwiegend Stufe 3-Prinzipien heranzögen und somit im moralischen Denken weniger weit entwickelt schienen. Gilligan kritisierte daraufhin, dass Kohlberg zumindest in seinen ersten Untersuchungen ausschliesslich männliche Probanden befragt hat und folglich in seiner Theorie eine männliche Moral abbildet. Ihrer Ansicht nach darf das moralische Denken von Männern und Frauen nicht über den gleichen Kamm der Kohlbergschen Gerechtigkeitsmoral geschoren werden. Die weibliche Moral müsse zwangsläufig an der Messlatte einer *morality of justice* scheitern, da sie von ihrem Charakter her eine Fürsorgemoral sei und somit eine völlig andere, keinesfalls aber minderwertigere Qualität aufweise. Mit der Veröffentlichung ihres Buches *In a Different Voice* löste Gilligan (1982) eine heftige Debatte um die Gleichheit bzw. Ungleichheit der männlichen und weiblichen Moral aus. Kohlberg gestand Gilligan später zu, dass es neben der *morality of justice* noch weitere Moralen, u.a. auch eine *morality of care* geben könne. Die Gerechtigkeitsmoral sei jedoch keine typisch männliche Moral und seine Theorie der moralischen Entwicklung sähe zu Recht keine strukturellen Unterschiede zwischen Männern und Frauen vor (vgl. Colby/Kohlberg, 1987a, 24).

Zahlreiche andere Forscher nahmen sich der Frage an. Walker (1984) berichtet in seiner Übersicht über einschlägige Forschungsergebnisse über Studien, in denen bei älteren Jugendlichen und Erwachsenen ein signifikanter Geschlechtsunterschied im moralischen Urteilsniveau festgestellt wurde – und zwar wie bei Gilligan zugunsten männlicher Probanden. Gertrud Nunner-Winkler (1994) dagegen zeigt in ihrem Artikel vom *Mythos der zwei Moralen*, dass in über 130 Studien zur Geschlechtermoral mit insgesamt annähernd 20.000 Versuchspersonen nur in wenigen Fällen überhaupt geschlechtsspezifische Unterschiede auftraten, die dann wiederum in der Konfundierung des Merkmals Geschlecht mit anderen Haupteffekt-Faktoren wie Bildungsniveau, Alter und sozialer Status begründet lagen.

2 Stichprobe und Annahmen

Im Mainzer Forschungsprojekt zur Entwicklung der moralischen Urteilskompetenz von kaufmännischen Auszubildenden zum/zur Versicherungskaufmann/-frau[2], aus dem hier berichtet wird, verfolgen wir die moralische Entwicklung im Längsschnitt und erheben zu diesem Zweck zu Beginn, während und nach der Ausbildung zum einen den Stand der moralischen Urteilskompetenz nach Kohlberg, zum anderen die Merkmale der sozialen Umwelt, die nach Wolfgang Lempert (z.B. 1993) für die moralische Entwicklung relevant sind.

Lempert und Mitarbeiter sehen im sozialen Miteinander ein hohes Anregungspotential für die Moralentwicklung, wenn die in Abbildung 2 genannten Merkmale vorliegen.

---

[2] Gefördert von der Deutschen Forschungsgemeinschaft im Rahmen des Schwerpunktprogramms „Lehr-Lern-Prozesse in der kaufmännischen Erstausbildung„ (Az: Be 1077/5).

> (1) zuverlässig erfahrene Wertschätzung
>   (a) als Fachmann/Rollenträger
>   (b) als einzigartige Person
> (2) manifeste und gravierende soziale Konflikte
> (3) zwanglose Kommunikation
> (4) partizipative Kooperation
> (5) adäquate Zuweisung und Zurechnung von Verantwortung
> (6) angemessene Handlungschancen

Abb. 2: Entwicklungsbedingungen moralischer Orientierungen (nach Lempert)

Mit Ausnahme der Konflikte müssen alle Entwicklungsbedingungen stabil über einen längeren Zeitraum vorherrschen, um die Moralentwicklung zu fördern. Falls dies *nicht* der Fall ist, so wird die moralische Entwicklung des Individuums behindert; unter Umständen sind auch Rück"entwicklungen" denkbar.

Um das Anregungspotential zu erheben, fragen wir unsere Probanden jeweils nach der Ausprägung der Merkmale (z.B. Werden Konflikte eher offen ausgetragen oder bleiben sie eher unausgesprochen?), nach deren subjektiver Bedeutsamkeit (z.B. Wie stark haben Sie die aufgetretenen Konflikte beschäftigt?) und gegebenenfalls nach der Häufigkeit (z.B. Wie häufig treten solche Konflikte auf?). Für jede der „Lempert-Bedingungen" wird dann ein Gesamtscore aus Ausprägung x Bedeutsamkeit x Häufigkeit berechnet. Die Werte liegen dabei zwischen +1 (stark förderlich) und -1 (stark hinderlich bzw. herabziehend). Diese Vorgehensweise basiert auf zwei Annahmen: 1. dass es auf die *subjektive* Sicht der Individuen ankommt[3] und 2. dass der Anregungsgehalt eines Merkmals sich mit zunehmender subjektiver Bedeutsamkeit und zunehmender Häufigkeit verstärkt.

Gilligans Befund einer entwicklungsmäßigen Unterlegenheit von Frauen auf der Dimension der Kohlbergschen Gerechtigkeitsmoral wird im folgenden an einer (Teil-)Stichprobe aus der Mainzer Forschungsstudie von der Ursachenseite her überprüft. Wenn Lemperts Hypothesen zutreffen, dann kann ein Stufenunterschied im moralischen Denken von weiblichen und männlichen Auszubildenden nur dann auftreten, wenn die Geschlechter aus moralsozialisatorischer Sicht unterschiedlich „günstige" Erfahrungen machen.

---

[3] „Nicht wie die Dinge „wirklich„ sind, ist entscheidend, sondern vielmehr, wie sie von jedem einzelnen wahrgenommen, gedeutet und bewertet werden,„ (Beck u.a., 1998, 3).

Die zugrunde gelegte Stichprobe umfasst insgesamt 97 Auszubildende, die in den ersten Monaten ihrer Berufsausbildung an einer (schriftlichen oder mündlichen) Befragung teilgenommen haben. Tabelle 1 zeigt die Verteilung nach Geschlecht und Alter. Hinsichtlich des sozialen Status und des Bildungsniveaus handelt es sich um eine recht homogene Probandengruppe. Rund 3/4 der Befragten haben Abitur, die anderen einen Realschulabschluss.

Alter Geschlecht	17-20	21-24	25 u. älter	o. A.	gesamt
männlich	15	31	3	1	50
weiblich	16	26	4	1	47

Tab. 1: *Stichprobe nach Geschlecht und Alter*

3 Befunde

3.1 Zur Frage der geschlechtsspezifischen Wahrnehmung

Die Entwicklungsbedingungen nach Lempert wurden für fünf Lebensbereiche getrennt erhoben (s. Abb. 3a bis 3e): für die Familie während der Jugendzeit, die momentane Lebensgemeinschaft, den Freundeskreis, den Betrieb und die Berufsschule. Nur in zwei Lebensbereichen zeigen sich im t-Test überhaupt signifikante Geschlechtsunterschiede (auf einem eher mäßigen Signifikanzniveau von 10%), jedoch auch hier keineswegs in *allen* Entwicklungsbedingungen.

Im Lebensbereich Familie während der Jugendzeit (s. Abb. 3a) tritt der größte Unterschied beim Merkmal *Kooperation* auf. Während männliche Auszubildende ihre Mitsprachemöglichkeiten bei familiären Entscheidungen als weniger angemessen empfanden ($\bar{x}=+.14$), beschreiben weibliche Auszubildende diese Bedingung als zufriedenstellender ($\bar{x}=+.42$). Die *Wertschätzung als Rollenträger* (also als Sohn bzw. Tochter) liegt zwar für beide Geschlechter deutlich im positiven, also moralförderlichen Bereich; von den weiblichen Probanden wurde die Akzeptanz jedoch noch stärker erlebt ($\bar{x}=+.68$) als von den männlichen ($\bar{x}=+.48$). Der in der Graphik ähnlich groß erscheinende Mittelwertunterschied hinsichtlich des Merkmals *Handlungschancen* ist nicht signifikant.

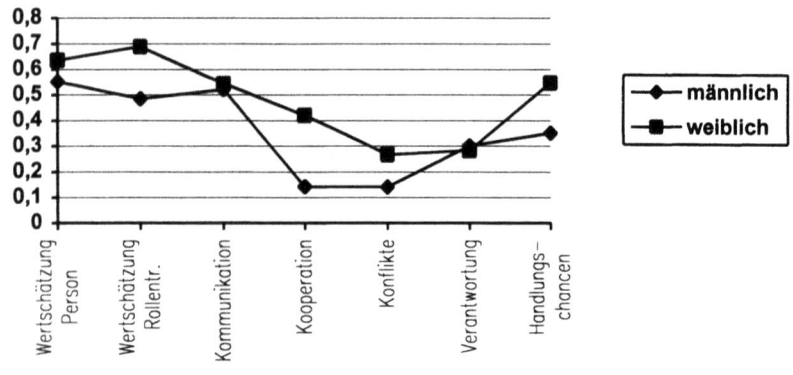

Abb. 3a: Entwicklungsbedingungen in der Familie (Jugendzeit)

In der aktuellen Lebensgemeinschaft (s. Abb. 3b) sind statistisch keine Geschlechtsunterschiede nachweisbar, ebensowenig im Freundeskreis (s. Abb. 3c) und im betrieblichen Umfeld (s. Abb. 3d).

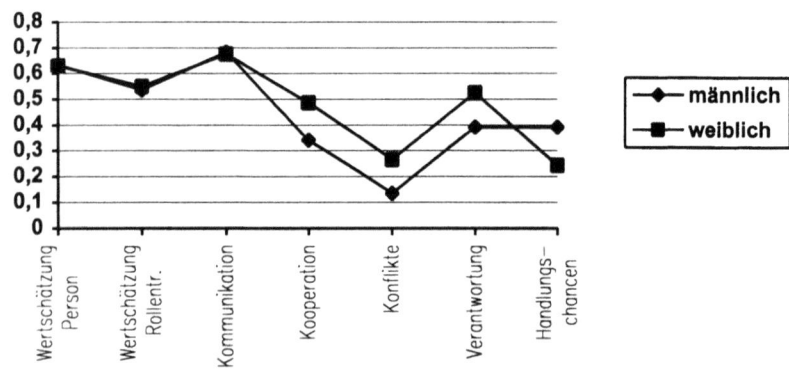

Abb. 3b: Entwicklungsbedingungen in der momentanen Lebensgemeinschaft

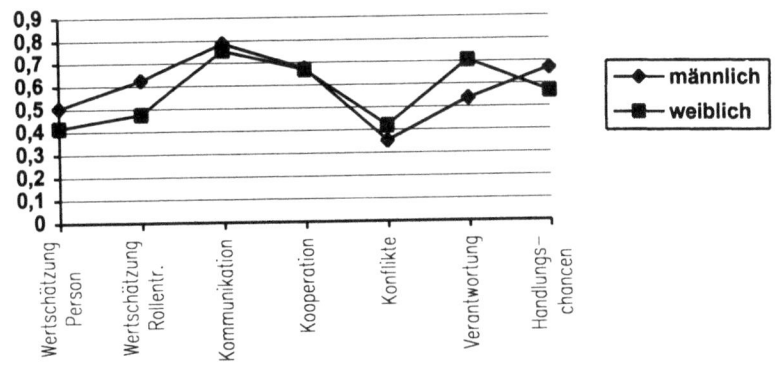

Abb. 3c: Entwicklungsbedingungen im Freundeskreis

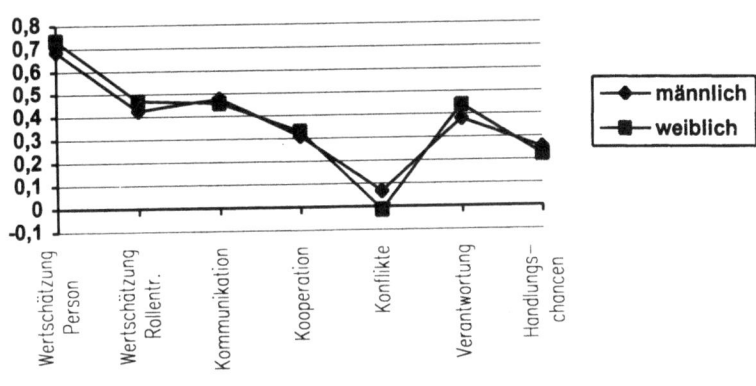

Abb. 3d: Entwicklungsbedingungen im Betrieb

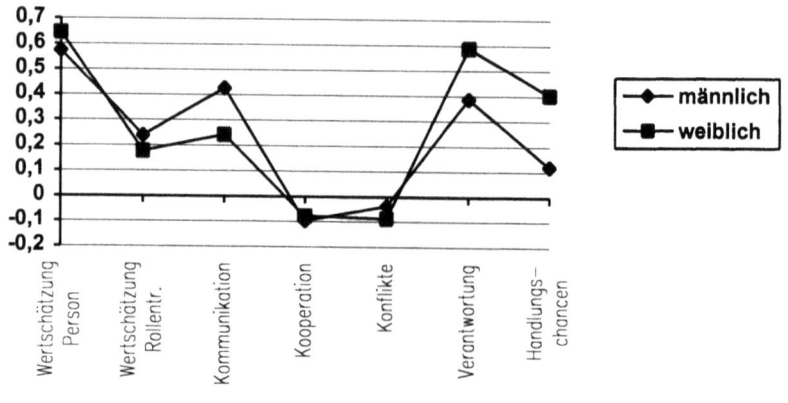

Abb. 3e: Entwicklungsbedingungen in der Berufsschule

Im Bereich Berufsschule (s. Abb. 3e) zeigen sich noch einmal wenige signifikante Unterschiede zwischen den Wahrnehmungsmustern der beiden Geschlechter, und zwar meist wiederum „zugunsten" der weiblichen Versuchspersonen. So vermissen die männlichen Auszubildenden im Unterricht weit mehr als ihre Mitschülerinnen einen angemessenen *Handlungsspielraum* (Männer: $\bar{x}=+.12$ vs. Frauen: $\bar{x}=+.40$).[4]

Betrachtet man im Detail die nach den einzelnen Unterrichtsfächern getrennt erhobenen Merkmale, die nicht in die Graphik aufgenommen sind, so ergeben sich drei weitere signifikante Geschlechtsunterschiede. Im *Fach Deutsch* sehen die männlichen Auszubildenden weniger Kooperationsmöglichkeiten zwischen Lehrer und Schülern (Männer: $\bar{x}=+.02$ vs. Frauen: $\bar{x}=+.33$), und sie stufen in diesem Fach auch die Anerkennung ihrer fachlichen Leistungen (also die Wertschätzung als Rollenträger) geringer ein als ihre Mitschülerinnen (Männer: $\bar{x}=+.02$ vs. Frauen: $\bar{x}=+.34$). Im *Fach Sozialkunde* dagegen kehrt sich das Bild um. Hier fühlen sich die männlichen Schüler fachlich eher anerkannt ($\bar{x}=+.38$) als die weiblichen ($\bar{x}=+.15$). Über alle Fächer hinweg, also für die Institution „Berufsschule" als Ganzes, kompensieren sich diese geschlechtsspezifischen Einschätzungen in den allgemeinbildenden Fächern. Es verbleibt lediglich der signifikante Unterschied hinsichtlich der Handlungschancen.

Mit Blick auf alle fünf Lebensbereiche lässt sich zusammenfassend sagen, dass beide Geschlechter insgesamt sehr ähnliche und moralsozialisatorisch weitgehend eher günstige Erfahrungen gemacht haben.

---

[4] Insbesondere hier wird deutlich, dass „objektiv" gleiche Umweltbedingungen subjektiv unterschiedlich wahrgenommen bzw. gedeutet werden.

Welche Prognose kann man aus den eben vorgestellten Befunden ableiten? Unter der Voraussetzung, dass die Entwicklungsprozesse bei Männern und Frauen identisch verlaufen (also gleich wahrgenommene Bedingungen auch unabhängig vom Geschlecht in gleicher Weise wirken), erwarten wir aufgrund der erhobenen Entwicklungsbedingungen keine geschlechtsabhängigen Unterschiede, weder in der bisherigen noch in der zukünftigen Moralentwicklung.

3.2 Zur Frage der geschlechtsspezifischen Urteilsbildung

Zur Messung der moralischen Urteilskompetenz wurden insgesamt vier Dilemmata eingesetzt, von denen zwei aus dem beruflichen und zwei aus dem ausserberuflichen Lebensbereich stammen. Abbildung 4 zeigt zur Illustration einen Ausschnitt des beruflichen Dilemmas zum Thema „Betriebliche Aussenbeziehungen" (kurz „*Betrieb aussen*" genannt). Wie hier wird jede Ausgangssituation im Laufe der Befragung mehrfach so abgewandelt, dass in jeder Fallvariante zwei bestimmte Werte, die sog. Issues, miteinander konfligieren. Die Antwort des Probanden zu jeder Fallvariante wird – soweit möglich – einer Kohlberg-Stufe zugeordnet. Aus den einzelnen Scores ermitteln wir für jedes Dilemma die modale Stufe, also das zur Fallbearbeitung am häufigsten verwendete moralische Urteilsprinzip.

Ausgangsfall (law vs. affiliation neutral)
Knut Weber ist Sachbearbeiter eines Versicherungsunternehmens. Er bearbeitet den Fall des Versicherten Danz, der an einem Herzinfarkt gestorben ist. Frau Danz hat die Auszahlung der Lebensversicherung ihres Mannes beantragt. Durch Zufall erfährt Herr Weber, dass Herr Danz schon vor Vertragsabschluss schwer herzkrank war, dies aber nicht angegeben hatte. *Soll er diese ausserhalb des Unternehmens erhaltene Information in der Akte vermerken und damit die Auszahlung unterbinden? Warum?*

Variante 1 (law vs. affiliation positive)
Frau Danz kommt zu einem persönlichen Gespräch in das Versicherungsunternehmen. Sie ist Herrn Weber auf Anhieb sympathisch. Frau Danz schildert ihre schwierige Situation und erklärt, dass sie auf die Auszahlung der Versicherungssumme dringend angewiesen ist. *Was soll Herr Weber nun tun? Warum?*

Variante 3 (life vs. law)
Wie steht es, wenn Frau Danz selbst schwer krank ist und die Versicherungssumme für eine überlebensnotwendige Operation benötigt, die nur in den USA vorgenommen werden kann und von ihrer Krankenkasse nicht bezahlt wird? *Was soll Herr Weber nun tun? Warum?*

Variante 6 (justice vs. law)
Herr Weber hat die Versicherungssumme an Frau Danz ausbezahlt. Wider Erwarten wird im Betrieb bekannt, dass er von der Erkrankung des Herrn Danz gewusst, dies aber verschwiegen hatte. Nun droht ihm die Entlassung. Der Personalchef ist mit der Entscheidung darüber beauftragt. *Soll er die Kündigung befürworten? Warum?*

Abb. 4: Das Dilemma „Betrieb aussen" (Ausschnitt)

Im Dilemma „*Betrieb aussen*" streut die modale Stufe bei unseren Probanden zwischen 1 und 4 (s. Abb. 5a). Der Median liegt bei Stufe 3. Das erste bis dritte Quartil bilden die Stufen 2 und 3.

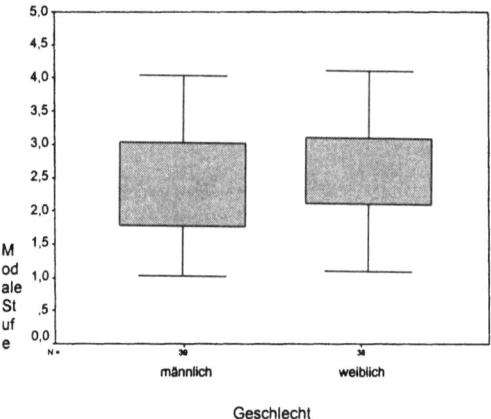

Abb. 5a: Dilemma „Betrieb aussen"

Im zweiten berufsbezogenen Dilemma („*Betrieb innen*") stehen die Wertkonflikte im Kontext betrieblicher Innenbeziehungen. In dem von uns konstruierten Ausgangsfall bittet der Leiter eines Regionalbüros seinen langjährigen Mitarbeiter, eine überhöhte Umsatzmeldung an die Zentrale zu geben. Der Büroleiter steckt wegen seines Hausbaus in Zahlungsschwierigkeiten und ist auf eine hohe Umsatzprämie angewiesen. Die Boxplot-Darstellung der modalen Stufe in diesem Dilemma ist bei Männern und Frauen identisch (s. Abb. 5b).

Als Konfliktgeschichte mit ausserberuflichem Kontext wird das „*Heinz-Dilemma*" von Kohlberg eingesetzt (vgl. Abb. 5c). Darin erwägt der Protagonist Heinz, in eine Apotheke einzubrechen und für seine krebskranke Frau ein vielleicht lebensrettendes Medikament zu stehlen. Der geschäftstüchtige Apotheker verlangt für das Mittel einen sehr hohen Betrag, den Heinz trotz aller Bemühungen nicht aufbringen kann.

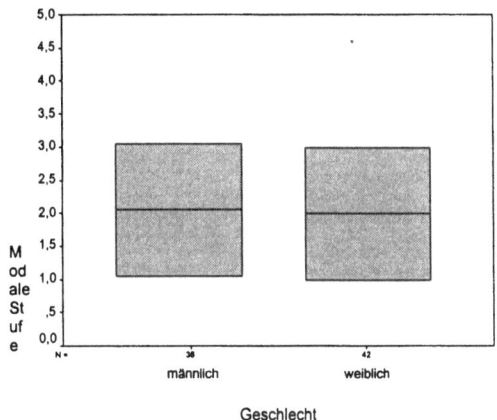

Abb. 5b: Dilemma „Betrieb innen"

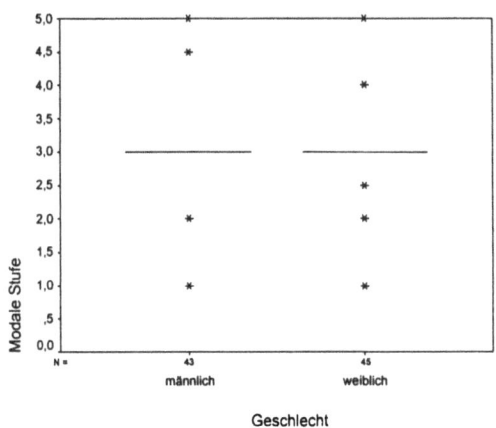

Abb. 5c: Dilemma „Heinz"

Das andere ausserberufliche Dilemma thematisiert eine *Peerbeziehung* (vgl. Abb. 5d). Eberhard und Florian, beide 17 Jahre alt, sind Zimmergenossen in einem sehr streng geführten Waisenhaus. Florian leidet massiv unter der Bevormundung. Er hat beschlossen, aus dem Heim zu flüchten. Um „draussen" Fuß zu fassen, benötigt er ein Startkapital. Eberhard soll ihm deshalb helfen, Geld aus der Verwaltungskasse zu stehlen.

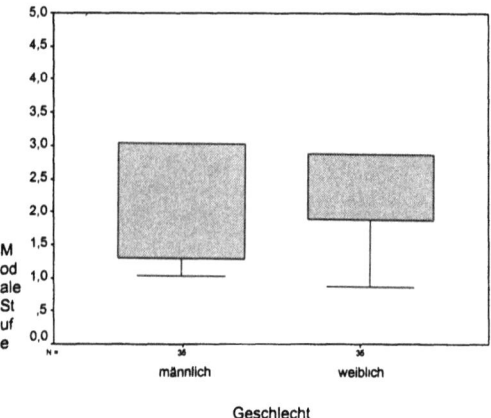

Abb. 5d: Dilemma „Peers"

Wie aufgrund der Boxplots bereits zu vermuten, ergaben sich im Mann-Whitney-U-Test keine geschlechtstypischen Unterschiede im moralischen Urteilsniveau. Auffällig ist eher im Gegenteil, dass die vier Dilemmafälle von den männlichen und weiblichen Auszubildenden fast identisch homogen bzw. heterogen beurteilt werden (vgl. Abb. 5a bis 5d). Während z.B. im Heinz-Dilemma eine starke Konzentration von Stufe 3-Argumenten zu verzeichnen ist, variieren die Urteile im innenbetrieblichen Dilemma bei beiden Geschlechtern von Stufe 1 bis Stufe 3.[5]

---

5 Die Boxplotdarstellung suggeriert ein Wertekontinuum. Die modale Stufe kann jedoch nur diskrete Werte von 1 bis 5 annehmen; *rechnerische* Zwischenstufen (z.B. 1,5) treten auf, wenn gleichviele Wertekonflikte innerhalb eines Dilemmas auf zwei aufeinanderfolgenden Stufen beurteilt wurden (z.B. auf Stufe 1 und Stufe 2).

4 Resümee: Rollenspezifität statt Geschlechtsspezifität?

Für unsere Stichprobe liegen bisher weitgehend gleiche Entwicklungsbedingungen für weibliche und männliche Probanden in allen betrachteten Lebensbereichen vor. Mit Blick auf das Anregungspotential der sozialen Umwelt ergeben sich somit keine Hinweise auf Geschlechtsunterschiede im moralischen Denken. Auch die modale Stufe des moralischen Urteils, die in der Kohlberg-Gilligan-Kontroverse als Vergleichsmaßstab herangezogen wurde, erweist sich zu Ausbildungsbeginn – wie aufgrund der gleichartigen Beziehungserfahrungen in Familie und Freundeskreis während der Kindheit und Jugendzeit zu erwarten – als nicht geschlechtsspezifisch unterschiedlich.

Obwohl die moralentwicklungsrelevanten Merkmale in der aktuellen Lebensgemeinschaft, im Betrieb und in der Berufsschule, die wir zu Beginn der Ausbildung erhoben haben, auch gegen zukünftige geschlechtstypische Veränderungen des moralischen Denkens sprechen, bleibt angesichts des insgesamt eher niedrigen Urteilsniveaus unserer Probanden allerdings noch offen, ob sich die von Gilligan primär auf der konventionellen Ebene verortete Diskrepanz zwischen einer weiblichen Fürsorge- (Stufe 3) und einer männlichen Gerechtigkeitsmoral (Stufe 4) durch unsere Daten empirisch widerlegen lässt. In der *Detailanalyse* der einzelnen Wertekonflikte (Issues) hat sich nämlich gezeigt, dass in einigen Fallabwandlungen bei Frauen eher ein bestimmtes Rollenmuster aktiviert zu werden scheint und damit mehr Stufe 3-Begründungen evoziert werden als bei Männern.

Literatur

Beck, K. u.a. (1998): Entwicklungsbedingungen kaufmännischer Berufsmoral – Betrieb und Berufsschule als Sozialisationsmilieu für die Urteilskompetenz. Reihe Arbeitspapiere Wirtschaftspädagogik, 12. Mainz: Lehrstuhl für Wirtschaftspädagogik.
Colby, A. & Kohlberg, L. (1987a): The Measurement of Moral Judgment. Volume I. Cambridge, Mass.: Cambridge University Press.
Colby, A. & Kohlberg, L. (1987b): The Measurement of Moral Judgment. Volume II. Cambridge, Mass.: Cambridge University Press.
Gilligan, C. (1982): In a Different Voice. Psychological Theory and Women's Development. Cambridge, Mass.: Harvard University Press.
Kohlberg, L. (1984): Essays on Moral Development. Vol. II: The Psychology of Moral Development. San Francisco: Harper & Row.
Lempert, W. (1993): Moralische Sozialisation im Beruf. Bedingungsvarianten und -konfigurationen, Prozeßstrukturen, Untersuchungsstrategien. Zeitschrift für Sozialisationsforschung und Erziehungssoziologie; 13; S. 2-35.
Nunner-Winkler, G. (1994): Der Mythos der Zwei Moralen. Deutsche Zeitschrift für Philosophie; 42; S. 237-254.
Rawls, J. (1979): Eine Theorie der Gerechtigkeit. Frankfurt: Suhrkamp.
Walker, L.J. (1984): Sex Differences in the Development of Moral Reasoning: A Critical Review. Child Development; 55; S. 677-691.

Homogenität versus Heterogenität des moralischen Denkens – Wie urteilen Auszubildende im Rahmen betrieblicher Kontexte?

Gerhard Minnameier

1 Das Problem

Wie beurteilen Kaufleute (oder diejenigen, die es werden wollen) moralische Probleme in betrieblichen Kontexten – homogen oder heterogen? Diese allgemeine und in der Vergangenheit seit gut 10 Jahren immer wieder gestellte Frage (vgl. z.B. Lempert 1988; Beck 1996 sowie Beck u.a. 1996 u. 1998) impliziert mindestens zwei spezielle Folgefragen, von denen in diesem Beitrag allerdings nur eine aufgegriffen wird. Zum einen kann man die Frage stellen, ob Segmentierungen im Sinne eines Gegenkonzepts zu Kohlbergs Homogenitätshypothese[1] auftreten. Wenn man diese Frage stellt, stößt man jedoch alsbald auf das zweite Problem, daß (noch) gar nicht so klar ist, was genau mit Homogenität bzw. Heterogenität des moralischen Urteils gemeint ist und an welcher Stelle in der Verhaltensgenese moralische Segmentierung systematisch zu verorten wäre.

Im folgenden wird weder der Begriff der moralischen Segmentierung theoretisch zu präzisieren versucht, noch die m.E. etwas leidige Kompetenz-Performanz-Debatte fortgeführt. Vielmehr beschränkt sich der Beitrag auf die Frage des *empirischen* Auftretens von Segmentierungen bzw. heterogenen moralischen Begründungsmustern.

Man könnte gegen diese Vorgehensweise einwenden, daß das ja gar nicht gehe, weil sich schlecht nach etwas suchen läßt, von dem man noch nicht weiß, was es eigentlich ist. Aber es geht schon! Man muß den „Spieß" nur „umdrehen" und von Kohlbergs Annahmen im Kontext seiner Homogenitätshypothese ausgehen. Diese sind zwar ihrerseits nicht ganz „homogen" aber es gibt von ihm an sich klare Aussagen dazu, an denen man zunächst im Rahmen einer immanenten Kritik ansetzen kann. Der vorliegende Beitrag steht im weiteren Kontext eines Forschungsprojekts zur Analyse der Segmentierungshypothese[2], in dem vorerst primär eine

---

·1 Näheres sowohl zur Frage von Homogenität versus Segmentierung als auch zur Kohlberg-Theorie im allgemeinen kann u.a. dem Beitrag von Klaus Beck im vorliegenden Band sowie der dort angegebenen Literatur entnommen werden.
2 Vgl. den Beitrag von Klaus Beck in diesem Band.

falsifikatorische Fragestellung verfolgt wird – und an diese will ich mich hier halten.

Unter diesem theoriekritischen Aspekt ist nun von besonderer Bedeutung, daß Kohlberg seine kompetenztheoretische Annahme der Homogenität direkt an das Kriterium der *empirischen* Urteilskonsistenz geknüpft hat. Er vertrat nämlich die Ansicht, daß jeder Mensch – von Phasen des Stufenübergangs abgesehen – sämtliche von ihm wahrgenommenen bzw. aufgegriffenen moralischen Probleme vor dem kognitiven Hintergrund seiner gegenwärtigen Stufe reflektiert und sich die Kompetenz daher prinzipiell in jeder empirischen Urteilsbegründungen widerspiegeln müßte (vgl. etwa Colby/Kohlberg 1987, 90; Kohlberg 1984, 14; Kohlberg u.a. 1995/1984, 259). Nebenbei bemerkt ist das z.B. ein Grund, warum mir die Kompetenz-Performanz-Debatte eher etwas leidig vorkommt, weil nämlich Kohlberg sogenannte Performanzen theoretisch gar nicht vorgesehen hat.

Dieser kompetenztheoretischen Auffassung gemäß bestimmt Kohlberg die moralische Urteilsstruktur über das meßtheoretische Konstrukt der „modalen" Stufe bzw. mit Hilfe ähnlicher Maße. Die modale Stufe entspricht dem von der Testperson im Interview am häufigsten verwendeten Stufenprinzip. Abweichungen davon sollten idealiter nur in Form horizontaler Verschiebungen (sog. décalages sensu Piaget) oder aber in der Interimsphase des Stufenübergangs auftreten. Alles andere wird als Meßfehler deklariert. Liest man etwa bei Colby/Kohlberg (1987, 90) nach, so erfährt man, daß in deren Studie relative Anteile valider Stufenscores von bis zu 10 % als Meßfehler behandelt wurden. Wenn ein Proband z.B. zu 60 % auf Stufe 2, zu 30 % auf Stufe 3 und zu 10 % auf Stufe 4 argumentiert hatte, dann wurden die Argumente der Stufe 4 ignoriert und der Kandidat als im Übergang zwischen Stufe 2 und 3 befindlich ausgewiesen. Ohne diese großzügige Meßfehler"theorie" hätte Kohlberg die Homogenitätsthese zumindest in dieser Form vermutlich nicht aufrechterhalten können. Des weiteren befinden sich gemäß besagter Studie mehr Probanden im Stufenübergang als im Zustand des Äquilibriums, was theoretisch nicht plausibel ist (vgl. Colby & Kohlberg 1987, 136-139). Stufenübergänge werden von Kohlberg als radikale Veränderungen aufgefaßt, während derer das Individuum Widersprüche im eigenen Denken wahrnimmt, die es dann zu überwinden versucht (vgl. Kohlberg 1984, 37). Man muß sich folglich ernsthaft fragen, warum also so viele Probanden ausgerechnet immer dann, wenn sie befragt werden, gerade in einem Übergangsstadium befinden sollen.

Wir neigen daher eher zu der erstmals von James Rest (1979) geäußerten Annahme, daß die im Lauf der Entwicklung erworbenen stufenspezifischen Moralkonzepte flexibel und in gewisser Weise situationsspezifisch eingesetzt werden. Die Überlegung suspendiert weder die Idee des hierarchischen Aufbaus der Stufen noch die der entsprechenden entwicklungspsychologischen Sequenz des Erwerbs. Ich betone dies ausdrücklich, weil es diesbezüglich leicht zu Mißverständnissen kommen könnte. Es geht einzig und allein um die Muster und Mechanismen der flexiblen *Anwendung* moralkognitiver Konzepte. Welche das im einzelnen sind, läßt sich allerdings im Moment noch nicht genau sagen. Im folgenden wird für einen ausgewählten Teilbereich dargestellt, welche faktischen Situationsspezifitäten des Einsatzes moralischer Prinzipien wir in unserer Untersuchung beobachten konnten – und zwar hier speziell im Kontext beruflichen Handelns.[3]

2 Spezifische Fragestellung und Sample

Neben einer deutschen Fassung von Kohlbergs Heinz-Geschichte setzen wir im o. g. Forschungsprojekt noch ein Dilemma zu Freundschaftsbeziehungen und zwei zum Lebensbereich Betrieb ein. Nur die beiden betrieblichen Dilemmata werden im folgenden betrachtet. Das *eine* davon bezieht sich auf betrieblichen „Innenbeziehungen" zwischen Betriebsangehörigen. Es geht dabei um den Leiter des Regionalbüros einer Versicherung, der einen seiner Untergebenen darum bittet, die monatliche Umsatzmeldung an die Zentrale zu manipulieren. Das Ziel ist, kurzfristig eine höhere Abschlagszahlung zu erwirken, mit Hilfe derer der Chef einen momentanen Zahlungsengpaß bei seiner Eigenheimfinanzierung umgehen könnte. Die zweite Geschichte thematisiert eine betriebliche Außenbeziehung. Hier geht es um die Frage der Auszahlung einer Lebensversicherung, welche davon abhängt, ob der betreffende Sachbearbeiter eine nur ihm persönlich bekannte Information weitergibt oder aber für sich behält. Hier stehen sich die Frau des verstorbenen Versicherungsnehmers und der Sachbearbeiter gegenüber, der nun entscheiden muß, ob die Frau die Versicherungssumme ausbezahlt bekommen soll oder nicht.

Beide Geschichten werden zudem nach einem einheitlichen Bild unterschiedlicher Wertekonflikte „durchdekliniert". Dazu werden die geschilderten Ausgangssituation jeweils in der Weise abgewandelt bzw. ergänzt, daß ganz bestimmte, moralrelevante Aspekte eingeführt bzw. besonders hervorgehoben werden (also speziell Fragen der wechselseitigen Sympathie bzw. Antipathie der Protagonisten; gegenseitiger Abmachungen wie Versprechen oder Verträge; Ernsthaftigkeit der Konsequenzen [Lebensgefahr spielt immer eine Rolle] und die Beurteilung aus der Sicht des Personalchefs). Auch Kohlberg verwendet solche Fallabwandlungen. Bei ihm dienen sie aber ausschließlich dem Zweck, möglichst alle moralrelevanten Aspekte eines

---

[3] Eine detailliertere Darstellung dieser Ergebnisse findet sich in Minnameier/Heinrichs/Parche-Kawik/Beck (1999; im Druck).

Entscheidungsproblems „abzuklopfen". Für uns sind diese Fallabwandlungen aber zudem als situationsspezifische Stimuli interessant. Wir fragen daher, ob sich bestimmte Themen identifizieren lassen, die bei einzelnen Probanden jeweils ganz bestimmte, stufenspezifische Überlegungen auslösen und damit Segmentierungsanlässe darstellen.

	Ausb.beg. 1992	Ausb.beg. 1993	Ausb.beg. 1994	Ausb.beg. 1995	Ausb.beg. 1996	Ausb.beg. 1997	Σ
t_1 (1994)	28	19	17	---	---	---	64
t_2 (1995)	---	7	17	22	---	---	46
t_3 (1996)	---	---	6	22	23	---	51
t_4 (1997)	---	---	---	7	24	28	59

■ Probanden, die sich seit mindestens 8 Monaten in der Berufsausbildung befinden (110 Personen). Nur diejenigen mit mindestens drei scorbaren Antworten in jedem Dilemma wurden in die Auswertung einbezogen (64 Personen).

Tab. 1: Stichprobe

Die für die empirische Analyse herangezogene Stichprobe (vgl. Tab. 1) setzt sich aus den Schülern verschiedener Jahrgänge zusammen, deren moralische Urteilskompetenz während ihrer Ausbildung zu Versicherungskaufleuten im Längsschnitt per Fragebogen und z.T. per Interview erhoben wurde (an der Berufsbildenden Schule III in Mainz). Von jedem Probanden sollte nur eine Diagnose – also keine längsschnittlichen Daten – in die Analyse einbezogen werden. Und diese sollte einem Zeitpunkt entsprechen, zu dem die soziobiographischen Entwicklungsfaktoren (sensu Lempert) bereits eine gewisse Wirkung im Hinblick auf etwaige Segmentierungen entfalten konnten. Über die erforderliche Dauer dieses Einflusses gibt es noch keine gesicherten Annahmen. Wir haben in die vorliegende Studie – auch in Abstimmung mit den Datenerhebungsmodalitäten – Probanden einbezogen, die sich zum Zeitpunkt der Befragung seit mindestens 8 Monaten in der Berufsausbildung befanden.

3 Ergebnisse

Betrachten wir nun zunächst – so, wie Kohlberg das getan hat – die beiden Geschichten jeweils als monolithische Blöcke. Gemäß seiner Annahme, daß man stets auf der aktuell höchsten erreichten Stufe argumentiert, erachtet Kohlberg die innerhalb der einzelnen Fallvarianten am häufigsten kodierte Stufe als das „wahre" Urteilsniveau des Probanden. Dies ist die sogenannte „modale" Stufe. Wir haben diese modale Stufe für jedes Dilemma und für jeden Probanden berechnet und dann gefragt, ob die Probanden in beiden Dilemmata schwerpunktmäßig auf derselben Stufe – also homogen – urteilen oder ob dies nicht der Fall ist. Daraus ergibt sich folgendes Bild (vgl. Abb. 1).

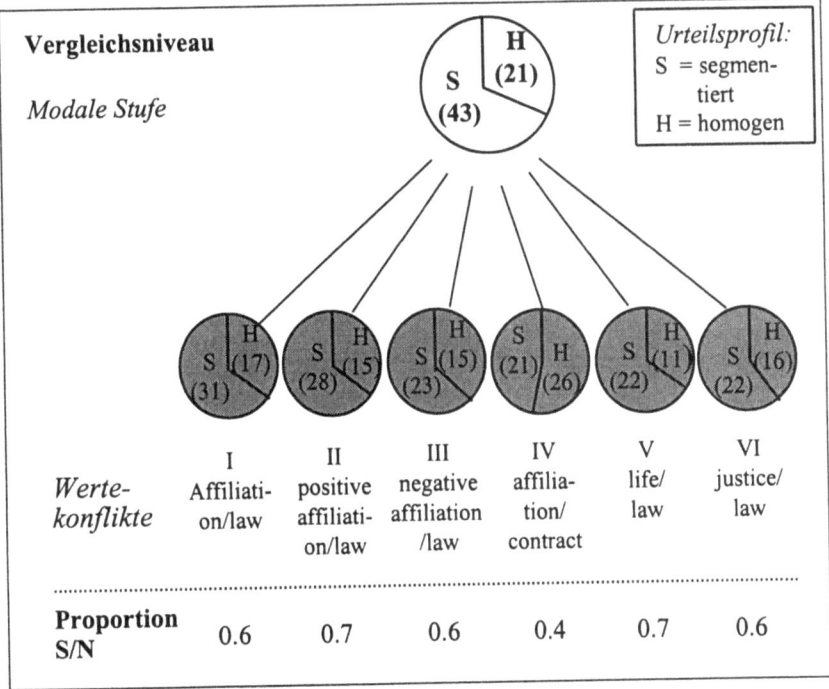

Abb. 1: *Analyse der Konsistenz des moralischen Denkens über zwei Dilemmata*

Auffallend ist hier, daß nur 21 homogene Probanden 43 „Segmentierern" gegenüberstehen. Blickt man ferner auf einem niedrigeren Aggregationsniveau auf die Daten (graue Kreise), so zeigt sich dieses Bild ebenfalls durchgängig. In allen Wertekonflikten kommt es überwiegend zu Segmentierungen. Bemerkenswert ist dabei, daß gerade beim „Contract-Issue" ein stärkerer Hang in Richtung Homogenität zu verzeichnen ist als bei den übrigen Wertekonflikten. Möglicherweise liegt das daran, daß die Vertragstreue ein integratives berufsmoralisches Prinzip darstellt, das für situationsspezifische Abwandlungen innerhalb des kaufmännischen Kontextes eher „unempfindlich" ist und statt dessen in vergleichsweise einheitlicher Weise zur Geltung gebracht wird.

In einem weiteren Analyseschritt haben wir nun die sich unter dem Gesichtspunkt der modalen Stufe ergebenden homogenen Probanden und die Segmentierer getrennt voneinander untersucht und sind dabei auf einen möglicherweise wichtigen Anhaltspunkt gestoßen. In der zweiten Abbildung (s.u.) sind nur diejenigen Probanden erfaßt, die in beiden Dilemmata dieselbe modale Stufe aufweisen (homogene Teilstichprobe), und es wurde nun gefragt, ob diese auch homogen hinsichtlich der einzelnen Wertekonflikte argumentieren. Auch wenn nicht durchgängig nur ein einziges Stufenprinzip benutzt wird, könnte ja hier Homogenität zusätzlich insofern vorliegen, als dann in beiden Dilemmata in *paralleler* Weise von der modalen Stufe abgewichen wird – also sagen wir, immer wenn es um Leben oder Tod geht, dann argumentiert man auf einer höheren Stufe.

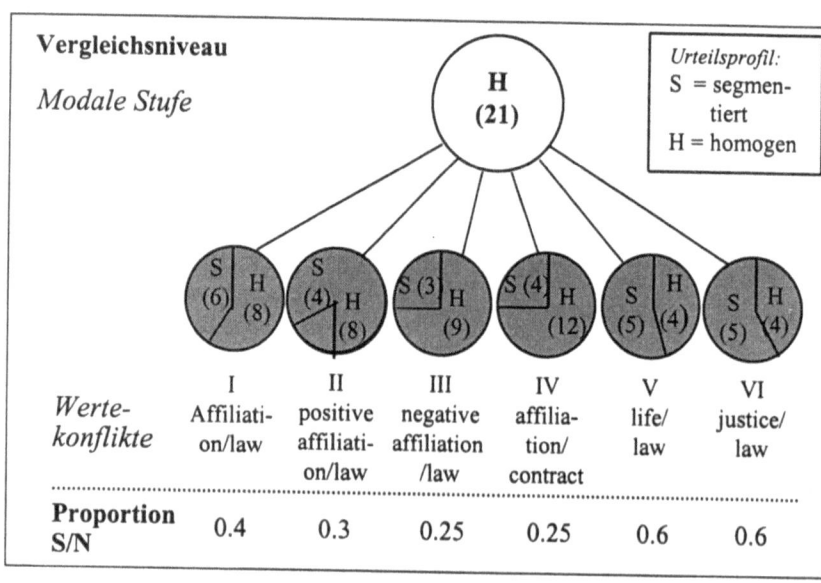

Abb. 2: Analyse der Konsistenz des moralischen Urteilens der „homogenen" Versuchspersonen über zwei Dilemmata

Heraus kam zwar auch hier, daß die insgesamt homogenen Probanden auch auf der Ebene der einzelnen Wertkonflikte tendenziell homogen urteilen, aber das ist als solches auch nicht überraschend, denn diese Probanden argumentieren ja in beiden Geschichten überwiegend auf ein und derselben Stufe. Es ist daher besonders hervorhebenswert, daß die homogen Urteilenden im Hinblick auf die einzelnen Wertekonflikte doch in relativ großem Ausmaß heterogene Argumentationsmuster aufweisen. Umgekehrt zeigt sich für die Segmentierer (vgl. Abb. 3), daß diese über beide Geschichten hinweg in manchen Wertekonfliktpaaren doch homogen urteilen.

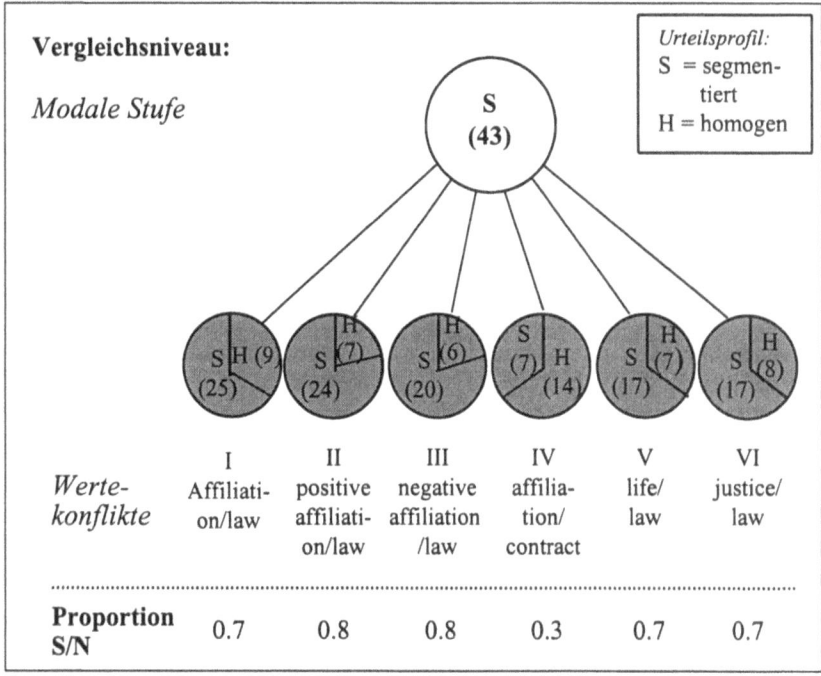

Abb. 3: *Analyse der Konsistenz des moralischen Urteilens der „heterogenen" Versuchspersonen über zwei Dilemmata*

Es läßt sich also zunächst festhalten, daß sich der Trend zur Homogenität bzw. Heterogenität, der sich auf der Basis der modalen Stufe ergibt, nicht „1 : 1" auf der Ebene der Wertekonflikte abbildet. Über den von Georg Lind (1993) thematisierten Faktor „Story" für die Dilemmaspezifität des moralischen Urteils hinaus, könnte daher auch der Faktor „Wertkonflikt" ein relevantes Segmentierungskriterium darstellen.

Wir werden diesem möglichen Effekt noch im einzelnen nachgehen. Die durchgeführte Analyse zeigt vorerst jedoch insbesondere, daß diejenigen, die auf der Ebene der modalen Stufe als Segmentierer erscheinen, hinsichtlich der Wertekonflikte doch homogen urteilen können. Und das legt die Vermutung nahe, daß für diese Probanden als *einheitsstiftendes* Kriterium über verschiedene moralische Entscheidungssituationen hinweg eher die Art des Wertekonflikts als der situative Gesamtkontext eine Rolle spielt.

Und noch ein weiteres Resultat weist in die gleiche Richtung. Bislang haben wir ja nur gefragt, ob eine wie auch immer geartete Homogenisierungs- oder Segmentierungstendenz vorliegt. Wir haben aber nicht geprüft, wie stark die Abweichungen von der modalen Stufe waren. Um dies herauszufinden, berechneten wir den Mittelwert der Abweichungen (vgl. Tab. 2).

Dilemma:	„Homogene" Teilstichprobe mean (N=21)	„Heterogene" Teilstichprobe mean (N= 43)	Gesamtstichprobe mean (N=64)
„Außenbeziehungen"	1.21 (N=17)	1.10 (N=33)	1.13 (N=50)
„Innenbeziehungen"	1.15 (N=19)	0.98 (N=36)	1.04 (N=55)

Tab. 2: *Interindividuelle durchschnittliche Abweichungen von der „modalen Stufe"*

Diese Berechnung hat ergeben, daß die homogenen Probanden – dann, wenn sie von ihrer modalen Stufe abgehen –, in der Geschichte zu betrieblichen Außenbeziehungen durchschnittlich um 1,21 Stufen und im Dilemma zu Innenbeziehungen um 1,15 Stufen abweichen.[4] Die „Heterogenen" dagegen entfernen sich nur um durchschnittlich 1,1 bzw. 0,98 Stufen von ihrer modalen Stufe. Dies ist u. E. ein weiteres Indiz dafür, daß Menschen sich möglicherweise gar nicht so sehr darin unterscheiden, ob sie überhaupt situationsspezifisch reagieren oder nicht, sondern darin, auf welche situativen Merkmalen sie jeweils reagieren. Vor allem aber weisen diese Ergebnisse

---

4 Da es sich bei den Stufenscores um ordinalskalierte Daten handelt, ist eine solche „Verrechnung" der Daten an sich nicht zulässig. Hier geht es jedoch nicht um die Abbildung des empirischen in das numerische Relativ, vielmehr betrachten wir die errechneten Werte als vorläufige Indikatoren für allgemeine Tendenzen hinsichtlich Segmentierung bzw. Homogenisierung, deren konkrete Ausprägungen und Ursachen in Einzelfallstudien zu ermitteln sind.

darauf hin, daß Kohlbergs moralpsychologisches Konzept der modalen Stufe ein „in-valides" Konstrukt ist, das oberflächlich Homogenität suggeriert, wo in Wirklichkeit nicht unerhebliche Abweichungen auftreten, die Kohlberg selbst stets weitgehend ignoriert hat.

4 Fazit

Wie schon eingangs gesagt, ist allerdings hinsichtlich allen geäußerten Vermutungen über mögliche Segmentierungskriterien Vorsicht geboten. Es zeigen sich zwar in unseren Daten interessante Effekte. Diese sind aber noch nicht stark genug, als daß sie eindeutige Aussagen zuließen. Besieht man die Ergebnisse jedoch unter dem Aspekt der Kohlberg-Kritik, so läßt sich festhalten, daß die Argumentationen unserer Probanden in jedem Fall eine beträchtliche Variabilität aufweisen, die zumindest so ausgeprägt ist, daß sich die Kohlbergsche Homogenitätshypothese in ihrer herkömmlichen Form kaum aufrecht erhalten lassen dürfte.

Dies untermauernd sei ergänzend auf eine Reanalyse der Originaldaten von Kohlberg hingewiesen, die von Siegfried Reuss und Günter Becker vom Max-Planck-Institut für Bildungsforschung durchgeführt wurde bzw. gegenwärtig auch noch weitergeführt wird (vgl. 1996, 73-81). Diese berichten u.a., daß kein einziger von Kohlbergs Probanden das komplette Interview hindurch auf einer Stufe geblieben ist und daß viele Versuchspersonen um zwei und mehr Stufen von ihrer jeweiligen („modalen") Urteilsstruktur abgewichen sind. Bei den 10-jährigen waren das 23 %, bei den 13- bis 14-jährigen 29 % und bei den Erwachsenen immerhin noch 10 %. Auch Reuss und Becker berichten zudem von systematischen Unterschieden sowohl bezüglich der einzelnen Dilemma-Geschichten als auch bezüglich der unterschiedlichen Wertekonflikte (vgl. ebd., 80). Wir vermuten daher, daß verschiedene Faktoren den Prozeß der moralischen Urteilsgenese dahingehend beeinflussen, daß jeweils auf verschiedene Urteilsprinzipien zurückgegriffen wird – freilich nur im Rahmen der vom individuellen Entwicklungsstand her prinzipiell verfügbaren Urteilsstrukturen.

Literatur

Beck, K. (1996): Berufsmoral und Betriebsmoral. – Didaktische Konzeptualisierungsprobleme einer berufsqualifizierenden Moralerziehung. In: K. Beck, T. Deissinger, W. Müller & M. Zimmermann (Hg.): Berufserziehung im Umbruch – Didaktische Herausforderungen und Ansätze zu ihrer Bewältigung; Weinheim: Deutscher Studien Verlag; S. 123-142.

Beck, K.; Bienengräber, T.; Heinrichs, K.; Lang, B.; Lüdecke-Plümer, S.; Minnameier, G.; Parche-Kawik, K. & Zirkel, A. (1998): Die moralische Urteils- und Handlungskompetenz von kaufmännischen Lehrlingen – Entwicklungsbedingungen und ihre pädagogische Gestaltung. In: K. Beck & R. Dubs (Hg.): Kompetenzentwicklung in der Berufserziehung. ZBW; Beiheft 14; Stuttgart: Steiner, S. 188-210.

Beck, K.; Brütting, B.; Lüdecke-Plümer, S.; Minnameier, G.; Schirmer, U. & Schmid, S. N. (1996): Zur Entwicklung moralischer Urteilskompetenz in der kaufmännischen Erstausbildung – Empirische Befunde und praktische Probleme. In: K. Beck & H. Heid (Hg.): Lehr-Lern-Prozesse in der kaufmännischen Erstausbildung. Wissenserwerb, Motivierungsgeschehen und Handlungskompetenzen; ZBW; Beiheft 13; Stuttgart: Steiner; S. 187-206.

Colby, A. & Kohlberg, L. (1987): The Measurement of Moral Judgment. Vol. I. Cambridge, Mass.: Cambridge Univ. Pr.

Kohlberg, L. (1984): Essays on Moral Development, Vol. II: The Psychology of Moral Development. San Francisco: Harper & Row.

Kohlberg, L; Levine, C. & Hewer, A. (1995/1984): Zum gegenwärtigen Stand der Theorie der Moralstufen. In: L. Kohlberg: Die Psychologie der Moralentwicklung (hrsg. v. W. Althof); Frankfurt a. M.: Suhrkamp; S. 217-372.

Lempert, W. (1988): Moralisches Denken – Seine Entwicklung jenseits der Kindheit und seine Beeinflußbarkeit in der Sekundarstufe II. Essen: Neue Deutsche Schule.

Lind, G. (1993): Moral und Bildung: Zur Kritik von Kohlbergs Theorie der moralisch-kognitiven Entwicklung; Heidelberg: Asanger.

Minnameier, G.; Heinrichs, K.; Parche-Kawik, K. & Beck, K. (1999; im Druck): Homogeneity of Moral Judgement? – Apprentices Solving Business Conflicts. Journal of Moral Education.

Rest, J. R. (1979): Development in Judging Moral Issues. Minneapolis, MN: Univ. of Minnesota Pr.

Reuss, S. & Becker, G. (1996): Evaluation des Ansatzes von Lawrence Kohlberg zu Entwicklung und Messung des moralischen Urteilens – Immanente Kritik und Weiterentwicklung. Berlin: Max-Planck-Institut für Bildungsforschung.

Autorenverzeichnis

Prof. Dr. Dr. h. c. Frank Achtenhagen
Georg-August-Universität Göttingen
Seminar für Wirtschaftspädagogik

Dipl.-Hdl. Carmela Aprea
Universität Mannheim
Lehrstuhl für Erziehungswissenschaft I

Prof. Dr. Karin Aschenbrücker
Universität Augsburg
Philosophische Fakultät

Prof. Dr. Klaus Beck
Johannes-Gutenberg-Universität Mainz
Lehrstuhl für Wirtschaftspädagogik

Dr. Volker Brettschneider
Universität Gesamthochschule Paderborn
Lehr- und Forschungseinheit Paderborn

Prof. Dr. Hermann G. Ebner
Universität Mannheim
Lehrstuhl für Erziehungswissenschaft I

Dipl.-Ing. Martin Frenz
Otto-von-Guericke Universität Magedeburg
Institut für Berufs- und Betriebspädagogik

Dr. Bärbel Fürstenau
Georg-August-Universität Göttingen
Seminar für Wirtschaftspädagogik

Dr. Ulrich Getsch
Georg-August-Universität Göttingen
Seminar für Wirtschaftspädagogik

Prof. Dr. Philipp Gonon
Universität Trier
Lehrstuhl berufliche und betriebliche Weiterbildung

Dipl.-Hdl. Stefan Hagmann
Universität Koblenz-Landau
Zentrum für empirische-pädagogische Forschung

Dipl.-Hdl. Ernst G. John
Georg-August-Universität Göttingen
Seminar für Wirtschaftspädagogik

Dr. Susanne Kraft
Universität Regensburg
Institut für Pädagogik

Dr. H.-Hugo Kremer
Ludwig-Maximilians-Universität München
Institut für Wirtschafts- und Sozialpädagogik

Dr. Gerhard Minnameier
Johannes-Gutenberg-Universität Mainz
Lehrstuhl für Wirtschaftspädagogik

Dipl.-Hdl. Martina Noß
Georg-August-Universität Göttingen
Seminar für Wirtschaftspädagogik

Nike Plaßmeier
Universität Bremen
Institut Technik und Bildung

Dr. Peter Preiß
Georg-August-Universität Göttingen
Seminar für Wirtschaftspädagogik

Dr. Alfred Riedl
Technische Universität München
Lehrstuhl für Pädagogik

Bettina Schäfer
Otto-von-Guericke Universität Magedeburg
Institut für Berufs- und Betriebspädagogik

Dipl.-Hdl. Jens Siemon
Georg-August-Universität Göttingen
Seminar für Wirtschaftspädagogik

Gert Spevacek, M. A
Universität Bremen
Institut Technik und Bildung

Prof. Dr. Gerald A. Straka
Universität Bremen
Institut Technik und Bildung

Dr. Susanne Weber
Georg-August-Universität Göttingen
Seminar für Wirtschaftspädagogik

Dr. Karl Wilbers
Universität zu Köln
Lehrstuhl für Wirtschafts- und Sozialpädagogik

Dipl.-Hdl. Andrea Zirkel
Johannes-Gutenberg-Universität Mainz
Lehrstuhl für Wirtschaftspädagogik

MIX
Papier aus verantwortungsvollen Quellen
Paper from responsible sources
FSC® C105338

If you have any concerns about our products,
you can contact us on
ProductSafety@springernature.com

In case Publisher is established outside the EU,
the EU authorized representative is:
**Springer Nature Customer Service Center GmbH
Europaplatz 3, 69115 Heidelberg, Germany**

Printed by Libri Plureos GmbH
in Hamburg, Germany